살아가면서 이렇게 진실한 위로와 정확한 조언을
동시에 제대로 주는 지침서를 만나기란 좀처럼 쉽지 않다.
김경일_인지심리학자

의사로서 환자들에게 줄 수 있는 최고의 인술은 자신이 살아낸
삶의 과정을 통해 환자들에게 감동과 희망을 주는 것이 아닐까.
나종호_예일대학교 정신과 교수

정신과 의사가 먼저 자신의 우울을 용기 있게 열어놓은 이 책은,
닫혀 있는 마음들에 열쇠가 될 것이다.
김지용_정신과 의사

먼저 우울을 말할 용기

THE OTHER SIDE OF SILENCE

먼저 우울을 말할 용기

정신과 의사에게 찾아온 우울증, 그 우울과 함께한 나날에 관하여

The Other Side of Silence

린다 개스크 지음
홍한결 옮김

존에게

평범한 인간 만사를

전부 예민하게 보고 느낄 수 있는 사람은

풀 자라는 소리나 다람쥐 심장 뛰는 소리가

들리는 것과 같을 테니,

고요함의 이면에 도사리는 굉음을

못 견디고 죽을 것이 분명하다.

조지 엘리엇, 『미들마치』

If we had a keen vision and feeling

of all ordinary human life,

it would be like hearing the grass grow and

the squirrel's heart beat,

and we should die of that roar which

lies on the other side of silence.

George Eliot, *Middlemarch*

추천의 글

우울에서 빠져나올 수 있도록 도와주는 말과 책은 세상에 무수히 많다. 하지만 도움을 주는 그 사람이 진심으로 자신의 만성적 우울, 성장 과정에서의 고통, 더 나아가 가족의 정신질환까지 솔직하고도 자세하게 드러내면서 자기 앞 내담자의 정신적 고통을 공감하며 돕기란 거의 불가능에 가깝다. 그렇기에 저자의 고백은 신선하고, 따뜻하며 동시에 놀랍다. 그는 자신이 돌보는 환자의 문제에서 시작해 자신이 삶 속에서 겪었던 고통을 찬찬히 들려준다. 그것은 같은 시련을 겪고 있는 사람의 위로이기도 하다. 그래서 그의 조언은 하나하나 절묘하기 그지없다. 살아가면서 이렇게 진실한 위로와 정확한 조언을 동시에 제대로 주는 지침서를 만나기란 좀처럼 쉽지 않다.

김경일 | 인지심리학자

'용기 내주어 고맙습니다.' 정신과 의사로서 우울증의 경험을 가감 없이 드러내 나눠준 저자에게 감사의 인사를 전한다. 나는 미국에서 처음 수련을 시작했을 때, 환자의 말을 이해하지 못해도 되묻지 못했다. 내가 영어를 못하는 걸 알면, 의사로서의 권위가 훼손되지는 않을까 걱정했다. 하물며 정신과 의사로서 공개적으로 자신의 우울증에 대해, 힘들었던 치료 과정과 심리 상태에 대해 낱낱이 고백하려면 얼마나 큰 용기가 필요할지 나로서는 상상하기 힘들다. 저자는 '도움을 청하는 것은 인간임을 의미할 뿐'이라고 말한다. 나는 도움을 청하는 것은 스스로의 강인함을 증명하는 일, 더 나아가 '타인에게 희망을 주는 용기 있는 일'이라고 말하고 싶다. 의사로서 환자들에게 줄 수 있는 최고의 인술은 자신이 살아낸 삶의 과정을 통해 환자들에게 감동과 희망을 주는 것이 아닐까. 우울증과 함께 살아가는 정신과 의사의 진솔한 고백을 담은 이 책은 수많은 우울증 환자들에게 삶의 용기를 주고, 또 삶을 살리는 희망의 찬가가 될 것이다.

나종호 | 예일대학교 정신과 교수

"우울증 겪어본 적 없지? 다행이다. 그때가 되면 세상이 달라 보여. 흑백 화면이 된달까…." 신입 전공의 때 퇴근길에 들은, 씁쓸한 미소를 띤 선배의 말이 잊히지 않는다. 어떻게 환자를 대하고 치료할지 알려주던 사람이 동시에 우울증 환자라는 사실이 당시엔 충격이었다. 지금의 나는 안다. 매일 보고 있다. 우울증은 정신과 의사는 물론이고 누구에게나 찾아온다는 것을.

우울증은 무서운 질병이다. 사람을 늪에 빠뜨리고 삶을 무너뜨린다. 늪에 빠졌다는 사실을 인정하기도, 도움을 요청하기도 어렵게 만든다. 내 마음을 모를 것이란 생각에, 정신과에 가도 눈앞의 의사에게 말문을 열기는 더 어렵다. 정신과 의사가 먼저 자신의 우울을 용기 있게 열어놓은 이 책은, 그렇게 닫혀 있는 마음들에 열쇠가 될 것이다. 일과 사랑에서의 성공과 실패, 반복된 상실, 회색빛 파편으로 산산조각 난 정신, 동료들에게 받은 상담과 약물치료, 재발한 우울증과 그럼에도 이어지는 삶까지. 놀라울 정도로 모든 것을 보여준 저자의 고백에 감사하다.

김지용 | 정신과 의사, 〈뇌부자들〉 진행자

우울증의 실상을 흡인력 있게 그려낸 가슴 뭉클한 수기. 하지만 그렇게 말하는 것만으론 부족하다. 개인적인 깨달음과 전문가로서의 식견을 담아낸 이야기이자 사색록이면서, 지침서이자 안내서다.

사이먼 웨슬리 경 | 교수, 영국 왕립정신의학회 회장

용감하고 대담하면서 가슴 저미는 이야기. 무엇보다도 의사이면서 환자이자 학자로서 살아가는 삶의 더없이 복잡한 이면을 하나로 엮어낸 최초의 시도.

수전 베일리 경 | 교수, 영국 왕립정신의학회

진솔하고 생생하고 강렬하다. 이른바 '흔한 정신건강 문제'를 앓아본 사람이라면 누구나 이 책에 공감할 것이다.

캐럴린 추그레이엄 교수 | 일반진료의, 킬 대학교 일반의료연구과

우울증을 겪어보았거나 가족 중에 우울증 환자가 있는 사람이라면 이 책에서 묘사하는 자기회의, 지긋지긋한 불안감, 그리고 남들 앞에 내보이는 의연한 겉모습이 낯설지 않을 것이다. 누구나 저자가 도달하는 자기수용의 수준에 이르지는 못할지라도. 개인적 경험을 담았으면서도 과학적으로 타당한 우울증 책이라는 점에서, 보기 드문 성과다.

루이스 애플비 | 전 영국 국립보건원 정신건강국장

저자는 솔직하고 인상 깊은 서술로 본인이 거듭하여 우울증을 겪었던 이야기를 다양한 치료 경험과 함께 들려준다. 이런 종류의 여느 회고록과 차

별되는 특징은 저자가 긴 세월 우울증과 투병하면서 동시에 정신과 의사로 일했다는 사실이다. 저자가 직접 치료하면서 본인의 이해를 풍부하게 넓힐 수 있었던 환자들의 모습이 생생한 필치로 묘사되어, 건조한 임상 사례가 아닌 실제 인간의 모습으로 눈앞에 되살아난다. 저자는 자신이 걸어온 인생 역정을 시종일관 의연하게 묘사하고 있다. 가족의 심각한 정신건강 문제에 대한 가슴 아픈 회상에서부터, 치열하면서 놀랍도록 냉혹한 업계 속에서 자기 자신을 지키려는 몸부림까지. 이 책은 그 소재에도 불구하고 우울한 책이 아니다. 풍성하고 인간적인 이야기이며, 이 분야 책들에 넘치는 진부하면서도 과도한 단순화가 없다는 큰 미덕이 있다. 저자는 우울증을 너무나 잘 아는 사람이다. 무엇보다도, 우리가 알지 못하는 것을 아는 사람이다.

톰 번스 | 옥스퍼드 대학교 사회정신의학과 명예교수

차
례

우울을 겪는 사람과
그들을 돕고 싶은 사람들을 위하여

나는 정신과 의사다. 그리고 오랜 우울증을 앓았다. 내 책이 한국어로 번역된 것을 매우 뜻깊게 생각하며, 책에 대해 몇 마디 보태고자 한다.

나는 정신 건강의 어려움을 고백하는 것에 대한 편견에 맞서기 위해 이 책을 썼다. 지금도 도움의 손길을 청하기 힘들어하는 사람들이 많다. 세계 어느 곳에서나 우리는 '굳센' 사람이 되어야 하며 감정을 드러내지 않아야 한다고 배우며 자란다. 자신의 문제는 스스로 해결할 수 있어야 하며, 심리치료는 나약한 사람이나 받는 것이라고들 한다. 정신 건강 문제란 애초에 없다고 하는 사람도 있다. 이 책의 주제인 우울증 같은 것은 존재하지 않으며, 단지 불행한 감정일 뿐이라는 것이다. 그러니 '힘내라'고, 궁상떨지 말고 할 일을 하라고 한다. 심지어 의사들 중에도 그런 식으로 생각해서 혼자 힘들어하다가 무너지는 사람이 있다.

바로 그 같은 생각과 태도에 맞서기 위해 20년 전 처음 글을 쓰기 시작했다.

처음에 나는 성인기 내내 우울증 치료를 받았던 경험과 아버지가 돌아가시고 겪었던 슬픔을 회고하는 글을 썼다. 나는 오랜 기간 약을 복용했고 지금도 복용하고 있다. 그리고 다양한 심리치료를 숱하게 받았다. 그런데 글을 쓰면서 보니 환자들과 나는 공통점이 무척 많았다. 나와 비슷한 문제가 있는 사람들을 돕는 일을 오랫동안 했기에, 나와 환자들의 삶은 비슷한 점이 많았던 것이다. 저마다 살면서 나름의 복잡한 문제를 겪었다. 상실에 아파했고, 소중한 사람을 잃고 슬퍼했고, 외로웠고, 사랑을 갈구했다. 때로는 괴로움을 달래려고 술로 자가치료를 하기도 했다. 사람과의 관계에서 똑같은 실수를 반복하기도 했다. 우울증은 내가 개인적으로나 직업적으로나 잘 아는 병이다. 평생을 연구하고 다른 의사들에게 강의했던 주제이기도 하다. 내 병을 동료 의사들에게 숨기려 한 적은 없지만, 이 책을 내면서 온 세상에 고스란히 공개하게 되었다.

처음 책이 나왔을 때 오랜 동료 몇몇은 꽤 충격을 받은 듯했다. 내가 항우울제를 복용한다고 하면 당황해하며 할 말을 찾지 못하는 이들도 있었다. 당당히 사람들 앞에 공개한 것이 용감하다고도 했다. 의료계에는 힘든 티를 내지 말고 의연해야 한다는 불문율 같은 게 있다. 무엇보다도, '약한' 사람으로 보일 만한 행동을 해선 안 된다고들 생각한다. 하지만 그런 태도가 낳는 폐해는 너무나 크다. 내 주변에는 스스로 생을 마감한 이들도 있다.

그러나 지난 몇 년 동안 큰 변화가 보이기 시작했다.

옛 동료 여러 명이 자기도 우울증을 앓았으며 심리치료도 받고 약도 복용했다고 내게 털어놓았다. 의대생들이 내게 글을 보내, 나처럼 교육 기간 중 힘든 시기를 버텨내는 데 이 책이 큰 도움이 됐다고 말해주었다. 이 책 덕분에 정신과 전공을 택하게 되었다는 학생들도 있었다. 기성 의사들도 본인이 정신질환으로 치료받은 경험을 공개적으로 언급하거나 글로 썼다. 그리고 많은 독자가 감상을 보내주었는데, 우울증 책이면서 그저 '증상'만 다루거나 뇌과학을 논하기만 하는 책이 아니라서 큰 도움이 되었다고 했다. 우울증이 실제로 어떤 느낌인지, 왜 일어나는지, 삶을 어떻게 바꾸는지, 어떻게 대처할 수 있는지를 이야기하는 책이었다는 것이다. 우울증의 고통과 절망과 무력감을 직접 겪은 의사가 쓴 책이라는 점이 달랐다고 했다.

나는 여러 해 동안 세계 곳곳을 돌아다니며 의사들에게 우울증을 주제로 강의하고 우울증이 얼마나 흔한 병인지 이야기했다.

우울증은 삶에 큰 영향을 미친다. 우울해지면 기분이 침체되어 평소에는 즐거워야 할 일도 전혀 즐겁지 않다. 무기력해지고 매사에 집중하지 못한다. 수면, 식욕, 체중 등 신체적으로도 문제가 생긴다. 내가 우울할 때 가장 먼저 느껴지는 신호는 잠을 잘 못 자는 것이다. 잠을 일찍, 자주 깨곤 한다. 남편의 말로는 그럴 때 내가 이런저런 문제를 계속 곱씹고 같은 고민을 끊임없이 이야기한다고 한다. 사람마다 사전에 나타나는 경고 신호가 있다. 그러다가 상태가 악화되면 도저히 살아가기 힘들 만큼 무력해지기도 한다.

우울증은 실제로 사람의 목숨을 앗아가는 요인이기도 하다.

자살의 주요 원인 중 하나가 우울증이다. 그리고 한국은 자살률이 OECD에서 가장 높은 나라인 것으로 안다. 우울증은 스스로 자각하고 인식해야 한다.

최근 몇 년 동안 내 정신 건강은 많이 좋아졌지만, 여전히 인생에 힘든 일이 닥치면 심리적 안정이 흔들릴 수 있음을 잘 알고 있다. 나는 은퇴할 무렵 심각한 신체 질환을 진단받았고, 그 병을 받아들이고 그에 따라 바뀐 생활에 적응하는 일이 쉽지 않았다. 지금도 때때로 우울한 시기를 겪곤 하지만, 심리치료를 통해 배운 교훈과 꾸준히 복용 중인 약 덕분에 대체로 큰 문제가 없는 상태를 유지하고 있다. 나 스스로를 더 잘 돌보는 법도 배워야 했다. 예전처럼 스스로를 몰아붙이지 않고, 잠을 더 충분히 자고, 내게 중요하고 즐거운 일에 시간을 쓰려고 한다. 친구들이나 사랑하는 이와 함께 편안한 시간을 보내는 것도 중요하다.

과거의 내 모습이나 환자들의 모습을 돌이켜봐도 그렇지만, 도움이 필요하다는 사실을 인정하는 것이 처음에는 힘들 수 있다. 도움을 청하는 것은 나약하다는 뜻이라고 생각할지 모르지만, 진정한 힘과 용기는 자신의 능력과 수단이 한계에 다다랐음을 인정하는 데 있다. 신뢰할 수 있는 사람에게 내 감정을 털어놓는 것이 얼마나 중요한지, 나는 살면서 절실히 깨달았다.

친구나 가족이 도움의 손길을 내밀 때 '난 괜찮다'고 버티지 말자. 전문가를 만나 조언을 구하자. 우울한 상태는 그 심각한 정도에 따라 극복하는 방법이 여러 가지가 있지만, 일상생활이 어렵거나 업무와 인간관계에 지장이 있고 살아가는 것 자체가 힘들 정도라면, 심리치료와 약물치료가 모두 도움이 될 수 있다.

뒤에서 이야기하겠지만, 심리치료는 몇 가지 종류가 있다. 정신역동치료는 과거에 겪었던 일이 어떻게 현재에도 문제를 일으키는지 이해하게 해주고, 인지행동치료는 현재의 힘든 생각과 감정에 대응할 방법을 찾아나감으로써 더 능동적으로 세상과 다시 관계를 맺을 수 있게 해준다. 내 경우는 삶의 시기에 따라 두 방법 다 큰 도움이 되었다. 나는 왜 기분이 가라앉는 사람인지, 또 어떻게 대처해야 하는지도 알 수 있었다. 내게 맞는 치료사를 찾는 것이 중요하다. 치료사는 내가 믿을 수 있는 사람이어야 한다. 또, 적절한 자격을 갖추고 정기적으로 다른 전문가에게 지도 감독을 받는 사람이어야 한다.

우울증으로 도움을 청하면 '이상한' 사람이나 '정신 나간' 사람이 되는 것 같아 두렵다는 사람을 의사로 일하면서 많이 보았다. 그렇지 않다. 도움을 청한다는 것은 우리가 인간임을 의미할 뿐이다. 그러나 한국을 비롯한 세계 여러 지역에서 정신건강과 정신질환에 대한 편견이 아직도 꽤 강하다는 것을 알고 있다.

우리는 그 편견에 맞서야 한다.

작년에 EBS 특집 프로그램 〈위대한 수업〉 제작진으로부터 우울증을 주제로 강연해달라는 요청을 받고, 이메일 협의에 이어 런던에서 직접 만나 함께 작업할 기회가 있었다. 큰 영광이었고, 올해 EBS에서 방송이 나간 후 SNS를 통해 한국 시청자들의 감상평을 들을 수 있어서 정말 좋았다.

이 책에 담긴 메시지가 한국에서 우울증을 겪고 있는 분들과 그런 사람들을 도우려는 분들에게 도움이 되길 진심으로 바란다.

나는 정신과 의사이고, 오랜 우울증을 앓았다. 그리고 그 사실을 결코 부끄러워하지 않는다.

누구도 그럴 필요가 없다.

2023년 10월

린다 개스크

**프롤로그

이 책은 우울증 극복에 대한 이야기이면서, 상실의 아픔을 받아들인다는 것에 대한 이야기다. 두 주제는 서로 관련이 깊다. 내가 직접 경험한 데다 정신과 의사이기도 해서 잘 아는 주제다. 내 전문 치료 분야인 우울증은 내가 성인기 내내 시달린 질환이기도 하다. 나는 우울증을 버텨냈고, 무사히 살아 있다. 그리고 누구나 그렇게 할 수 있다는 것을 잘 안다.

이 책에는 슬프고 절망스러운 일화도 담겨 있지만, 나는 암울한 이야기를 하려는 것은 아니다. 나처럼 살아온 이들에게 희망을 주는 게 목표다. 우리 자신 그리고 삶과 앞날에 대해 지금보다 더 나은 감정을 느낄 수 있다는 사실을 알려주고 싶다. 문제는 우울의 늪에 빠지면 희망을 다시 품을 엄두가 나지 않는다는 것이다. 기분이 가라앉은 사람은 색안경을 쓰고 삶을 바라본다. 남들뿐만 아니라 자기 자신에 대한 판단이 흐려진다. 흔히 '긍정적' 사고를 하라고 하지만, 그마저도 스스로를 쓸모없다고 생각하는 사람에게는 쉽지 않은 일이다. 독자 본인이 우울증에 빠져 있건, 아니면 그런 상황에 처한 누군가를 돕고 있건

프롤로그

간에, 더 나아질 길은 언제나 열려 있다는 깨달음을 이 책을 통해 얻었으면 하는 바람이다.

우울증을 유발하는 계기는 '상실'일 때가 많다. 잃은 것은 사람일 수도 있지만, 우리가 중요하게 여기는 역할이나 건강이나 자존감일 수도 있다. 우울해지면 그 우울함이 또 다른 상실을 낳기도 한다. 맡은 역할을 제대로 하지 못하고, 같이 지내기 힘든 사람이 되기 때문이다. 인간은 소중한 누군가나 무언가를 잃으면 애통해하기 마련이다. 애통함은 정상적인 감정이고, 시간이 지나면 보통 해소된다. 하지만 시간이 지나도 풀리지 않는 애통함은 우울증과 구분되지 않을 수도 있다. 또 다른 상실을 견디기 힘들어진다는 점에서 똑같다.

내 이야기를 전부 아는 사람은 몇 명 되지 않지만, 지금 나를 봐주는 의사는 대체로 다 알고 있다. 그녀가 현재로서는 내 후견인이다. 7년 전 그녀와의 첫 상담 이야기로 이 책을 시작해볼까 한다.

...

나는 맨체스터 남쪽에 있는 위던쇼 병원의 무미건조한 새 상담실에 앉아 있었다. 로리엇 센터라는 현대식 건물 안의 모든 병동은 생뚱맞게 소설가나 시인 이름이 붙어 있는데, 외래 진료는 황량한 진료실에서 이루어진다. 그곳에서 한 의사당 일주일에 한두 회기* 정도 상담을 맡는다. 방 안에는 흔한 서류 캐비닛 하나 없어서, 몰래 슬쩍 들여다보고 말고 할 것도 없었다. 완전히 신축 건물은 아니라서 카펫 본드 냄새가 어지

---

* session, 상담을 하는 매 회를 가리킨다.

러울 만큼 독하진 않았다. 그래도 화학물질 냄새가 공기 중에 감돌았다. 한눈을 팔 대상이라곤 책상 한끝에 놓인 너덜너덜한 병원 소식지뿐이었다. 상담을 기다리는 동안 나는 애써 소식지의 유방암 기금 마련 달리기 대회 기사에 집중했다. 오늘 처음 상담할 의사는 내 기록을 가지러 데스크에 갔다 온다며 급히 나갔다. 익숙한 고독감이 밀려왔고 나는 겁이 났다. 아주 많이.

물론 환자 신분으로 치료실을 찾는 게 처음은 아니었다. 하지만 묘한 상황이긴 했다. 내 상담을 새로 맡기로 한 의사는(이하 'V 선생'이라고 하겠다) 몇 년을 알고 지낸 동료였다. 그녀는 정중하게 사무적으로 나를 대했다. 그리고 안경 너머로 상대를 바라보았다. 나도 가끔 하는 행동인데, 그럴 때는 좀 위압적으로 보인다는 말을 듣기도 했다. 그녀도 행동과는 달리 나처럼 이 상황이 별로 편치 않아 보였다. 내 말을 들으면서 펜을 만지작거렸다. 속생각이 훤히 보이는 듯했다. 이렇게 환자의 문제를 파악하는 면담을 나도 한두 번 해본 게 아니니까. 손에 땀이 찼고, 심장이 불규칙하게 뛰었다. 혀를 입천장에 누가 붙여놓은 것 같았다. 내 몸이 내 몸 같지 않았다. 몸이 말을 듣는지 확인하려고 숨을 크게 들이마셨다. 불안의 신체적 증상이라는 건 알고 있었지만, 그녀가 나를 어떻게 생각할지 걱정을 떨칠 수 없었다. 어디까지 말해야 하나? 환자는 의사에게 질문을 받으며 얼마나 말할지, 무엇을 빼고 말할지 머리를 굴리기 마련이다.

"기분이 최고로 좋았을 때를 10이라고 하면, 지금 기분은 1에서 10 중 몇 정도인가요?" 그녀는 조용히 내 답을 기다렸다.

"6에서 7 정도요."

정말 답하기 어려운 질문이다. 나는 환자들에게 생각하지 말고 직감적으로 답하라고 요구한다. 하지만 '7'이란 건 내 솔직한 느낌이었을까, 아니면 일반 환자 대신 상담 시간을 차지한 내 행동을 합리화하려는 의도였을까? 내 답변은 대부분 준비가 돼 있었다. 머릿속으로 이미 예행연습까지 거쳤다. 나올 질문이야 뻔했으니까.

"기록을 읽어서 많이 알고 있긴 한데요." 이전 상담자에게서 인계받은 기록을 말하는 것이었다. "과거 이야기를 더 자세히 해주실 수 있나요? 증상이 언제 처음 시작됐나요?"

"10대 때 많이 불안했어요. 특히 시험 전에요." 지금도 졸업 시험에 떨어지는 악몽을 꾼다는 말은 하지 않았다.

"누군가의… 죽음에 관한 대목이 있던데요." 그녀가 기록지를 넘기며 운을 뗐다.

"네." 그 이야기는 하고 싶지 않았다. 나는 그녀를 아직 그리 잘 알지 못한다. 처음부터 다시 시작하는 게 과연 맞는 걸까. 새 의사와 또 서로를 알아가야 하는 걸까. 신뢰는 한번 쌓고 나면 무너질 때 너무 힘들다.

V 선생은 내 고민을 눈치채지 못하고 질문을 이어갔다. "극복하기 힘드셨어요?"

나도 환자들에게 종종 했던 질문이다. 하지만 누군가의 죽음이 과연 '극복'하는 대상이 맞는 걸까? 뭐라고 답해야 할지 알 수 없지만 그냥 "네"라고 했다. 그게 맞는 답인 듯했다. 사실 내가 본격적으로 애통한 감정을 느끼기 시작한 것은 그 일이 있고 여러 해 후였다. 나를 봐주던 의사가 은퇴하는 등 몇 가지 상실을 뒤이어 겪었고, 그때마다 과거의 망령이 되살아나곤 했다.

"지금 받으시는 치료는요?"

"매일 둘록세틴 60밀리그램, 티록신 200마이크로그램 복용하고 있어요." 지금까지 복용했던 약 이름들이 머릿속을 스쳐갔다.

전에는 '기분안정제'인 리튬과 항우울제인 벤라팍신을 같이 복용했는데, 심전도에 이상이 생겨서 중단했다('QT 간격 연장'이라는 문제가 나타났는데 그러면 심장박동이 갑자기 멎을 위험이 있다). 리튬은 갑상샘 저하증을 일으켰으므로 끊는 게 반가웠다. 그리고 티록신정은 복용하지 않으면 몸이 피곤하고 살이 쪄서 더 우울해진다. 그때도 그랬고 지금도 그렇다.

"그리고… 심리치료도 받아봤어요. 도움이 될 때도 있었고요."

"무슨 유형이었나요?"

"정신역동치료요. 인지행동치료CBT는 안 받아봤어요." 내가 CBT를 받은 것은 시일이 더 지나서였다.

난 내 우울증의 원인을 오랫동안 탐구했다. 어떤 힘든 일이 닥치면 며칠도 안 되어 극심한 절망에 빠지는 이유가 뭘까. 정신역동치료는 과거의 인간관계가 현재에 미치는 영향을 통찰해보려는 쪽이다. 반면 인지행동치료는 현실을 자신에게 해로운 관점으로 보기 때문에 '지금 이곳에서' 우울해진다고 보고 그런 관점을 개선하려는 쪽이다.

"마지막으로 증상이 나타났을 때는 언제였나요?"

"한 2년 전에 직장에서 문제가 좀 있어서 한동안 쉬었어요… 여섯 달쯤요. 지금은 괜찮아요."

항상 일이 문제 아니었던가? 일이 내게 가장 큰 스트레스인 건 맞다. 늘 밤잠을 이루지 못하게 하는 주범은 환자들이 아니라 업무적 갈등이었다. 나는 성격이 너무 예민했다. 주변 사람들의 말과 행동에 너무 쉽게 영향을 받았다.

"그런데 겨울에도 좀 기분이 가라앉는 것 같긴 해요."

우리는 40여 분쯤 이야기를 나눈 후, 계획을 정하고 다음 약속을 잡았다.

자리에서 일어날 때 V 선생이 말했다. "다음부터는 밖에서 안 기다리셔도 돼요. 어디 조용한 데서 만나면 되니까요…" 동료들과 마주치면 어색할 테니 내 편의를 봐주겠다는 뜻이었다. 하지만 내 환자들에게는 그런 일로 부끄러워하지 말라고 누누이 말했던 나다.

"전 괜찮아요, 밖에서 대기하는 것도 좋아요."

나지막하게 틀어놓은 오후 TV 프로를 보면서 대기실에서 남들과 함께 기다리는 시간이 난 싫지 않았다.

...

내 우울증은 새 학년이 시작되고 학업 부담이 커질 때마다 도졌던 것 같다. 아니면 생물학적 요인으로 설명할 수 있을지도 모른다. 나는 햇빛이 적은 이곳 고위도지방의 겨울이 힘들다. 기분이 우울한 사람 중에는 그런 경우가 많다. 어떤 설명이 맞을까? 알 수 없었다. 지금도 모른다. 나는 그냥 그런 사람인 거다. 대개는 잘 버텨낸다. 몇 달 동안, 때로는 1년 넘게 문제없이 산다. 하지만 살다 보면 번번이 그 시기가 닥쳐온다. 그럴 때는 평소보다 더 어둡고 험하고 모진 세상에 사는 기분이다. 나는 우울해지는 경향이 있는 사람이다.

지난 30년간 우울과 절망에 빠진 사람들 이야기를 많이 들었다. 그 사람들이 사는 이야기를 들으며 배운 게 많다. 듣다 보면 나와 통하는 이야기가 많았지만, 내 우울증 이력을 말한 적은 거의 없다. 내 건강이 나빠져 남을 치료하기 어렵다 싶으면 늘 나도 도움을 구하고 내 건강부터 돌봤다. 내 정신건강이 좋지 않을 때 남을 치료하려 했다면 그건 윤리적으로 옳지 않은 일이었을 것이다. 그럼에도 나는 우울증을 직접 겪었기 때문에 더 인간적이고 이해를 잘하는 치료자가 될 수 있었다고 생각한다. 정신과 의사도 우울증을 겪는다. 다른 과 의사보다 더 많이 겪는다. 우울증 전문가라고 해서 우울증에 안 걸린다는 법은 없다. 내가 모든 답을 다 아는 것도 아니다.

하지만 내가 아는 것도 있다. 이런 것들이다. 처음 온 환자는 무슨 문제인지 말해보라고 하면 정확히 말로 표현하기 어려워한다. 마음 한구석에 감춰진 어떤 감정이 느껴지는데 거기에 맞는 말을 생각해내지 못한다. 문제가 무엇에서, 왜, 어떻게 비롯되었는지 아직 뚜렷하게 인식하지 못한다. 불안은 말 대신 행동으로 드러난다. 짜증, 분노, 침잠 등의 형태로 나타나는데, 본인도, 남들도 이유를 알기 어렵다. 도움을 구하지 않고 계속 미루다가 상황이 위급해지고 나서야 찾아오기도 한다. 도와달라는 말은 하기가 쉽지 않다. 나도 처음엔 힘들었다.

모든 역사가 그렇듯, 개인의 역사도 불변의 존재가 아니다. 남에게 이야기하고 반복해 서술하는 과정에서 유기체처럼 변한다. 어느 시점에서건, 내가 '진짜' 아는 건 그때그때 느끼는 감정뿐이다. 1년 전 느꼈던 감정, 품었던 고민이 아무리 해도 기억나지 않을 때가 있다. 어쩌면 일부러 잊는 건지도 모르겠지만. 지금부터 할 이야기는 지금의 나에 대해 내가 아는 이야기다. 그리고 나와 비슷한 문제를 겪는 사람들에게 도움이 되리라고 생각되는 이야기다. 이 일을 하면서 배웠지만, 의사는 환자가 안고 있는 문제의 '이력을 알아내는' 데 그치지 말고 환자의 이야기에 귀를 기울여야 한다.

이 책은 원래 내 이야기로만 구성할 생각이었다. 그런데 쓰다 보니 그저 회고록이 아닌 그 이상의 무언가로 바뀌어갔다. 결국 이 책은 우울증을 겪는 다양한 양상을 이해해보려는 내 나름의 시도가 되었다. 각 장에 등장하는 환자들은 내가 의사로서 특히 많이 배웠던 사람들을 모델로 했다. 남의 이야기 소재가 되는 것을 꺼리는 사람이 있을 수 있으므로 이름은 가명을 썼고, 실제 사건을 기초로 하되 대부분 각색을 거쳤다. 그리고 10장에서 서술한 사건은 내가 그 병원에 재직할 때 있었던 일이 아님을 밝혀둔다.

다만 내가 개인적으로 우울증을 겪은 이야기는 모두 실화다. 그렇지만 이 책은 결코 나만의 이야기가 아니라, 내게 마음을 터놓은 이들에게서 내가 배운 것들의 기록이기도 하다. 우울증을 겪는 이들이 이 책을 통해 당면한 상황을 이해하고 그에 대처하는 힘을 키우는 데 도움을 얻었으면 한다. 우울증을 이겨내는 무기로 그 둘만 한 것은 없다.

취약성

우울해지는 이유를 가장 쉽게 이해하려면 취약성과 스트레스라는 개념을 기준으로 생각해보면 된다. 취약성이란 어떤 사람이 우울증에 걸릴 위험이 얼마나 높은가 하는 것으로, 가족력과 유전, 어린 시절 경험 등에 좌우된다. 그리고 스트레스는 살면서 겪는 다양한 사건들을 가리킨다. 취약성 요인을 많이 가진 사람일수록 스트레스로 인해 우울증을 일으키기 쉽다. 사람마다 우울증을 일으키는 스트레스의 정도가 달라서, 견딜 수 있는 정도 이상으로 힘든 일을 겪으면 그때부터 우울증이 찾아오는 것 같다. 비슷한 정도의 스트레스를 받아도 끄떡없는 사람이 있는가 하면, 전혀 그렇지 못한 사람도 있다. 취약성은 나이가 들수록 커지고, 관절염이나 심장병 같은 만성 신체 질환을 앓는 경우에도 커진다.

. . .

나는 솔퍼드 시내 어느 병원의 어둑한 진료실에 앉아 있다. 내가 가끔 환자를 보는 곳이다. 희미한 오후 햇살이 붙박이 철창살 사이로 힘겹게 새어든다. 바깥에서 흘러들어 오는 공기는 흡연 구역에서 풍겨오는 담배 냄새로 퀴퀴하다. 리처드라는 낯빛이 파리한 청년이 내 앞에 앉아 있다. 자기 우울증의 가족력을 이야기하려는 참이다. 쉽게 입을 떼지 못한다. 할 말을 떠올리려고 용을 쓴다. 사고가 매우 더딘 상태다. 우울증이 심한 경우 나타나는 증상이다.

"어머니가… 가끔 좀… 많이… 이상했어요." 그가 마침내 입을 연다.

"어떻게요?"

리처드가 시선을 떨군다. "뭐랄까, 겁에 질려 있었어요. 어떨 때는 우리랑 말을 안 했어요. 무슨 소리가… 목소리가 들린다고 했어요… 프레스트위치에도 몇 번 갔다오셨을 거예요… 저 어릴 때."

프레스트위치는 과거 이 지역의 정신병원이 있던 곳이다.

"다른 가족들은요?"

"아, 아버지는… 술버릇이 안 좋았어요. 저와 남동생을 괴롭혔어요…."

"아버지 때문에 다친 적도 있나요?"

그는 입술만 움직이고 소리를 내지 못한다. 눈물 한 방울이 뺨을 타고 흐른다. 감정이 북받치는 목소리로 무언가 말하려고 애쓴다. 그러더니 갑자기 봇물 터지듯 말이 쏟아져 나온다.

"아버지가 어머니를 자꾸 때렸어요… 한번은 말리려고 하는데 제 팔을 부러뜨렸어요."

그는 아버지의 폭력에 몸만 다친 게 아니었다. 10대 시절 우울증을 앓았던 것도, 20대 중반인 지금 기분이 심하게 침체되어 있는 것도 이해가 된다. 그는 성장기의 어려움을 극복하고 좋은 회사에 취직했지만, 어릴 때부터 앓았던 당뇨병이 합병증을 일으키면서 그간 노력해 얻은 것들을 다 잃게 되었다고 느꼈다. 어머니도 당뇨병이 있었다. 리처드는 최근 시력이 나빠졌고, 어린 시절 경험 때문에 우울증에도 대단히 취약해진 상태였다. 물론 충분히 이해는 된다. 그럴 수 있다. 당뇨병처럼 큰 병을 앓는 게 얼마나 힘들지도 짐작이 된다. 하지만 그런 상황이라고 해서 모든 사람들이 다 심각할 정도로 기분이 침체되지는 않는다. 알아서 살 길을 찾아나간다. 리처드는 그러지 못하고 있다.

의사들이 가끔 하는 실수는, 환자가 현재 처한 상황에 비추어볼 때 기분이 가라앉는 것을 '이해할 만하다'고 넘겨짚어 버리는 것이다. "그런 일이 있으면 누구든 기분이 처지는 게 당연하죠. 저라도 그러겠어요!" 이런 식으로 말이다.

하지만 문제는 그리 간단치 않다. 환자는 우울한 것일 수도 있다. 우울은 불행한 감정과는 다르다. 우울은 불행보다 훨씬 더 깊고 큰 절망감으로, 세상을 보는 눈에 색을 덧입히고 일상생활을 해나가기 어렵게 만든다.

...

내가 가진 취약성도 과거에서 이유를 찾을 수 있을 것이다. 스코틀랜드 서부 지방의 광부였던 외할아버지는 엄마가 열일곱 살 때 결핵으로 돌아가셨다. 외할머니는 엄마가 열두 살 때 뇌출혈로 갑자기 돌아가셨다. 엄마와 함께 길을 가다가 쓰러지셨다고 한다. 부모를 잃고 엄마가 받은 충격의 크기는 내가 헤아리기 어렵다. 엄마는 그 이야기를 거의 입에 올리는 법이 없었다. 엄마가 어린 시절을 힘들게 보냈다는 건 알고 있었다. 엄마가 자란 곳은 그때나 지금이나 영국에서 가난한 지역으로 손꼽히는 동네다. 나를 이루는 중요한 일부가 그곳에서 유래했으니, 내가 지금 어떤 사람인지 설명해줄 단서도 어느 정도 그곳에 있는 셈이다. 엄마와 내가 삶에 대한 기대가 그렇게 서로 달랐던 이유도 거기에 있을지 모른다. 엄마와 나는 언뜻 보기엔 닮은 점이 거의 없었지만, 나는 스코틀랜드 서부의 궁핍이 내 몸에 깃들어 있다는 걸 잘 안다. 타고난 것도 있고, 자라면서 엄마의 성격과 신념에서 받은 영향도 있을 것이다.

엄마는 1950년대 초에 일을 찾아 잉글랜드로 내려왔고, 스케그네스 해변에서 일하던 아빠를 만났다. 아빠의 일터는 1900년대 초에 지은 거대한 목조 롤러코스터 '피겨 에이트'였다. 8자 모양이라 붙은 이름이었다.

지금도 내 기억 속에는 '피겨 에이트'의 가파른 트랙을 맨몸으로 타고 오르며, 열차를 끌어올리는 체인을 수리하던 아빠의 모습이 그림처럼 생생하다. 열차는 꼭대기까지만 올려다 놓으면 중력의 힘으로 낙하했다. 하지만 체인이 곧잘 끊어졌는데, 그러면 기구 운행을 중단해야 했고 손님을 받을 수 없었다. 아빠는 겁도 없이, 해변가에 까마득히 높이 떠 있는 트랙 위를 걸어다니며 상태를 점검하곤 했다. 하지만 '피겨 에이트'를 아빠와 같이 타본 기억은 딱 한 번뿐이다. 나무로 된 빨간색 차량에 몸을 싣고 가느다란 안전바 하나만 움켜쥔 채 철커덩거리면서 달렸는데, 가슴은 쿵쾅거렸고 땀에 젖은 다리는 인조가죽 좌석에 쩍쩍 달라붙었다. 커브 구간에 이를 때마다 차량이 트랙을 벗어나 공중으로 날아갈 것만 같았다.

"뚝! 울지 마, 거의 다 왔어!" 아빠는 나를 안심시켰다.

"무서워! 싫어. 세워줘."

"이건 못 세워. 그냥 즐겨!"

출발점으로 돌아왔을 때 나는 엉엉 울고 있었다. 아빠는 먼저 홀쩍 내렸다. 나와 일행이 아닌 척하는 것 같았다. '이 울보 여자애 내 딸 아니야' 하고 말하는 듯했다. 어린 나이에도 나는 아빠의 기질을 파악했다. 우리 둘은 여러모로 많이 닮았으면서도 또 달랐다. 나는 쉽게 불안해하고 겁이 많았지만, 아빠는 위험한 상황에서도 힘이 셌고 용감했다.

아빠에 대한 가장 오래된 기억은 2층 내 방에 올라와 나를 재워주던 모습이다. 아빠는 내 머리를 쓰다듬으며 속삭였다. "자장자장, 잘 자거라… 꿈나라로 가자."

그러면 무서운 귀신은 낡은 녹색 차양막 밖으로 달아났고, 손톱을 물어뜯어 상처 나고 손마디가 울퉁불퉁한 아빠의 큼직한 손이 내 여린 관자놀이를 비볐다. 아빠 손에선 놀이기구의 엔진오일 냄새가 났다. 아빠가 아침마다 욕실 거울을 보며 머리에 발라 빗어 넘기는 흰색 헤어크림 냄새도 났다. 엄마는 방 안에 있는 법이 없었다. 아주 어릴 때부터도 나에게는 엄마가 행복하지 않다는 느낌이 있었던 것 같다. 때로는 정말 심각하게 불행해 보였다. 하지만 이유는 몰랐다. 지금 생각해보면 우리 집 분위기가 늘 불안하고 날이 갈수록 어두워졌던 배경에는 찌든 가난, 아빠의 대단치 못한 직업에 대한 무언의 실망감, 남동생 앨런의 정신질환 같은 요인들이 모두 작용하지 않았을까 싶다.

"뭐가 문제야?" 아침마다 학교 가기 전에 티셔츠를 몇 번이나 입었다 벗었다 하는 앨런에게 나는 묻곤 했다. 엄마 아빠 둘 다 7시 30분까지 출근해야 해서, 내가 두 남동생을 아침마다 준비시켜야 했다. 나보다 열한 살 어린 막내 이언은 골치를 썩이지 않았다. 알아서 시리얼을 우걱우걱 맛있게 먹었다. 하지만 나와 일곱 살 터울인 앨런은 알 수 없는 무언가로 늘 괴로워했다.

"저리 가! 나 좀 가만 놔둬." 앨런이 소리쳤다.

"왜 그러는 건데." 나는 이유를 말해달라고 구슬렸다.

"주름이 너무 많아." 앨런은 중얼거리거나 울면서 외치곤 했다.

"우리 늦었어."

"상관없어! 나 좀 놔둬."

동생은 그렇게 옷과 씨름하다가 화를 못 이겨 옷을 갈가리 찢기도 했다. 밤에도 쉽지 않았다. 깜깜한 방에서 침대에 눕지 않고 몇 시간을 서 있었다. 자기 전에 치러야 하는, 자신도 설명하지 못하는 어떤 복잡한 절차에 문제가 생겼기 때문이었다.

아빠는 절망감에 빠졌다. "앨런, 제발 잠옷 좀 입어, 응?"

"싫어."

"여보, 이제 자정이야." 엄마가 문간에 서서 애걸했다.

"그냥 놔둬. 서 있다가 알아서 불 끄고 자라고 해."

어슴푸레한 어둠 속에서, 동생은 자기 침대 옆에 돌처럼 꼼짝 않고 서 있었다. 그러다 문이 꽝 닫혔고, 방 안에서는 흐느끼는 울음소리만 흘러나왔다. 결국은 아빠도 포기하고, 실망과 분노로 피폐해진 채 방에 들어가 잠이 들었다. 앨런은 여러 해가 지나서야 비로소 강박 장애 진단을 받았다.

"엄마가 얼마 전에 그랬는데, 가끔은 가출해서 스코틀랜드로 도망가고 싶대. 너무 지긋지긋하대." 세월이 흐른 뒤 긴 전화 통화를 하다가 앨런이 한 말이다.

엄마는 그 말을 행동으로 옮기지는 않았다. 가출하지 않았으니까.

...

내가 엄마처럼 힘든 상황에 있었더라면 과연 도망치지 않고 버텼을까? 잘 모르겠다.

그때는 병명을 몰랐지만, 아빠는 사회공포증이 점점 심해졌다. 구체적으로는 공공장소에서 남들과 대화하는 것을 두려워했다. 그래서 엄마는 아빠가 살 만한 옷이나 신발 따위를 집에 가져가서 먼저 좀 입혀보겠다고 가게 주인에게 사정해야 했다. 심지어 아빠는 도서관에 가서 책을 빌려오지도 못할 정도로 불안이 심했다. 술을 마시면 불안이 좀 가라앉긴 했지만 아빠는 술을 잘 마시지 않았다. 대신 담배를 하루에 40개비까지 피웠다.

엄마는 아빠보다 항상 더 당당해 보였다. 적어도 겉보기엔 그랬다. 젊을 때는 노래와 춤을 무척 좋아하기도 했다. 반농담조로 "내가 어쩌다 춤 안 추는 남자랑 결혼했나 몰라"라고 하곤 했다. 하지만 엄마도 불안이 점점 심해졌다. 두통, 위산 역류, 복통 등의 신체 증상에 시달렸다. 나중에는 신경안정제를 복용하기 시작했다. 바리움과 아티판이었는데, 의사는 달라는 대로 다 처방해주었다.

집 안에는 점점 불안감이 일상적으로 감돌았다. 아빠는 걸핏하면 다른 식구들과 다퉜고, 한번은 엄마와 격하게 싸운 후 침대에 며칠 동안 틀어박혀 거의 아무것도 먹지 않았다.

"린다, 차 한 잔 갖다다오. 놓고 그냥 가." 아빠는 깜깜한 방에서 고개를 한구석으로 향한 채 나를 보지도 않았다.

"안 일어날 거예요?"

"일어나서 뭐 해? 할 일도 없는데."

부모님은 앨런과 함께 가족 치료를 받으러 다녔다. 아빠는 의사가 자기를 빤히 쳐다보기만 하고 아무 설명도 해주지 않는다며 질색했다. "뭘 하겠다는 건지 도무지 알 수가 없어. 죄책감만 잔뜩 주고." 의사가 나도 함께 오라고 했지만 나는 거부했다. 나와는 관계없는 일이라고 생각하려 했다. 난 학교 공부에 너무 바빴다.

당시엔 정신질환의 생물학적 근거라는 것이 거의 알려져 있지 않았다. 뇌의 배선 결함이 아닌 양육의 문제로 보는 게 보통이었다. 지금은 유전과 양육 어느 한쪽의 문제라기보다 둘이 복잡하게 얽힌 경우가 많다고 알려져 있다. 나는 동생 앨런이 불안 장애 성향을 부모 양쪽에게서 물려받았을 것으로 짐작한다. 동생은 난산 끝에 태어났다. 생사의 갈림길을 걷던 몇 분 동안 심장박동이 잡히지 않았는데, 그때 경미한 저산소성 뇌 손상이 일어났을 가능성도 있다. 크면서는 엄마 아빠를 애먹여 두 사람 사이에 긴장을 조성했고, 그로 인해 자신도 더 불안해졌다. 이는 옷 입기나 취침과 관련된 이상행동과 분노와 반항, 또다시 이상행동의 증가로 이어지는 악순환을 낳았다.

정신건강에 문제를 보인 자녀는 앨런뿐만이 아니었다.

나도 10대 초반부터 신체적·정서적 불안 증상이 나타났다. 스트레스를 받을 때마다 뭔가 나쁜 일이 일어날 것 같은 두려움에 휩싸이고 두통이 심해졌으며, 속이 메스껍고 손바닥에 땀이 났다. 나중에는 내게 너무나 익숙해진 증상들이다.

· · ·

나는 온종일 촉을 바짝 세우고 식구들의 기분을 살피며 지내야 했는데, 생각해보면 그런 환경에서 성장한 경험이 지금 의사로서 환자들과 공감하는 데 큰 도움이 된 것 같다. 그런가 하면 남들의 행동에 지나치게 예민한 바람에 때로 온몸이 굳곤 했고, 결국 사람들과의 관계에서 내 직감에 늘 의지해서는 안 된다는 걸 차츰 알게 되었다. 또 20대 초부터 상당히 심한 우울증에 빠진 것도 그런 성장 환경과 무관치 않았다. 나는 유전적으로 신경증적 성향을 타고나기도 했지만, 안전하고 정서적으로 안정된 성장 터전을 가족에게서 제공받지 못했다는 사실이 늘 괴로웠다. 아이가 자신 있게 세상에 부딪칠 줄 아는 사람으로 커나가기 어려운 환경이었다. 엄마는 불안이 있음에도 천성적으로 매사에 태도가 당당한 사람이었지만, 나는 아빠의 과묵한 내향성을 더 많이 물려받은 것 같다. 어릴 때 엄마보다 아빠와 훨씬 친하기도 했다. 그러나 그 애착은 10대 시절 점점 불안과 두려움으로 바뀌어갔다. 그러한 변화는 인생의 시련을 버티는 내 능력의 한계를 더욱 낮추는 구실을 했다.

...

나는 리처드의 이야기를 들으며 그가 왜 우울증에 취약해졌는지 이해가 됐다. 그는 나보다 훨씬 불우한 어린 시절을 보냈고 신체적·정서적으로 나와 비할 수 없는 상처를 입었다. 하지만 앞으로 특정 상황이 닥치면 기분에 문제를 일으킬 수 있는 씨앗을 품고 있다는 점에서 우리는 비슷하다.

"힘들었던 것 알겠어요. 지금 같은 상황이면 앞으로 나아질 희망이 없다고 생각할 만도 하고요…" 내가 말을 건넨다.

그는 고개를 들더니 아무 말도 하지 않는다. 의심에 차 있다. 하지만 절박함도 함께 느껴진다.

"그래도 기분이 나아질 수 있게 도울 방법을 한번 찾아봤으면 해요. 방법이 분명히 있을 거예요. 한번 시도해볼까요?" 양쪽이 협력하여 진행하지 않으면 효과적인 치료가 불가능하다. 몇 초간의 침묵이 무척 길게 느껴진다. 마침내 리처드가 내 눈을 보고 고개를 미미하게 끄덕인다.

"네."

"좋아요. 그러면 어떤 문제를 개선하고 싶은지부터 같이 생각해봐야겠네요. 자라면서 겪으셨던 일들이라든지 과거 이야기는 많이 해주셨지만, 현재 문제에 대처하는 자세도 살펴봐야 하고요."

"과거 이야기를 해야 하나요?"

"아니요, 현재부터 시작하면 돼요. 다시 살아갈 수 있게, 더 잘 살 수 있는 방법을 찾아보는 거죠."

리처드는 심리치료사 한 명과 치료 프로그램을 시작한다. 간단한 목표를 세우고 개선을 위해 노력한다. 이런 방법을 '행동 활성화behavioural activation'라고 한다. 사람이 우울해지면 즐거운 일, 아침에 일어나고 옷 입기 같은 일상적인 일, 공과금 납부 같은 중요한 일을 가리지 않고 아무것도 하지 않게 된다는 이론에 따른 것이다. 회복하려면 활동을 조금씩 다시 시작해야 한다. 활동 수준이나 삶에 관여하는 정도는 우리의 기분과 밀접히 연관되어 있기 때문이다. 다시 살아갈 수 있을 만큼 기분이 나아지기를 기다리는 게 아니라, 행동을 개선해 기분을 나아지게 하는 것이다. 이 방법이 정말 효과가 있다는 증거는 많다.

리처드는 프로그램에 협조했다. 그의 기분이 점차 나아지기 시작한다. "혈당 체크를 다시 꼬박꼬박 하기 시작했어요." 나중에 나와 상담하면서 그가 말한다. 나와 눈을 마주치더니, 얼굴에 심란한 미소를 띠운다. "기분은 훨씬 나아졌는데요… 그런데…."

"그런데요?"

"그래도 두려워요. 그러니까… 결국은 언젠가 어머니와 똑같이 될까 봐요. 저한테 그런 유전자가 있는 거잖아요? 정신병 말이에요… 유전되는 거잖아요."

무슨 말인지 충분히 이해된다. 나도 그 두려움을 아니까. 하지만 내가 아는 사실을 정직하게 말해준다. "그런 유전자가 있다고 해서 극복할 수 없는 건 아니에요. 리처드 씨처럼 우울증에 취약한 사람은 많아요. 하지만 여러 가지 예방책도 있고, 재발했을 때 조기에 치료하는 방법도 있어요. 꼭 정신병에 걸린다는 법은 없어요."

"정말이요?" 놀란 듯한 눈치다.

"그럼요."

그가 오랜 침묵 끝에 말한다. "이제 과거는 이야기하고 싶지 않아요. 잊고 싶어요."

본인의 선택이다. 그리고 아마 옳은 선택일 것이다. 적어도 당분간은.

사람은 우울해지면 과거를 곱씹지만 잘 살고 있으면 과거 생각에 그리 얽매이지 않는다. 현재의 기분을 나아지게 하기 위해 과거의 기억을 꼭 파고들 필요는 없다. 자신이 우울증에 취약하다고 해서 약하거나 열등한 인간은 결코 아니라는 걸 아는 게 더 중요하다. 때로 잊기 쉬운 사실이지만, 잊지 않아야만 살아갈 수 있다.

두려움

나는 스트레스를 받을 때면 점점 두렵고 불안해진다. 그러다가 내 삶에 대한 통제력을 잃는 듯한 느낌이 들면, 곧이어 절망감이 찾아온다. 나에게 그 통제감은 매우 중요하다. 하지만 이 통제력을 유지하려는 욕구 때문에, 정말 도움이 필요할 때 도움을 청하지 못할 수도 있다. 도움을 받아들인다는 것은 어찌 보면 자기 삶의 통제권을 남에게 넘기는 행위니까. 항복하고 자유를 잃는 것일 수도 있으니까. 겁먹는 것도 전혀 무리가 아니다.

...

제스는 비쩍 마르고 쇠약했지만 사람들이 왜 자기를 걱정하는지 이해하지 못했다. "선생님, 전 아무 문제 없어요. 정상이에요. 여기 있기 싫어요. 집에 갈래요. 저 여기 있는 거 알면 엄마가 걱정하실 거예요."

"수간호사가 어머니께 입원 소식 전해드렸어요. 어머니가 걱정 많이 하시더라고요. 여기 좀 있으라고 하셨어요."

"아니에요, 그렇지 않아요. 제가 교수님한테 입원하겠다고 한 건 맞는데 마음이 바뀌었어요. 제가 가서 엄마 돌봐드려야 한단 말이에요."

그녀는 앙상한 손가락으로 눈물을 훔쳤다. 손이 파르스름한데 차갑진 않았다. 코는 짙은 자줏빛으로 변해가고 있었다. 몸은 허약했지만 의지는 여전히 확고했다.

당시 나는 에든버러 대학교 의대생이었고, 정신과 실습을 막 시작했을 때였다. 제스는 열일곱 살이었고, 상태가 심각했다.

• • •

처음부터 내가 의사가 되려고 한 것은 아니었다. 막연히 생물 교사가 되지 않을까 생각하다가 열다섯 살 때쯤 문득 의사가 더 낫겠다는 생각이 들었다. 별다른 이유는 없었다. 나는 과학을 잘했고, 가족 가운데 처음으로 대학에 가기도 했다. 또 불안에 시달리지 않을 때는 기회를 최대한 살려 성공해보겠다는 결심이 확고했다. 문제는 그 부담감 때문에 거의 항상 불안했다는 것이다. 불안은 내 일상이 되었다.

• • •

불안과 두려움을 같은 개념으로 보기도 한다. 둘은 꼭 명확히 구분되는 않는다. 두려움은 특정 자극이 유발하는 부정적 감정이라고 생각하면 이해하기 쉽다. 쉽게 말해 그 감정을 일으키는 원인이 뚜렷하다. 반면 불안은 신변에 뭔가 위험이 느껴지지만 그 원인이 뚜렷하지 않다. 불쾌한 감각이 몸에 느껴지고 일상적인 일들이 걱정되는

데 그 이유를 알 수 없다. 불안의 대상은 우리가 아직 존재를 인정하지 못하는 어떤 것일 수도 있고, 뇌리에서 떠나지 않지만 아직 딱 짚어 말할 수 없는 어떤 것일 수도 있다.

에든버러 의대 5년 과정을 거의 마쳐갈 때까지도 나는 마음의 병을 전공으로 삼을 생각은 없었다. 친구 제인은 정신과 의사가 될 생각이었고, 나는 몸의 병을 다루는 의사가 될 생각이었다.

제인은 내 단짝 친구였다. 제인도 나를 단짝 친구로 생각하는 것 같지는 않았지만. 제인은 몸이 자그마하고 엄청나게 똑똑한 남부 출신 아이였다. 짙은색 긴 금발을 부스스하게 늘어뜨리고 다녔고, 웃음소리가 요란했다. 우리는 시신 보존용 포름알데히드에 절은 갈색 작업복을 입고, 1학년 내내 같은 시신으로 해부 실습을 했다. 반쯤 해체된 몸통과 팔다리에는 신경과 혈관이 세밀하게 절개된 채 늘어진 모기장처럼 매달려 있었다. 기름 냄새가 옷과 머리카락에 배어, 늦은 밤 집으로 돌아가면 집 안까지 따라왔다. 어느 해부학 교수의 구술 시험은 학생들에게 두려움의 대상이었다. 나이 지긋한 여자 교수는 회색 머리를 단단하게 쪽 졌고, 한 손은 갈고리였다. 갈고리에 부착된 지시봉으로 해부된 근육과 신경을 척척 가리켰다. 그리고 우리 옆의 옆 테이블에 앉은 여학생에게 질문 세례를 퍼부었다.

"교수님 손, 어쩌다 저렇게 된 거야?" 갈고리 손으로 시신을 능수능란하게 다루는 솜씨에 경탄을 금치 못하며, 내가 제인에게 물었다.

"팔이 부러졌는데, 응급실 인턴이 잘못 건드렸대. 피가 안 돌아서 어쩔 수 없이 절단했대." 제인이 속삭이더니, 내 얼굴을 똑바로 보며 말했다. "그래서 여학생들 울리는 게 취미래."

"왜…?" 물으면서 이유가 짐작이 됐다.

"응급실 인턴이 여자였거든."

의대 5년 교육을 한마디로 말하면, 조금이라도 아는 주제에 대해 자신 있게 말하는 연습이었다. 그런데 나는 자신감이 원래 부족한 게 문제였다. 에든버러는 왠지 내가 있을 곳이 아닌 것 같았다. 제인을 포함해 동기들은 대부분 나와 출신 배경이 달랐다. 엄마는 공장에서 트랜지스터라디오를 조립하는 노동자였고, 아빠는 놀이공원 직원이었으니까.

"넌 행복하지 않아." 스티븐이라는 친구가 어느 날 저녁 내게 불쑥 말했다. 스티븐은 아일랜드 출신이고 굉장히 똑똑했다. 그 전주에 나와 같이 술을 마셨는데 위스키 반병을 마시고 뻗길래, 다행히 정신이 있던 내가 몸을 옆으로 굴려 회복할 수 있는 자세로 눕혀주었다.

"나 살려줘서 고맙다." 스티븐이 얼버무리며 화제를 바꿨다.

"내가 행복하지 않다니, 무슨 말이야?" 나는 쏘아붙이며 화제를 되돌렸다.

"분리 불안. 내가 보기엔 그거야." 당시 우리는 '행동과학' 수업을 막 듣기 시작한 때였다. 그 말을 하는 스티븐은 긴장돼 보였다. 나를 똑바로 쳐다보지 못했다.

"내가 왜 분리 불안이야?"

그 용어의 뜻은 몰랐지만 뭔가 맞는 듯한 불편한 느낌이 들었다. 나는 집에 두고 온 뭔가를 그리워하고 있었다. 하지만 그게 뭔지는 아무리 생각해도 알 수 없었다. 한시바삐 되찾아야 할 그런 것은 없었다. 아빠와는 10대 반항기 때 서로 불만이 쌓이면서 소원해졌는데, 왜 그렇게 되었는지 사실 잘 이해는 되지 않았다. 에든버러에 지원한 이유는 학기 중에 집에 올 수 없는 먼 곳으로 가기 위해서였다.

"분리 불안이야. 확실해." 스티븐이 거듭 말했다.

...

1학년이 끝날 무렵 아빠가 심장마비로 쓰러졌다. 나는 6주 후에야 그 사실을 알았다. 첫 여름방학을 스코틀랜드 북서부 어느 호텔에서 아르바이트를 하며 보낸 후였다. 그곳에서도 집에 꼬박꼬박 전화를 했지만 그런 비슷한 얘기도 듣지 못했다. 에든버러에 돌아오자마자, 친구 집 건너편 공중전화 박스에서 집에 또 전화했다.

"아빠 입원했다." 대수롭지 않다는 듯한 엄마 목소리였다. "수영하고 나서 가슴이 아프다더라고. 다 같이 차 타고 집에 왔는데, 도착해서 풀밭에 쓰러졌어."

"정말이요? 왜 저한테 얘기 안 하셨어요?"

"모처럼 방학이라고 쉬는데 걱정시키지 말라고 해서."

큰 병환도 딸에게 알리지 못할 만큼 우리 사이가 멀어진 것이었을까?

기억나는 일이 하나 있다. 내가 대입 자격 시험 공부를 할 때였다. 훈훈한 바닷바람이 불어오는 따스한 저녁이었다.

"책 다 가방에 싸! 해변에 가자." 아빠가 말했다.

"당신 오늘 저녁에 보험 서류 정리한다면서." 엄마가 반대했지만 아빠는 못 들은 척했다.

"저 공부해야 돼요." 나도 거절했다. 내 머릿속은 다가오는 시험 걱정과 떨어질지 모른다는 두려움으로 꽉 차 있었다.

"여보!" 엄마가 목소리를 높였다.

"걱정 마, 내일 정리할게. 너 지금 집중도 안 되잖아. 가서 머리 좀 식히고 오자." 아빠가 나를 보며 말했다.

"마음대로 해!" 엄마가 내지르면서 문을 꽝 닫았다.

나는 아빠와 함께 해변에 도착해, 발가락 사이로 느껴지는 따뜻한 모래의 감촉을 만끽했다. 겉옷을 벗어던지고 수영복 차림으로 시원한 바닷물을 첨벙거렸다. 아빠는 해안선과 나란히 나 있는 모래언덕을 향해 자신 있게 헤엄쳐갔다. 나는 수영을 할 줄 몰랐다. 배운 적이 없었다. 북해 바다는 평소 잿빛이었지만 그날은 저녁 햇살을 받아 푸른빛이 돌았다. 파도가 해안선에 하얀 포말을 남기며 썰물이 되어 유유히 빠져나갔다. 나는 파도 속에 쪼그려 앉아 차가운 바닷물의 상쾌함에 젖었다. 아빠가 이쪽으로 다시 헤엄쳐 오더니 내 두 손을 맞잡고 끌었다. 내 몸이 물에 둥실 떴다. 나는 갑자기 무서워져 바닥에 발을 짚으려고 발버둥쳤다. 맑은 바닷물이 모래흙으로 흐려졌다.

"아빠 믿어. 내가 꽉 잡고 있을게."

하지만 난 믿지 못했다. 아빠한테 몸을 맡기고 두 발을 뗄 수 있을 만큼의 믿음이 내겐 없었다. 나에게 크게 실망한, 아빠의 마음이 느껴졌다.

...

내가 훌륭한 의사가 될 가망이 없음을 마침내 깨달은 것은 의대 졸업반 시절 어느 날이었다. 나는 에든버러 왕립의료원의 어느 병상에 커튼을 두르고 서서, 겁에 질려 누워 있는 여자 환자 위로 주사기를 쳐들었다.

병상 발치에 선 선임 인턴이 지시했다. "지금 꽂아!"

내가 가슴팍을 누르고 흉골에서 골수를 채취하는 동안 환자가 지은 표정은, 아마 내 표정과 다르지 않았을 것이다. 내 이마에 땀방울이 송글송글 맺히더니 콧등을 타고 흘러 환자의 목 위로 떨어졌다.

"됐어. 바늘이 들어갈 때 살짝 눌리는 것 느꼈어?" 선임 인턴이 물었다.

"당연히 느꼈죠." 환자가 대신 대답했다. "나 원 참, 사람 잡는 줄 알았네요." 실제로 그 전해에 의대생이 골수 채취 실습을 하다가 흉강을 뚫어 주요 혈관을 파열시키는 바람에 환자가 사망한 적이 있었다. 그 소식이 그녀 귀에 들어가지 않기만을 바랐다.

나는 고개를 끄덕거렸지만, 아무 정신이 없었다. 공포에 손이 땀으로 흥건히 젖어 위생 장갑이 잘 벗겨지지 않았다.

...

지금 생각하면, 내가 의대 4학년 때 결혼한 것도 점점 심해지는 불안을 다스려보려는 노력의 일환이었다. 결혼하니 왠지 마음이 든든했고 앞날에 대한 불안감이 줄었다. 남자 친구 짐은 물리학 박사과정 학생이었다. 내가 1학년 때 컴퓨터 데이트 게임을 통해 만났다(제인이 나를 게임에 등록시켰다). 우리는 셰어하우스의 같은 방에서 2년간 동거해 양쪽 부모님들을 곤혹스럽게 하다가 결국 양가의 반대를 무릅쓰고 결혼했다. 그때가 1970년대였으니, 사회 분위기가 지금과는 많이 달랐다. 스코틀랜드는 특히 더 보수적이었다.

신도시의 어느 공동주택 1층 원룸이 우리 둘의 침실이자 거실이자 서재가 되면서 나는 그 방을 거의 벗어나지 않고 살았다. 나는 안락의 자에 몸을 파묻고, 이전 세입자가 무신경하게 흰색으로 칠해놓은 대리석 가스 벽난로의 불을 우두커니 바라보곤 했다. 갈라지고 변색된 발열부에서 불꽃이 쉬익거리며 타는 소리가 오후의 눅눅한 어둠 속에 퍼져나갔다. 우리는 결혼 후에도 여느 학생들과 다르지 않게 살았다. 근근이 생활해나가며, 친구들과 술 마시고 파티를 했다. 하지만 시간 이 흐르면서, 토요일에 장을 보러 다니고 앞으로 살 곳을 계획하는 등 평범한 부부 생활에도 차츰 익숙해져갔다.

. . .

나는 졸업 시험을 앞두고 공부 시간표를 복잡하게 짰다. 5학년도 절반이 지나갔고 의대 과정이 거의 끝나가고 있었다. 나는 그해 들어 줄곧, 모든 게 정상이고 학업 부담도 잘 견디고 있다며 스스로를 속이 려고 애썼다. 시험에 떨어질까 봐 두려운 것은 여느 때와 마찬가지였 지만 문제는 그뿐만이 아니었다. 뭐라고 표현해야 할지 알 수 없었지 만, 내게 일어나고 있는 뭔가 때문에 지독하게 불안했다. 결국 내 삶의 통제권을 유지하기 위한 최선의 방법으로, 마인드맵 비슷한 개념도를 만들어 시험 때까지 모든 정보를 그 안에 다 집어넣어야 한다는 결론 에 이르렀다. 종이에 줄을 치고 앞으로 몇 달 동안 눈 뜨고 있는 시간 동안의 모든 일과를 철두철미하게 관리할 표도 만들었다. 동생이 강 박 행동으로 불안을 통제하려고 했던 모습과 누가 봐도 비슷했지만, 나는 그 유사성을 모른 척했다. 완벽히 합리적인 행동이라고 생각하 려 애썼다.

공부에만 파묻힌 채 몇 주가 지나갔다. 졸업 시험을 두어 달 앞둔 1979년 어느 봄날, 데이브라는 정신과 전공의가 정신과 병동 치료실 한구석에 앉은 나를 발견했다. 전날 나는 밤을 새운 상태였다. 심장이 쿵쾅거리는 소리가 귀청을 때리는데 무슨 수를 써도 잦아들지 않았다.

"어디 안 좋아?" 데이브가 물었다.

내 상태를 들키고 싶지 않아 그의 시선을 피했다. "아뇨, 괜찮아요. 그냥 좀 피곤하고 긴장돼서요."

"교수님 앞에서 발표하고 나서 그러는구나? 진이 다 빠지지?"

정신과 L 교수는 실력이 뛰어났다. 잘 보이려고 조바심하는 의대생들에게는 두려움의 대상이기도 했다. 조원들이 모두 병실에 둥글게 앉아 대기하면 병동 회진을 와서 진지한 회청색 눈으로 우리를 훑어보는데, 얼굴이 놀라울 만큼 무표정했다. 내가 전날 살펴봤던 환자, 제스의 상태를 보고했다.

"그래서 자네 소견은 뭔가?" L 교수가 물었다.

"거식증입니다. 그런데 제 생각엔 우울증도 심한 것 같습니다. 가끔은 아무 희망이 없는 것 같다고 하거든요."

"거식증 환자에게 우울증은 흔하지." 교수님은 잠시 뜸을 들인 다음 이어서 물었다. "특별히 걱정되는 게 있나?"

나는 숨을 크게 쉬며 제스의 고통스러운 얼굴을 떠올렸다. "이해하기 힘든 어떤 곤경에 빠져 있다고 생각하는 것 같습니다. 조금이라도 먹으면 살이 찔 거라고 철석같이 믿고 있어요." 아닌 게 아니라, 제스는 내가 정상적인 식사를 권하자 이런 말도 했다. "엄두가 안 나요. 한 번 먹기 시작하면 멈출 수 없어요."

나는 노트에서 눈을 들고 말했다. "그래서 환자는 탈출구가 전혀 안 보이는 상태이고, 어떤 이유에선지 지금처럼 입원한 상태로는 상황을 스스로 통제하기 어렵다는 생각을 하고 있습니다. 상황 통제력을 잃을까 봐 너무나 두려워하고 있습니다."

잠깐 숨을 고르며 맞은편에 앉은 데이브를 힐끗 보았다. 병동 회진 시작 전에 그에게 내 생각을 들려주며 의견을 구했다. 데이브가 고개를 끄덕이며 미소를 지어 보였다.

나는 말을 이어나갔다. "환자는 지금 자기 힘으로 통제할 수 있는 게 자기가 먹는 음식 말고는 없다고 생각하는 것 같습니다." 제스는 자기 자신에 대해, 가족에 대해, 미래에 대해 더 깊은 두려움과 걱정이 있었지만 그런 것을 아직 인정하지 못했다.

교수님이 고개를 끄덕였다. "내 생각도 그래. 나도 환자와 이야기해 봤네. 아주 제대로 봤어."

'아주'라는 말에 미미하지만 분명하게 힘이 실려 있었다. 순간 짜릿한 뿌듯함이 밀려왔지만 오래가지 않았다. 나는 정신과 환자들의 마음속으로 들어가 그들 입장에서 생각하는 게 어렵지 않았다. 불안 환자, 우울증 환자, 편집증 환자까지도. 마침내 내가 있을 곳을 찾은 기분이었다. 내가 정신의학에 뭔가 적성이 있는 것 같기도 했지만, 병동 생활이 내 안의 무언가와 잘 맞아떨어지는 느낌이었다. 그러나 걱정도 됐다. 환자들이 하는 어떤 이야기는 너무나 잘 공감됐기 때문이다. 그것은 외부 관찰자로서의 공감이 아니라, 내면에서의 공감이었다.

그렇게 병동 회진이 끝난 뒤, 데이브는 치료실에 혼자 있는 나를 걱정스러운 눈빛으로 보았다. "정말 괜찮은 것 맞아?" 그가 뭐라도 도와주고 싶은 듯 손을 내밀었다.

"예, 저 진짜 괜찮아요." 내가 몸을 뒤로 뺐다. "그냥 졸업 시험이 좀 걱정돼서요… 별일 아니에요."

그 말은 사실이 아니었다. 심장이 쿵쾅거리다가 제풀에 지쳐 멎어 버릴 것만 같았다. 그 느낌은 지금도 내게 익숙하다.

...

샌드라는 내가 졸업 시험을 앞두고 정신과 병동에서 몇 달 실습하는 동안 잘 알게 된 환자다. 그녀는 양극성 장애 가족력이 뚜렷했다. 양극성 장애(조울증)는 우울증이 나타날 때도 있고, 과다 활동과 들뜬 기분을 보이는 조증이 나타날 때도 있는 병이다. 샌드라는 얼마 전부터 전기 경련요법ECT을 받고 있었다. 최근에는 우울증이 심한 환자가 식음을 전폐한 경우에 거의 마지막 수단으로만 쓰는 요법이다. 뇌를 통해 전류를 흘려보내 간질 발작을 유도하는 방식이다. 꽤 원시적인 요법처럼 들리는데, 실제로 예전에는 이렇게 원시적이었다. 대중에게는 영화 〈뻐꾸기 둥지 위로 날아간 새〉에 등장해서 잘 알려졌다. 요즘은 전신마취를 하고 근육 마비제를 투여한 후에 실시하므로 발작은 극히 미세하게 유발되지만, 여전히 논란이 있고 문제가 되기도 하는 요법이다.

샌드라는 병세가 꾸준히 호전되고 있었지만, ECT의 부작용으로 기억 장애를 겪었다. 내가 병실에 앉은 그녀 옆에 나란히 앉으니, 잠시 후 천천히 기계적으로 고개를 돌려 나를 보았다. 이루 말로 할 수 없는 고뇌에 잠긴 눈빛이었다. 슬픔을 이미 초월한 듯했다. 그 고통이 너무나 깊어, 말하고 싶어도 말할 수 없으리라는 생각이 들었다. 그녀는 삭막한 정적 속 세상에 있었다. 나는 말없이 옆에 앉았다. 우리는 이따금씩 눈을 마주쳤지만, 그뿐이었다.

두어 주 후 샌드라가 내게 말했다. 기분이 심하게 가라앉을 때는 살아서 뭐 하나 하는 생각이 든다고. 그러고는 이랬다. "선생님하고 이야기하기 싫었어요. 좀 가버렸으면, 나를 가만 놔뒀으면 했어요. 그런데 선생님이 절 두고 가는 것도 못 견디겠는 거예요. 무슨 일이 날까 봐 너무 무서웠거든요. ECT를 또 받을 일도 무서웠지만 그 때문만은 아니었어요. 죽고 싶었어요… 그러면서도 죽을까 봐 너무 무서웠어요. 이해가 되세요?"

지독한 딜레마였다. 도움의 손길을 받아들일 것인가. 아니면 내 삶의 통제권을 계속 손에 쥘 것인가—그 결과 결국 삶 자체가 아예 사라질지라도. 내가 전에 그녀의 눈빛에서 읽었던 바로 그 고뇌였다.

. . .

시간은 한 주 한 주 흘러갔다. 새벽마다 잠을 깨면 자갈길을 덜그럭거리는 우유 배달 차 소리, 멀리서 조금씩 부산해지는 출근길 차 소리가 또 두려운 하루의 시작을 알렸다. 내 생활은 철저히 계획표에 따라 돌아갔다. 사각형 블록 하나마다 목표가 하나씩 적혀 있었다. 그날 목표를 완수하지 못하면 계획표를 다시 짜는 일에 집착하느라 시간을 또 빼앗겼다. 나는 바닥에 널린 흰 종이들의 노예가 되었다. 아침에 침대에서 일어나는 데 점점 시간이 오래 걸렸다. 밖에 나갈 일이 없으면 씻지도 않고 옷도 갈아입지 않았다. 밖에 나갈 일은 점점 줄었다. 시험 대비 강의를 찾아가서 들었지만 아무와도 말을 섞지 않았다. 멀리서 동기들이 삼삼오오 모였다 흩어졌다 하며 수군거리는 모습을 지켜보기만 했다. 그들은 내가 감추고 있는 나에 관한 사실을 모두 알고 있는 게 분명했다. 내가 시험에 떨어질 게 뻔하다는 사실도 아는 게 틀림없었다. 물론 우리 중 몇 명은 떨어질 운명이었다. 나는 밤이면 불안 속에 집 안을 서성거리며, 동생을 유년기 내내 괴롭혔던 정신질환이 내게도 일어날지 모른다는 두려움에 휩싸였다.

내 남편 짐은 나와는 달리 매사에 합리적이고 논리적이었다. 점점 종잡기 어려워지는 내 행동을 보며 의아해했다. 그 당혹감은 아마 물리 실험 결과가 예상대로 나오지 않았을 때와 비슷했을 것이다.

"지금 뭐 하는 거야?" 어느 날 밤, 난롯가 의자에 앉아 몸을 앞뒤로 흔들고 있는 나를 보고 남편이 놀라서 물었다.

"이렇게 해야 통증이 가라앉아." 나는 아랫배의 긴장감 때문에 식사를 잘 하지 못했고, 한밤중에도 배가 몹시 아파 깨곤 했다. 통증은 몸을 흔들어야 겨우 가라앉았다. 동생이 어릴 때 골이 나면 하던 행동이었다.

"당신 병원 가봐야 하는 거 아니야?"

"난 아무 문제 없어!" 내가 소리를 빽 내질렀다. 하지만 남편 눈에 비친 내 모습은 두려운 기색이 역력했을 것이다. 그때는 두려움의 정체를 딱 집어서 말할 수 없었지만 지금은 안다. 나를 사로잡고 있던 것은, 실패의 두려움이었다.

...

결국 더 버틸 수 없는 한계가 왔다. 터질 것 같은 머리를 간신히 붙들고 있는 기분이었다. 그날 일이 정확히는 기억나지 않는다. 나는 집에 앉아 계획표를 뚫어지게 쳐다보며 지키지 못한 목표에 괴로워했다. 그러면서 공동주택 계단실에서 들려오는 사람들 말소리에도 귀를 바짝 기울였다. 사람들은 계단을 오르내리며 날씨가 어떻다느니, 다음 번 계단 청소 담당은 누구라느니 하는 시시껄렁한 대화를, 세상 평온하게 하고 있었다. 거리로 나 있는 건물 현관문으로 주민들이 드나들면서 문이 철컹 닫히는 소리, 도로의 차 소리, 창밖의 새소리, 바삐 살아가는 사람들 소리가 모두 선명히 귀에 들어왔다. 나는 잠을 자지도, 공부하지도 못했다. 그저 흐느낄 뿐이었다.

. . .

결국 나는 더 버티지 못하고 병원 진료를 예약했다. 주치의에게 갔더니 대학의료센터 정신과의 'P 선생'에게 나를 의뢰했다.* P 선생이 나를 바로 알아봤기에, 이만저만 부끄러운 게 아니었다.

"학생 얼마 전까지…."

"네, 선생님 의료 팀에서 정신과 실습을 했습니다." P 선생은 다른 동료 교수에게 가볼 것을 권했다. 며칠 후 찾아간 'M 교수'는 말쑥한 회색 정장 차림에, 웃옷 가슴 주머니에 분홍색 손수건을 예쁘게 꽂고 있었다. 손수건이 너무 신경 쓰였다. 몇 번이나 접은 걸까, 누가 울기라도 하면 저걸 과연 쓰라고 건네줄까 하는 의문이 가시지 않았다. 그러진 않겠지.

• 모든 영국 거주자는 자기 지역의 일반진료의GP를 주치의로 두고 있어서 응급이 아닌 한 GP에게 1차 진료를 받은 후 GP의 의뢰를 통해 2차 진료를 받게 되어 있다.

두려움

"걱정되는 게 뭔가요? 두려운 건 뭐고요?" 답을 하지 않으면 안 될 것처럼 그가 물었다. 이 사람이 내 안의 세상에 발을 들여놓으려고 한다. 나는 본능적으로 저항했다. 나를 지키고, 통제권을 유지하려 했다. 이미 금이 간 내 자아의 껍질 밑으로 드러난, 여리디 여린 마지막 보호막을 그가 뚫고 들어오려고 하는 느낌이었다. 그의 의지가 내 의지보다 강했던 것일까, 나는 그에게 시험 이야기뿐 아니라 동생의 정신 질환 이야기까지 했다. 동생이 일곱 살 때부터 보인 이상행동도 이야기했다.

"본인도 똑같은 문제를 겪을까 봐 걱정되나요?"

"네." 내 마음 깊숙이 음흉하게 숨어 있던 두려움, 지금까지도 떨치지 못하는 두려움은 바로 그것이었다. 내가 내 정신의 통제력을 잃을지 모른다는 것.

"입원하는 게 좋겠네요."

창밖으로 에든버러 의대의 200년 된 건물들이 눈에 들어왔다. 내가 5년 가까이 몸담은 공간이다. 그중 부속병원 정신과 병동이라는, 수족관처럼 언뜻 안전해 보이지만 훤히 노출된, 교우들이 다 볼 수 있는 그곳에 환자로 입원하고 싶지는 않았다. 그곳은 얼마 전까지 내가 실습했던 곳 위층이었다. 동기 두어 명은 이미 거기 입원한 적이 있었다.

"저 졸업 시험은 꼭 치르고 싶습니다. 지금은 입원할 수 없어요."

교수가 기록지에 뭔가를 갈겨썼다. 고분고분하지 않은 환자에게 짜증이 난 게 분명했다. 어떻게 해서든, 최대한 정상 비슷하게 보여야 한다고 생각했다.

"받아요." 그가 처방전을 건네고는 나를 문으로 안내했다.

"저 또 와야 하나요?"

"아니요, 나한테는 올 필요 없고, P 선생한테 가봐요."

"제 문제가 뭔가요?"

"아주 불행하고 아주 괴로운 상태예요. 그런데 동생과 같은 문제는 아니고, 앞으로 나아질 거예요."

지금 생각으로는 신경안정제보다는 항우울제가 더 도움이 됐을 듯하지만, 처방받을 수 있는 건 신경안정제뿐이었다. 당시는 지금과 달리 심리치료를 집중적으로 받으려면 입원하여 집단치료를 받는 방법밖에 없었다. 학생상담센터도 찾아간 적이 있었지만 딱히 도움이 되지는 않았다. 상담사가 내 말을 듣다가 내 마지막 몇 마디를 앵무새처럼 계속 따라 하는 게 답답하기만 했다. 물론 지금은 문제의 초점이 분명하고 함께 개선해나갈 점이 있으면 상담을 받는 것이 적절하다고 생각한다. 하지만 그때 나는 무엇이 두렵고 무엇이 문제인지 말로 표현할 수가 없었다. 그저 누가 나를 끊임없이 안심시켜줬으면 좋겠다는 막연한 느낌뿐이었다. 하지만 졸업 시험에 붙을 거라는 말 이외에 또 무슨 말이 필요한지, 나도 알 수 없었다. 나는 만성적으로 심한 불안에 시달리고 있었지만, 그게 다가 아니었다. 그때 나는 우울증에 빠졌던 게 거의 확실하다. 불안이 끊임없이 계속되면 우울증이 생길 수 있다. 당시는 벗어날 방법이 전혀 없는 듯 보였다. 그래도 내게는 낭떠러지 너머를 흘깃 넘겨 보고 되돌아올 만큼의 생존 본능이 남아 있었다. 스스로 선택을 내릴 힘이 아직 있었다. 나는 P 선생의 도움을 받으면서 졸업 시험을 겨우 통과했다.

몇 달 뒤, 나는 왕립의료원 내과 병동 인턴으로 수련 생활을 하고 있었다. 어느 날 점심시간, 정신과 실습생 시절 알고 지냈던 정신과 전공의 데이브와 마주쳤다. 그는 복도를 따라가면 나오는 자가중독과에서 일하고 있었다.

"제스, 있죠, 거식증 앓던 여자 환자, 어떻게 됐어요?" 내가 물었다.

"몸무게가 좀 늘어서 퇴원했는데, 이제 심리치료 받기 시작했어. 갈 길이 멀지. 문제의 심각성을 아직 본인이 인정하지 못하고 있거든."

"샌드라는요?"

내 실습 기간이 끝났을 때 샌드라는 병원 외부에 머물고 있었기에 작별 인사를 하지 못했다.

"상태 아주 좋아. 그런데 '너무' 좋아질까 봐 좀 걱정이야. 지난번에 진료실에서 보니 기분이 고조되는 상태 같던데 자기는 아무 문제 없다고 하더라고."

양극성 장애 환자가 그런 경우가 많지만, 샌드라도 경조증(경미한 조증) 시기를 즐겼다. 기력이 넘치고 잠이 줄어 훨씬 왕성하게 활동할 수 있기 때문이었다. 양극성 장애 전문가이면서 본인도 양극성 장애를 앓은 케이 레드필드 제미슨Kay Redfield Jamison은, 기분이 고조된 상태일 때 논문을 엄청나게 많이 썼다는 경험담을 소개하기도 했다. 그러나 정신병이 나타나고 현실감각을 잃으면서 지독한 편집증적 공포가 오는 바람에 섬뜩한 망상과 환각에 시달렸다고도 한다. 우울증에 심한 불안이 겹쳐 초조해진 경우는 치료가 더 어렵고, 양극성 장애에 불안이 겹치면 자살 위험이 높아질 수 있다.

"리튬은 계속 복용하고요?" 내가 물었다. 리튬은 기분을 안정시키지만 달갑지 않은 부작용이 있다.

"아니, 중단했어. 진짜 감정이 제대로 느껴지지 않는다더라고. 자기 본래 모습이 아닌 것 같대."

그 말이 무슨 뜻인지는 나중에 잘 알게 되었다. 리튬을 복용해보니,

성격이 단조로워진 느낌이었다. 덤덤하고 밋밋한 기분이었다. 어쨌거나 우울감을 겪지는 않았다.

피시 앤드 칩스를 먹던 데이브가 고개를 들어 내 얼굴을 살폈다. "많이 피곤해 보이네."

밤새 환자와 씨름하느라 잠을 거의 못 잔 상태였다. 당뇨병케톤산증(고혈당으로 생명이 위험할 수 있는 응급 상태)으로 탈수 증세가 심한 10대 소녀에게 정맥주사를 맞히려고 발에 삽입관을 꽂는 게 쉽지 않았다. 나를 지도하는 고문의[*]는 호르몬 때문에 혈당 조절 능력이 저하된 상태라고 봤지만 나는 꼭 그런 것 같지는 않았다. 데이브에게 그 환자 이야기를 꺼냈다. "그 아이는 병동 생활이 좋은 거예요. 부모와 사이가 안 좋거든요. 심리적 요인 때문에 조절 능력이 떨어지는 건지도 몰라요. 그 아이 인슐린을 제대로 맞고는 있을까요?" 데이브가 나를 빤히 보더니 웃음을 터뜨렸다. 내가 뭘 잘못 말했나 싶어 부끄러워졌다.

"넌 진짜 정신의학 해야 되겠다."

・・・

용기를 내어 P 선생에게 전화를 걸었다. 선생의 생각을 알고 싶었다. 내가 과연 그 스트레스를 감당할 수 있을지? 내가 지금 같은 상태로 도전할 자격이 될지?

"요즘 어때?" 선생이 물었다.

---

[*] 전문의이면서 밑에 수련의들을 두고 지도하는 의사.

"잘 지내요. 근무도 하고 있고요. 많이 좋아졌어요." 나는 잠깐 뜸을 들이고는, 이어서 말했다. "선생님 덕분이에요. 그런데, 여쭤볼 게 있어서요. 제가 올해 그런 문제가 있었으니까 말인데요… 제가 정신과 전문의 쪽으로 수련받는 건 무리일까요?" 수화기 너머에서 짧은 정적이 느껴질 듯 말 듯했다. "아니, 전혀 무리가 아니라고 보는데."

가능성이 있다는 말에 기뻤다. 하지만 마냥 기쁘지만은 않았다. 곧바로 불안과 두려움이 밀려왔다. 그 길을 선택한다면, 내 앞에 놓인 인생은 과연 어떻게 바뀔까?

상실

우울증을 유발하는 사건들은 대개 중요한 공통점이 있는데, 어떤 '상실'과 연관되어 있다는 것이다. 유년기 경험이나 가족력 등으로 인해 취약성이 높은 사람은 그런 경우가 더욱 흔하다. 우리는 소중한 누군가나 무언가를 잃으면 그 상실을 애통해한다. 하지만 애통해하는 것은 인간이 정상적으로 겪는 과정으로서, 우울과는 다르다. 우리는 사랑하는 사람을 잃었을 때도, 중요한 직장을 잃었을 때도, 건강을 잃었을 때도 애통해한다. 앞날의 꿈이 사라졌거나, 다시 없는 기회를 놓쳤을 때 애통해하기도 한다. 그런데 때로는 그 상실에 얽힌 생각이나 감정 자체가 너무 고통스러워 추스르고 정리할 엄두가 나지 않기도 한다. 그래서 그 자리에 멈춰 서버린다. 지난 일을 곱씹으며 제자리를 맴돌 뿐, 떠나보내고 앞으로 나아가지 못한다. 그것 없이는 살아갈 이유가 없다고 생각하기에 이르거나, 심지어 자기 감정을 전혀 말하지 못하는 상태가 되기도 한다. 이를 이른바 '복합적 애도complicated grief'라고 하며, 이 상태는 우울과 구분이 되지 않는다.

...

    1980년 1월의 쌀쌀하던 어느 날 오후 1시 30분쯤이었다. 간호사가 병실에 들어와서 내게 개인적인 전화가 왔다고 알렸다. 나는 에든버러 교외에 있는 부유한 동네에서 작은 병원의 내과 인턴으로 일하고 있었다. 심장병 환자의 재활을 전문으로 하는 병원이었다. 수련을 시작한 지는 반년이 되어갔다. 우선 1년간의 일반 수련을 마쳐야 비로소 전공을 정하고 내가 원하는 정신과에서 수련을 받을 수 있었다. 생각해보면 그때 내가 심장병 환자를 돌보는 일을 하고 있었다는 게 아이러니하다. 한편 내가 지망하는 전공은 아버지가 철저히 경멸하는 분야였다. 동생의 정신병을 낫게 하는 데 전혀 도움이 안 되었으니 아버지로서는 그럴 만도 했다. 나는 크리스마스 때 집에 전화는 했지만 찾아가지는 않았다. 아빠와는 통화도 하지 않았다. 사실 아빠와 마지막으로 이야기한 게 언제인지 가물가물했다.

...

    "너희 아빠 허리 아프시다. 그냥 담이 결린 것 같다는데 움직이질 못하네. 낫지도 않고." 지난 12월에 엄마가 했던 말이었다.

    "병원에선 뭐래요?"

    "잘 모르겠나 봐. 주치의한테 가니 그냥 누워 있으라고만 해. 맥이 하나도 없어 보여. 저럴 사람이 아닌데."

    아버지는 투병을 포기하기라도 한 것 같았다. 마치 앞일을 알고 있는 사람처럼.

．．．

지금까지 의사로 일하면서 남들에게 나쁜 소식을 수없이 전했지만, 내 삶을 뒤흔들 소식을 남에게서 전해 듣는 오싹함은 전혀 익숙해지지 않는다.

에든버러의 겨울답게 잿빛 하늘에는 먹구름이 스산하게 드리워져 있었다. 병동 안은 평소처럼 병원 음식과 소독약 냄새가 섞여서 진동했다. 복도에 나오니 주임 간호사가 투약 라운딩을 돌려고 운반 카트를 준비하는지 달가닥거리는 약병 소리와 자물쇠 여는 소리가 들려왔다. 전화를 받으러 의사실로 향했다. 휑한 방에 덩그러니 놓인 책상은 걸터앉는 게 편했다. 수화기를 들었다.

"여보세요. 닥터 개스크입니다." '닥터'라는 호칭은 아직도 입에 잘 붙지 않았다.

서론은 없었다. 경고도 없었다. 지금 내가 수련의들에게 하라고 가르치는, '나쁜 소식 전해드리게 돼서 유감입니다' 같은 말도 없었다. 매몰찬 본론뿐이었다. "린다, 존 삼촌이다. 너희 아버지 돌아가셨다."

내 몸은 순간 얼어붙었다. 가슴이 조여들고 헛구역질이 나왔다. 속이 메스꺼웠다.

．．．

장례식을 치르러 집에 갔다. 잉글랜드에서 연구원으로 일하고 있던 남편 짐은 그곳에서 바로 온다고 해서 나는 혼자 길을 떠났다. 아버지가 돌아가신 다음 날 아침, 나는 여느 때처럼 간선열차를 타고 그랜

상실   61

섬으로 가서 연기를 자욱히 뿜는 암녹색 디젤 열차로 갈아탔다. 열차는 링컨셔 습지를 가로지르며 배추밭과 전신주 사이로 곧게 뻗은 선로를 칙칙폭폭 달려 바다와 맞닿은 수평선을 향해 나아갔다. 늘 그랬지만, 역에 마중 나온 사람은 없었다. 나는 배낭을 메고 자갈길을 걸어갔다. 집에 한 걸음 한 걸음 가까워지면서, 눈물이 뺨을 타고 흘렀다.

· · ·

장례식을 치르고 3주 후, 의사 등록을 하기 위해 거쳐야 하는 두 번째 6개월짜리 근무를 시작했다. 이번에는 폴커크 왕립의료원의 외과 인턴이었다. 당시엔 몰랐지만, 그때 나는 이미 애통함을 마음 한구석에 꽁꽁 묻고 있었다. 그런 감정을 아예 느끼지 않으려 했다. 새 일을 시작하는 데 따른 불안감, 장시간 업무에 대한 부담감을 앞세워 그때 겪었어야 할 애통함을 뒷전으로 밀어내 버렸다. 감각이 점점 무뎌졌다. 아버지와의 갈등을 언젠가 풀어야 한다는 부담에서 벗어났다는 묘한 해방감만 느껴졌다. 눈물은 말라붙었다. 나는 계속 달렸다.

병원에서 죽음은 일상사다. 이 넓은 세상에서, 가령 담배를 끊지 않고 제 명을 재촉하던 사내 한 명쯤 죽은 것이 별 호들갑 떨 일이나 되겠는가? 병원이란 멀쩡한 사람들이 매일같이 누구를 살리고 누구를 포기할지 냉담하게 결정하는 곳이다. 끔찍한 일이 밥 먹듯 이유 없이 일어나는 곳이다. 모질고 가혹한 운명이 무심하게 생사를 가르는 곳이다.

에반스 씨는 우리 아버지가 돌아가셨을 때와 비슷한 나이였다. 대장암 이력이 있었고, 대장 폐색 증상으로 입원했다. 나는 수술실에서 그의 개복수술을 보조했다. 열대의 태양처럼 내리쬐는 불빛 아래에서, 나는 큰 금속 견인기로 복벽을 젖힌 채 팔이 아플 정도로 부동자세를 취하고 있었고, 외과 전공의 스티브와 고문의 토머스 선생은 암이 재발했는지, 얼마나 퍼졌는지 살펴보았다.

"저기 봐." 토머스 선생이 가리켰다. 나는 견인기 너머로 그가 가리키는 환부를 보았다. 장벽 겉면에 통통한 균류 같은 것이 자라고 있었다. "복강 쪽 국소 재발 확인. 간에도 퍼진 것 같고. 할 수 있는 데까지 하고 덮자고."

며칠 후, 나는 에반스 씨 병실 앞을 지나갔다. 그는 구토가 멎어 수액을 다시 맞기 시작했지만 안색은 여전히 창백했다. 머리카락이 착 눌린 모습이 왠지 이 세상 사람 같지 않았다. 그가 나를 안으로 불렀다. 그와는 수술하기 전, 입원 첫날에 잠깐 이야기를 나눈 적이 있었다. 아들이 대학생인데 졸업하는 것을 보고 싶다고 했다. 그러나 그가 그때까지 살 가망이 희박하다는 것을 나는 알고 있었다. 침대 옆 의자에 가서 앉았다. 창밖을 내다보았다. 길 건너 보일러실 굴뚝에서 연기가 피어올랐다. 에반스 씨 쪽으로 고개를 돌리려는데, 굴뚝에서 눈을 떼고 싶지 않았다. 가느다란 파이프가 굴뚝을 몇 바퀴나 칭칭 감고 있는지, 생전 처음 보는 광경처럼 찬찬히 세어보고 싶었다.

"아시죠? 나도 알아요." 그가 나를 똑바로 쳐다보며 말했다.

"뭘요?" 나는 입이 바짝 말랐다.

"나 죽는다는 거요." 그는 잠깐 뜸을 들이고는, 이어서 말했다. "어떻게 아는지 아세요?"

"어떻게요?" 내 목소리가 갈라졌다.

"병실 앞을 지나갈 때마다 들여다보는 그 눈빛 보고 알았지요. 선생님 눈빛에 죽음이 어른거리니까요."

"아니에요…."

"아니긴, 선생님 얼굴에 다 쓰여 있는데. 얼굴에 다 드러나요."

그 말과 함께 그는 고개를 돌려 벽 쪽으로 돌아누웠다. 대화는 끝이 났다. 그는 그 후로 내게 다시 말을 걸지 않았다.

나는 너무나 부끄러웠다. 어떻게 다시 말을 붙여야 할지, 아니 대화를 시도하는 게 맞는 건지도 알 수가 없었다. 그에게 무슨 이야기를 할 수 있겠는가. 졸업하는 것도 보지 못할 아들 이야기? 딸이 곧 낳을 예정인, 할아버지를 모르고 자랄 손주 이야기?

그는 식사를 거부하기 시작했다. 그리고 두어 주 후 세상을 떠났다.

...

나처럼 폴커크 의료원 숙소에 거주하는 수련의는 열세 명, 내과 인턴 다섯 명에 외과 인턴 여덟 명이었다. 그중 세 명은 내 의대 동기들이었다. 나머지 사람들은 글래스고, 던디, 애버딘 등 스코틀랜드의 다른 의대 출신이었다.

우리는 원칙적으로 의사 소관인 지루한 업무들을 도맡았다. 사실 대부분은 간호사도 할 수 있는 일들이었다. 애당초 일하는 방법을 가르쳐준 것도 간호사들이었다. 생명을 구하는 큰일은 우리 위의 선임들이 했다.

우리는 시키지 않아도 선임들을 위해 고문의의 병동 회진에 맞추어 혈액검사 결과와 엑스레이 필름을 모두 준비해놓아야 했다. 그리고 선임들이 하기 꺼리는 일을 거들어야 했다. 알고 보니 환자와 대면

하는 일은 모두 여기에 해당했다. 외과 의사들은 환자와 대화하는 것을 피했다. 적어도 내가 본 사람들은 그랬다.

...

마이크는 나와 한 조로 일하는 동료였다. 마르고 강단 있는 체격에 애버딘 출신인데, 처음엔 하는 말을 알아듣기가 쉽지 않았다. (나는 의대에서 한 학기 내내 병리학 강사가 스칸디나비아 사람인 줄 알았다가 나중에야 그게 스코틀랜드 북동부 말씨라는 걸 깨닫기도 했다.) 의사소통에 큰 문제는 없었고 우리는 편한 동료 사이가 되었다. 마이크는 수간호사와 사귀고 있었는데, 나는 그 때문에 불편한 질투심에 사로잡혔다. 남편이 직장 때문에 잉글랜드에 내려간 뒤로 남편을 거의 못 보긴 했지만, 나는 엄연히 결혼한 여자였다. 스물두 살에 결혼했으니 아직 3년이 안 된 신혼이었지만, 결혼 생활은 벌써 왠지 모를 구속으로 느껴졌다.

마이크와 나는 고된 하루를 마치고 병동 사무실에 앉아 평소처럼 대화를 나누고 있었다. 우리는 생사와 관련된 민감한 문제를 일관된 원칙 없이 다루는 병동 문화를 성토했다. 나는 에반스 씨 이야기를 했다. 그 일로 많은 생각을 했다는 이야기도 했다.

"내가 잘못한 것 같고 너무 소심했나 싶었어. 말을 해줬어야 했나 싶고. 하지만 그분이 그런 말을 듣고 싶은지 아닌지, 아무도 몰랐으니까."

"아무도 안 물어봤으니까 당연하지. 환자가 알아야 할지 말아야 할지 의사가 마음대로 정하잖아." 마이크는 장차 일반진료의GP가 될 사람답게 매사에 실리적이고 시야가 넓었다.

"환자가 자기 죽음을 준비할 수 있게 해줘야 하지 않을까?"

"넌 잘못한 것 없어." 마이크가 나를 보며 걱정 말라는 듯 씩 웃는데, 그를 안고 싶었다. 하지만 그러진 않았다.

사람은 자기가 죽는다는 걸 알게 되면 '앞으로 잃어버릴 삶'을 애통해할 수도 있다는 것을 나는 그때 알지 못했다. 정신의학자 엘리자베스 퀴블러 로스가 고전이 된 저서 『죽음과 죽어감On Death and Dying』에서 제시한 애도의 다섯 단계(부인, 분노, 타협, 우울, 수용)도 사실 누군가와 사별한 사람이 아니라 스스로 죽음을 앞둔 사람에게서 나타난다. 나는 수련의 시절, 뜻하지 않게 닥친 운명을 받아들이려고 애쓰는 환자를 많이 보았는데, 그 가운데는 의사나 간호사에게 도움을 거의 받지 못하는 사람이 많았다. 요즘 쓰는 용어로 말하면 병 때문에 '의기소침해진demoralized' 사람도 있었다. 다가올 운명에 두려워하거나 분노하는 사람도 있었다. 그리고 지금 생각엔 에반스 씨가 그런 경우였던 것 같지만, 우울에 빠진 사람도 있었다. 그들은 아무 말도 나누지 못하고 홀로 죽음을 마주했다. 어느 누구도 손길을 내밀어 그들의 침묵을 깨주지 않았기에.

요즘 종합병원에는 정신과 협진 체계가 마련되어 있어 그와 같은 상황에서 도움이 될 수 있지만, 그때는 그런 것이 없었다. 다들 그냥 어영부영 지나갔다. 그러나 그 시절에도 종합병원에 있다 보면 환자 본인은 물론 그 가족과 친구들이 두려움과 의기소침, 절망감으로 얼마나 고통스러워하는지 모를 수가 없었다. 마음의 눈을 열고 보면 지금도 마찬가지다.

나는 아버지도 생의 마지막 나날을 병상에서 보내면서 본인의 두려움과 걱정을 이야기할 기회가 있었을까 생각해본다. 아버지

성격에 기회가 있었어도 그럴 마음이 없었을 것이다. 물론 알 길은 없다. 당시나 지금이나 내가 추측해볼 수 있는 것은, 죽지 않고 목숨을 부지하되 평소처럼 활동적으로 살지 못하는 삶을 아버지는 곤욕스러워했으리라는 것뿐이다. 아버지가 협심증에 몸을 가누지 못하는 모습은 상상하기 힘들었다. 아무리 궂은 날씨에도 '피겨 에이트'를 타고 오르고 북해에서 헤엄치던 아버지에게, 그런 상실은 도저히 받아들이기 힘들었을 것이다.

...

   우리는 근무 기간 6개월 중 거의 절반가량은, 월요일에서 금요일까지 주간 근무 외에도 3일마다 2일은 야간 당직을 섰고, 3주마다 2주는 주말 당직을 섰다. 하룻밤은 정근무자가 되고 그다음 날 밤은 부근무자가 되었다. 부근무자는 예비 역할이어서 할 일은 없지만 병원 안에 있어야 했으므로 TV를 보거나 주간지를 뒤적거리며 시간을 보냈다. 3일째는 비번이었지만 우리는 근처 펍에 가서 놀 때가 많았다. 병원 밖 세상이란 거기 말고는 딱히 없어 보였다. 파티도 종종 벌였다. 심심찮게 건수가 있었는데, 생일이라든지 시험 합격, 취업 면접 성공 따위였다. 나는 처음엔 그런 모임을 되도록 피했다. 아버지가 돌아가신 지 얼마 되지도 않았는데 즐겁게 논다는 게 뭔가 옳지 않은 것 같아 죄책감이 들었다. 하지만 한편으로는 속을 도통 알 수 없는, 멀리서 나를 평가하는 아버지가 이제 없으니 사는 게 좀 편해질 거라고 생각하려 애썼다.
   한 주 한 주 지나면서 차츰 자신감이 붙었고, 아버지가 돌아가신 후로 계속 시달리던 불면증에서도 벗어났다. 나는 남 보기에 꼼꼼하고 능력 있고 일 잘하는 인턴의 외양을 되찾아갔다. 처음 인턴을 했던 곳이 일과에 적응하기는 훨씬 쉬웠다는 생각이 들었다. 내과 쪽은 분위기가 덜 마초적이었고, 환자와 대화할 시간도 더 많았다. 반면 외과는 말이 아니라 행동이 중요했다. 삶과 죽음을 외과 의사의 눈으로 바라보면 참 간단했다. 고치거나 못 고치거나, 둘 중 하나였다. 사람의 병을 그렇게 보면 너무나 명료했다. 그런 시각은 충분히 장점이 있었다.

나는 응급실에서, 근처 청바지 공장에서 일하는 여공들 손가락에 박힌 재봉틀 바늘을 뺐고, 환자의 충혈된 눈에서 금속 조각을 뺐고, 아기들 콧구멍에서 구슬을 뺐다. 부근 석유화학 공장에서 유독 물질에 접촉해 다친 환자에게 해독제를 투여하기도 했다. 그러면 환자는 깨끗이 낫거나, 최소한 증상이 바로 확연히 나아지곤 했다. 나중에 정신과 의사가 되면 그런 기적은 바랄 수 없으리라는 생각이 들었다.

...

어느 일요일 아침 8시 30분, 응급 호출기 소리에 잠에서 깼다. 세 시간 정도 누워 있었지만 거의 못 잔 느낌이었다. 토요일 밤 근무는 늘 바빴다. 넘어져 다친 술꾼들이 실려 와 욕을 고래고래 지르며 스코틀랜드 중부의 민족주의 정서를 표출하면, 나는 혹시 모를 화를 피하려고 내 잉글랜드 말씨를 꼭꼭 감췄다.

곧 응급 환자가 도착하는 것이니, 잠옷 겸용인 파란색 수술복 차림으로 200미터 떨어진 응급실을 향해 달렸다. 우리는 차가운 아침 공기

속에 응급 센터 정문 앞에서 구급차를 기다렸다. 응급실 수간호사가 내게 상황을 브리핑해주었다.

"담벼락이 무너져서 아이가 깔렸어요. 공사장에서 놀다가요. 아는 건 그게 다예요. 심폐소생술 전담 팀 지금 오고 있고요."

"몇 살이에요?" 내가 물었다.

"아홉 살이요." 간호사가 입술을 굳게 다물었다.

우리는 추위에 체온을 지키려고 몸을 제자리에서 부산하게 움직였다. 사이렌 소리가 톤이 바뀌며 점점 가까워졌다. 가슴이 쾅쾅 뛰었다. 지금도 사이렌 소리를 들으면 가슴이 뛴다.

차가 서자 구급대원 두 명이 뒷문으로 뛰어나와, 대기하고 있던 이동 침대 위로 들것을 올렸다. 때맞춰 도착해 있던 심폐소생술 전담 팀이 이동 침대를 심폐소생실로 곧장 밀고 들어가 환자 주위에 둘러섰다. 심폐소생실 문이 닫혔고, 전담 팀이 와 있는 이상 이제 내가 할 일은 없었다. 의사들 중 막내였던 나는 할 수 있는 일이 가장 적었다. 기다리면서 지켜보려고 뒤로 물러났다.

그때 심폐소생실로 달려가던 수간호사가 내 팔을 붙잡았다.

"저분들이 아이 부모님이에요. 가서 얘기 좀 해보세요."

30대 초반의 남녀가 밖 대기실에서 발을 동동거리고 있었다. 내가 다가가자 남자가 구세주라도 본 듯 벌떡 일어나더니 내 쪽으로 걸어왔다.

얘기… 무슨 얘기를 해야 하는 걸까?

"어떻게 된 건가요?" 내가 물었다.

"소식 나온 것 있습니까?" 남자가 대답 대신 간절하게 물었다.

"아니요, 아직이요."

남자가 어깨를 늘어뜨렸다. 여자는 울음을 터뜨렸다. 다친 야생동물의 절규처럼 처절한 울음소리였다. 남자는 여자의 어깨를 감싸고 큼지막한 손으로 여자의 얼굴을 가렸다. 그리고 나를 보며 말했다.

"우린 딸아이가 일어난지도 몰랐어요. 벌써 놀러 나갔더라고요. 하필 일요일이라서… 우리는 늦잠 자고 있었거든요. 애들한테 거기 가까이 가지 말라고 했는데… 담벼락이 위험해 보였거든요… 진작부터 얘기했는데."

"지금 뭐 하고 있대? 어떻게 되고 있대? 내 눈으로 볼래." 외치며 뛰쳐나가려는 여자를 남자가 꽉 붙잡았다.

"당신이 가도 소용없어. 가만히 기다리자고. 선생님들이 어떻게든 할 거야. 믿어보자." 그렇게 말하는 남자의 목소리는 떨렸다.

20여 분이 흘렀다. 나는 차 세 잔을 타와서 앉았다. 두 사람의 차는 테이블 위에서 식어갔고, 나는 차를 마시며 정신을 가다듬었다. 응급센터 안은 우리 말고는 사람이 없었다. 청소원이 와서 바닥을 닦았다. 바닥 광택제 향이 복도를 타고 퍼져왔다. 고꾸라져 다치고도 술기운에 통증을 못 느낀 술꾼들은 보통 오전 11시쯤 되어 밀려들었다. 정원 손질하다 다친 사람이나 자전거 타다 넘어진 아이들은 오후가 좀 넘어가면 속속 도착했다. 하지만 지금 병원은 고요했다.

마침내 정형외과 전공의가 심폐소생실에서 나와, 우리 쪽으로 걸어왔다.

"뱅크스 씨 내외분…." 그가 입을 뗐다.

아이의 안전에 대한 어머니의 육감이었을까, 여자는 거기까지만 듣고 다음 말을 알아챘다.

"우리 아이 죽었죠?" 여자는 묘하리만치 차분했다. 남편이 오히려 충격받은 얼굴이었다.

"정말 유감입니다. 살리려고 최선을 다했는데, 도착했을 때 이미 호흡이 정지된 상태였고, 부상 정도가 심해서 소생이 불가능했습니다."

그는 내 손에 기록지 묶음을 쥐어주고 나를 한쪽으로 데려갔다.

"'도착 시 이미 사망'으로 기록해. 내가 거기 몇 줄 적어놨어. 흉부와 두부에 다수 외상이 있었고, 소생 불가능이었다고. 내일 지방검사 사무실에 전화해서 알려줘." 스코틀랜드에서는 돌연사나 의문사, 사고사를 검시관이 아니라 지방검사에게 알리게 되어 있다.

"그렇지만 저분들에게는 뭐라고… 어떻게…." 망연자실해 서 있는 부부를 가리키며 내가 물었다.

"선생이 알아서 해. 정확한 사고 경위를 물어봐. 경찰에서도 조사하러 올 거야. 난 아침 좀 먹으러 갈게."

그는 이 말을 남기고 복도를 어슬렁거리며 걸어갔다. 한가로이 아침 산책 나온 사람처럼, 두 손을 주머니에 꽂고.

나중에 생각해보았다. 그는 무슨 감정을 느끼긴 했을까? 아니면 타인의 고통에 완전히 무감각해져버린 것일까? 어쩌면 살면서 나쁜 소식을 직접 들어본 경험이 없는지도 모른다. 나는 고통과 절망을 예삿일로 여기는 의사가 되고 싶지 않았다. 하지만 그런 마음에는 결국 위험이 따랐다. 때로 관심을 너무 많이 쏟게 될 위험이었다.

딸아이를 잃은 그 부모의 소식은 그 후로 듣지 못했다. 두 사람이 딸의 이야기를 나누면서, 떠나보낸 옛 아이와 영영 못 볼 미래의 아이를 애도하는 눈물을 흘렸기를 바랄 뿐이다. 나는 그 후로 상실을 겪고 그 상실을 받아들이지 못해 절망과 우울에 빠진 이들을 숱하게 만났다. 약을 복용하면 식욕 감퇴나 체중 감소, 기력 저하, 자살 충동 등 신체 증상을 완화하는 데 어느 정도 도움이 된다는 것도 알게 되었다. 그러나 상실의 아픔을 치유하려면 먼저 꼭 해야 하는 일이 있다. 내가 아버지를 잃었을 때 하지 못한 일이다. 그것은, 상실의 아픔을 '이야기'하는 것이다.

상처

사람은 누구나 타인과 허물없이 지내면서 친밀감을 나누고자 하는 욕구가 있다. 하지만 그런 친밀한 관계에서 정서적 · 신체적 · 성적으로 다칠 위험이 가장 클 수도 있다. 실제로 우리는 그 누구보다 가까운 사람, 과감히 믿었던 사람에게서 씻기 어려운 마음의 상처를 입는 경우가 많다. 어릴 때 그런 정서적 외상emotional trauma을 겪고 나면 우울증에 취약해지기 쉽다. 어른이 되었을 때 정서적 회복력이 떨어져 인간관계를 맺고 스트레스에 대처하는 데 어려움을 겪을 가능성이 높아지기 때문이다. 정서적 외상은 자아상에 부정적 영향을 끼침으로써 나중에 자해 행동을 유발하는 원인이 되기도 한다.

...

1980년 7월 말, 나는 폴커크 의료원 외과의 동료들과 작별하고 맨체스터에서 정신과 수련을 받기 시작했다. 떠나고 싶지 않은 마음이 절반이었다. 그간 동료들과 정이 많이 들었고, 특히 마이크가 많이 보고 싶을 것 같았다. 송별 파티는 평소처럼 술판이었고, 마이크와 나는 어쩌다 보니 어둑한 숙소 휴게실 한구석에서 술기운을 빌려 포옹하고 입맞추고 속삭이기까지 했다. 주변엔 고주망태가 된 친구들과 빈 맥주 캔이 널브러져 있었다.

"너 처음 왔을 때에 비하면 참 많이 변했어." 그가 말했다. "엄청 도도했는데."

"아버지가 돌아가신 지 얼마 안 됐었거든." 생각해보니 마이크에게 한 번도 말한 적이 없다. "그런데 이제 두려워. 잘할 수 있을지 모르겠어."

"에이, 잘할 거야. 넌 훌륭한 정신과 의사가 될 거야." 그가 웃으며 머리를 벽에 기댔다.

우리는 어둠 속에서 말없이 앉아 있었다. 마이크는 내 말을 정확히 이해하지 못했다. 나는 모든 게 바뀔 새 삶에 적응할 자신이 없었다. 꼭 일과 관련해서 말한 것만은 아니었다. 세상에 나 혼자 있는 기분이었다.

"넌 훌륭한 정신과 의사가 될 거야. 너처럼 세심한 사람은 지금까지 본 적이 없거든."

세심한 걸까, 아니면 너무 예민한 걸까? 나는 겉으로는 강철처럼 단단한 척했지만 그건 연기에 지나지 않았다. 그때도 그랬고 지금도 그렇다. 속은 두부처럼 물렁했다. 상처를 너무 쉽게 받았고, 세상 사람들 특히 가족과 상대하면서 입은 상처가 마음에 흉터로 남았다. 남들의 말이나 행동에 담긴 뜻을 늘 지나치게 고민하는 버릇이 있었다. 힘든 대화를 하고 나면 악의 없는 말에 상처받고 이미 지나간 말을 오랫동안 곱씹곤 했다. 주변 사람들의 기분 변화를 무척 예민하게 알아챘지만, 혼자 생각에 잠겨 내 말과 행동을 하나하나 분석하느라 정작 남들 눈에는 뻔히 보이는 것들, 이를테면 친구가 안경을 새로 맞췄다거나 머리 스타일을 바꿨다거나 하는 외모 변화는 못 알아보기도 했다. 남들의 환심을 사려고 기분을 맞춰주려 애쓰면서도, 그 때문에 내 뜻대로 하지 못했다는 사실에 분개하곤 했다. 초조한 마음에 말을 내뱉고는 나중에 후회하고, 또 그 행동을 마음속으로 골똘히 분석하기를 거듭했다. 민감한 성격 특성이 있는 사람은 남들이 자기를 어떻게 생각하는지 걱정하기 때문에 '매사에 너무 진지하다'는 말을 자주 듣는다. 그런 사람이 심하게 우울해지면 남들에 대한 걱정이 편집증적 사고로 확대될 수 있다. 남들이 자신을 정말로 싫어하고 뒤에서 자신을 실제로 흉본다고 믿기 시작한다. 자존감이 낮은 사람이라면 더 그렇게 되기 쉽다.

폴커크의 친구들, 특히 마이크를 잃고 나면 마음이 아플 게 뻔했다. 더 아프고 싶지 않았다. 하지만 내 인생을 계속 살아가야 했다. 정신과 수련을 받아야 했고 결혼 생활로 돌아가야 했다. 열차를 타고 잉글랜드 북서부로 내려가, 남편과 살 임시 거처로 짐을 옮겼다. 체셔주 런콘의 한 공동주택이었는데, 남편은 이미 부근의 연구소에 다니고 있었다. 나는 운전을 못했으므로 남편이 아침마다 차로 20분 거리의 워링턴 중앙역에 데려다주면 거기서 열차를 타고 맨체스터 시내로 들어갔다. 나는 어느 교육병원의 말단 전공의였다.

· · ·

1980년 9월의 어느 날 저녁, 맨체스터의 부슬거리는 안개비가 내 머리카락과 카디건 위에 가느다란 물방울로 내려앉았다. 나는 혼잡한 큰길 건너 5분 거리에 있는 왕립의료원을 향해 걸었다. 어둑해진 밤거리의 눈부신 자동차 불빛 사이로, 곳곳의 물웅덩이와 유유히 지나가는 버스들의 물벼락 세례를 피해가며 길을 건넜다. 넬슨가로 접어들어, 응급 센터를 드나드는 구급차들을 피하며 목적지에 도착했다.

맨체스터 왕립의료원 응급 센터의 의사는 내게 재니스라는 환자를 봐달라고 했다. 전날 밤 해열진통제를 잔뜩 삼키고 와서 해독제를 투여받은 환자였다. 양 손목을 커터칼로 한 번씩 깊게 긋고 죽으려고 누워 있었다고 했다. 그랬다가 부은 상처를 얼음주머니로 감싸고 택시를 불러 응급실에 혼자 왔고, 그때 이미 출혈은 한참 전에 멎은 상태였다. 나는 그때 당직 정신과 의사였지만, 경력이라곤 두 달이 전부였다.

내가 안내를 받아 다다른 곳은, 칙칙한 병실의 낡은 진찰대에 누운 스물다섯쯤 되어 보이는 여성 환자 앞이었다. 그곳은 프라이버시라곤 거의 없는 공간이었다. 빛바랜 커튼으로 분리된 옆 병상에서는 가슴 통증으로 숨을 헐떡이는 남자에게 내과 전공의가 질문을 퍼붓는 소리가 들렸고, 주위는 온통 숨가쁘게 돌아가는 응급실 소음으로 분주했다. 다급한 발걸음 소리, 달가닥거리는 트레이 소리, 사정없이 삑삑 울려대며 수련의들을 부르는 호출음. 재니스는 아무 소리도 들리지 않는 듯, 미동 없이 누워 멍하니 천장만 바라보고 있었다. 얼굴은 창백하게 굳어 있었다. 금발로 탈색한 샤기컷 머리가 사방으로 삐쳐 있어 암갈색 모근이 엿보였다. 몸에선 역한 술 쩐내가 풍겼다. 독극물 중독 환자에게서 흔히 풍기는, 내가 앞으로 수없이 맡게 될 냄새였다. 하지만 이 경우는 단순한 약물 과용이 아니었다. 주도면밀하고 냉혹하게 자신의 생명을 끊으려고 한 시도였다. 재니스는 운 좋게 목숨을 건졌다. 출혈 과다로 죽기 전에 지혈

이 되었고, 해열진통제의 독성에 간이 치명적으로 손상되기 전에 잠에서 깼다.

"이유가 궁금하죠?" 그녀가 고개를 돌려 나를 쳐다보며 물었다.

나는 잠시 말문을 잃고 얼어붙었다. 기이할 만큼 창백한 연푸른색 홍채에 둘러싸인 새까만 눈동자가 마치 내 영혼을 꿰뚫어보는 듯했다.

"왜 그랬냐고요?" 그녀가 다시 묻고는 혼자 답했다. "더 살기 싫었어요. 살 이유가 없으니까. 오래전부터 생각했던 거예요. 제 인생은 처음부터 끝까지 다 잘못됐어요."

목소리에 뜻밖에도 힘이 있었고, 런던 말씨와는 달랐지만 잉글랜드 남부 지방 말씨인 것은 확실했으므로 멀리서 타지 생활 중인 듯했다. 그녀의 고백은 호통에 가까웠고, 자기 연민이라곤 전혀 느껴지지 않았다. 자기는 혼자 살아서, 무슨 일이 일어나도 아무도 모를 거라고 했다.

나는 병상 옆 수납장에 놓인 기록지를 집어 들고 뒤적거리면서 그녀의 기세에 겁먹은 마음을 감췄다. 자살을 시도한 사람은 보통 이렇게 태연자약하지 않다. 나는 숨을 크게 들이쉬고 내 할 일을 해나갔다. 정신질환 이력을 알아보고, 정확히 무슨 일이 언제 어떻게 왜, 어떤 순서로 일어났는지 확인했다.

"정말 궁금한 건, 왜 마음을 바꿨냐는 거예요." 내가 기록지를 덮으며 물었다. "왜 택시를 불러서 병원에 왔어요?"

나와 시비하는 게 재미있다는 듯한 미소가 얼굴에 스쳤다. 정신과에 가본 적이 없다고 했지만 이런 대화가 처음인 것 같지 않았다. 내가 다음에 무슨 말을 할지 아는 듯했다.

"실패했잖아요? 깨어났으니까. 이제 다시 시도할 생각 없어요." 그러고는 내 눈을 똑바로 보고 다음 말을 이었다. "당분간은요."

"잠깐 입원하는 게 좋을 것 같은데 어때요?"

설득을 좀 벌인 끝에 결국 동의를 얻어냈다. 그녀는 짐짓 오만상을 찌푸리며 '생각' 좀 해보자는 듯한 표정을 지어 보이더니, 처음으로 소리 내어 웃었다. 좀 전까지 깡패 같던 인상이 순간 장난꾸러기처럼 변했다.

"알았어요, 나 당신이 마음에 들어요." 그녀가 씩 웃었다. "이렇게 하죠. 당신을 생각해서 내일까지는 있을게요. 그리고 바로 집에 갈 거예요."

...

이곳 일은 이전에 하던 외과 인턴 일과 여러 가지로 달랐다. 첫째, 나는 흰 가운을 입지 않았고 간호사들도 근무복이 따로 없었다. 그래서 간호사와 환자가 잘 구분이 되지 않기도 했다. 둘째, 내가 병동에 가서 환자를 보는 일은 별로 없었고 환자가 내 진료실로 찾아오는 게 보통이었다. 가끔은 예전 우리 아버지처럼, 일어날 의지가 전혀 없어 침대에서 꼼짝하지 않는 환자도 있긴 했다. 하지만 크지 않은 입원 병동의 환자들 대다수는 온종일 일어나서 돌아다녔다.

셋째로, 병동 회진이 종합병원과는 전혀 다른 방식이었다. 우리는 수요일 오후 2시마다 복도 끝, 외래 진료과 바로 위에 있는 회의실에 모여 고문의 제임스 선생을 만났다. 선생은 항상 정시에 도착해 제일 안쪽의 팔걸이의자에 앉았고, 우리들은 등받이의자에 앉아 둥글게 그의 주위에 모였다.

...

나는 제임스 선생이 재니스를 면담하는 자리에 동석해(두 사람의 대화는 CCTV로 다른 팀원들에게도 중계되었다), 두 사람이 벌이는 설전을 경이롭게 지켜보았다. 선생은 계속 그녀의 견고한 방어를 뚫으려고 시도했고, 그녀는 능숙하게 공격을 피했다. 재니스는 미술 학도였다. 죽으려고 했던 것은 자기 코 생김새가 너무 싫어서 살고 싶지 않기 때문이라고 했다. 자신의 외모가 끔찍이도 싫고 매우 거슬린다고 하는데, 내가 보기엔 아무 문제 없는 외모였다. 그러나 외모 때문에 우울증이 워낙 심해져 자살밖에 방법이 없다는 결론에 이르렀다고 했다. 설명하는 것을 들어보면 자기 딴에는 매우 논리적이라고 생각하는 듯했다. 나는 그 사고방식을 이해하기 힘들었지만, 이해해보려고 무척 애썼다. 외모가 생존 의욕까지 위협할 정도로 큰 문제가 된다니? 그러나 나는 차츰 이해할 수 있었다. 그녀의 진짜 상처는 보이지 않는 곳에 깊숙이 숨어 있었다.

정상적인 생활이 어려울 정도로 외모에 과도한 신경을 쓰는 상태를 가리켜 '신체이형장애'라고 한다. 재니스의 경우는 이 장애가 부모와의 관계에서 비롯된 듯했다. 어머니가 딸에게 몹시 비판적이었기에, 재니스는 겉으론 거칠어 보여도 속으로는 자신에 대한 평가가 매우 박했다. 그리고 불만은 자신의 외모에 집중됐다. 과거 어머니와의 관계로 인해 자기상에 손상을 입었을 뿐 아니라 현재에 원만한 인간관계를 맺는 능력도 손상된 것이었다. 아픈 기억이 있었고, 치유되지 않은 마음의 상처가 깊었다.

"한번은 엄마가 그랬어요. 세상에 너 좋다는 사람 한 명이라도 있나 봐라… 얼굴도 못생기고 마음도 못생겨 가지고…" 그녀가 내게 털어놓았다.

"상처가 정말 컸겠네요…"

그녀가 마치 죄 지은 사람처럼 엷은 미소를 지어 보였다. "지금도 아파요."

...

재니스와 그 대화를 하고 며칠 후, 나는 제임스 선생의 진료실에 앉아 있었다. 비서들은 다 퇴근했고, 길 건너 공원의 철제 난간은 가로등 불빛을 받아 빛났다. 시간은 오후 6시가 넘었고, 공원 안 놀이터에는 수상해 보이는 그림자들이 얼씬거렸다. 선생의 차분한 목소리와 고개를 한쪽으로 갸우뚱한 모습에서 왠지 모를 용기를 얻었던 것일까. 갑자기 내 이야기를 털어놓고 싶어졌다.

"올 한 해 많이 힘들었어요." 내가 말을 꺼냈다. "1월에 아버지가 돌아가셨고, 얼마 후에 시아버지도 돌아가셨어요… 도저히 버텨나갈 자신이 없을 때도 있었어요."

마치 누가 쫓아오듯 급히 말을 쏟아냈다. 그러고는 부끄러워졌다. 선생이 내 문제가 궁금할 리 없었다. 뭔가 통할 것 같은 느낌이 분명히 있었는데, 금세 연기처럼 사라졌다. 나는 "안녕히 계세요"라고 급히 우물거리고는 도망가듯 방을 빠져나왔다. 안전한 가로등 불빛에서 벗어나지 않게 조심하면서, 역을 향해 걸었다. 내 머릿속 생각을 아무에게도 털어놓지 못하는, 지독한 고독감이 다시 나를 감쌌다. 그러나 제임스 선생 밑에서 일한 6개월 동안, 그에게 더 이상 털어놓을 용기는 나지 않았다. 나는 내 감정과 근심, 두려움을 계속 유능한 의사의 허울 속에 감췄다.

．．．

몇 주 후 다음 근무처인 위딩턴 병원 정신과 병동에서 일할 때 프랜시스를 처음 만났다. 고문의의 말에 따르면 프랜시스는 우울증이었지만 우울감을 겪고 있지 않았다. 그저 세상이 싫고 세상 사람이 다 싫을 뿐이었다. 분노와 적대감에 차 있고, 남들의 동기를 늘 경계했다. 고마워할 줄 모르는 사람이라고 병원 사람들이 입을 모았다. 지금 생각해보면 프랜시스는 심리치료를 배우는 의사의 첫 환자로 적합한 사람은 아니었다. 상당히 복잡한 문제를 안고 있는 환자였으니까. 그러나 어딘지 내 마음에 드는 구석이 있었다. 고분고분하고 의사 선생님을 지나치게 깍듯이 대하는 중년 여성 우울증 환자들, 워낙 병원 단골이라 간호사들을 친구처럼 대하는 환자들 틈바구니에서 프랜시스는 튀어 보였다.

"성격장애야." 간호사들은 프랜시스와 언쟁을 벌이고 나면 꼭 그렇게 중얼거렸다.

지크문트 프로이트라면 나의 반응을 '동일시'라고 불렀을 만하다. 자신의 정신을 다른 사람의 정신과 무의식적으로 일치시킴으로써 불안을 완화하는 행동이다. 매주 내 작업 경과를 함께 논의하던 지도 그룹에서 나중에 그 같은 의견을 내고 비판적으로 검토해주기도 했다. 그러나 내게 프랜시스는 여느 심리치료 환자처럼 생각되지 않았다. 프랜시스가 내게 찾아온 듯한 느낌이 들었다. 가끔은 그녀가 무슨 말을 하려고 하는지 훤히 보였다. 내게 무슨 육감이라도 있는 것 같았다.

사람은 어릴 때 겪은 일에 따라 성격이 다른 방향으로 형성된다. 성격이란 어떤 사람이 남들과의 관계에서 어떤 특유의 정서적·태도적·행동적 반응을 보이느냐를 가리킨다. 그리고 성격이 어떻게 형성되는지에 따라 남들과 관계를 얼마나 잘 맺을 수 있는지, 그리고 우울증에 얼마나 잘 걸리는지가 크게 좌우된다. 어릴 때 겪은 일 때문에 그때부터 지속적으로 기분이 침체되어 있는 사람도 있다. 내가 환자에게 "예전의 일상적인 모습으로 돌아왔다고 느낀 게 가장 최근에는 언제였어요" 하고 물으면 "열두 살 이후로는 그런 적이 없었다"라고 대답하는 사람도 많았다. 이렇게 지속적으로 기분이 우울한 상태를 '기분부전증'이라고 부르기도 하지만, 오래된 교재에서는 '우울성 성격'이라고 부르는 편이다. 경멸하는 투로 너무 많이 쓰여서 개인적으로는 싫어하는 용어다. 우울성 성격인 사람은 때때로 심한 우울증에 빠지기도 하는데, 그럴 때 인간관계를 원만히 맺지 못하는 탓에 다른 사람의 도움을 충분히 받지 못하는 경우가 많다. 세상에 자신을 소중히 여겨주는 사람이 있다는 확신을 얻고 우울증에서 회복하려면 다른 사람의 도움은 꼭 필요하다.

프랜시스는 나와 마주보고 앉았다.

"집에 있으면 어떤 기분이에요?" 내가 물었다.

"힘들어요… 아니에요, 못 들은 걸로 해주세요." 그녀가 대답했다.

"어떤 게 힘들어요?"

그녀는 말없이 왼팔에 난 딱지를 뜯기만 했다. 별로 남지 않은 손톱으로 딱지를 초조하게 뜯으니 그 밑에서 피가 스며 나왔다. 양팔에는 면도날로 그은 상처가 수두룩했다. 새 상처는 아직 선명한 붉은색이었다. 좀 아문 상처는 보도블록에 달팽이 지나간 자국처럼 희뿌연 색이었다. 자기 몸에 칼을 그으면 묘한 안도감이 느껴진다고 했다. 자살할 생각은 없지만, 마음속 고통을 견딜 수 없을 때는 그렇게 하면 잠깐이라도 좀 나아진다고 했다. 고통을 일부러 느끼려고, 뭔가에 죄책감이 들어 스스로를 벌주려고 몸에 칼을 댄다고 하는 사람들과는 이유가 달랐다.

"가족 이야기 좀 해줄 수 있어요?" 내가 다시 물어보았다.

"뭐 딱히 싫다고는 할 수 없죠. 부모님이 저한테 신경을 많이 써주니까요. 하지만 전 부모님이 원하는 사람이 될 수가 없어요." 그녀가 흐느꼈다.

"부모님이 원하는 사람이 꼭 돼야 해요?"

"… 특이한 사람이 되긴 싫어요."

"이미 그런 사람 아니에요?"

말없이 어깨만 으쓱한다. 무언의 응답이다.

"특이해도… 괜찮지 않을까요?"

"왜요? 그게 왜 괜찮아요?"

"거기서부터 출발하면 되니까요. 거기에서 어디로든 가면 되지 않을까요?"

그녀가 고개를 들었다. 주저와 동조가 섞인 눈빛이 읽혔다. 입가에는 처음으로 미소가 스쳤다.

...

프랜시스와의 상담에서 그렇게 돌파구를 찾고 며칠이 지났을 때였다. 우리 부부가 새로 이사한 연립주택으로 엄마가 찾아왔다. 엄마는 아빠가 돌아가시고 몇 달 지나지 않아 남자들을 만나기 시작했지만, 딱히 진지한 교제는 아닌 듯했다. 그런데 이번엔 새 남자 친구 '조'를 데리고 왔다. 6개월 정도 만난 사이라고 했다. 조는 머리가 벗겨진 화물운송업자였는데, 말을 거르지 않고 툭툭 던지는 사람이었다. 우리 네 사람은 거실에 둘러앉아 차를 마시며 편안한 척하고 있었다. 조가 갑자기 내게 물었다. "자네, 정신병 고치는 의사라고?"

"네, 정신과 의사예요." 내가 짧게 대답했다.

"그럼 그 ECT인지 뭔지 하는 것 어떻게 생각해?"

"네?"

그가 뜻밖의 말을 했다. "아니, 병원에서 나한테 그걸 시키잖아. 그런데 시간 낭비더라고."

정신과에 입원한 적이 있다는 말이었다. 엄마를 봤더니 엄마는 이 대화에 낄 생각이 없는 듯 내 눈길을 피했다. 자기가 가져온 잡지만 뒤적거렸다.

"전기경련요법ECT을 지금도 쓰는 건 맞아요. 우울증 환자의 생명을 살리려면 필요할 때가 있거든요." 사실이었다. 샌드라 같은 환자에게는 ECT가 효과가 있었다. 하지만 내가 보기엔 꼭 필요하지 않은 경우에도 ECT를 많이 쓰는 것 또한 사실이었다. 가령 우울증이 그리 심하지 않은 경우, 그리고 환자가 특정한 감정이나 사고를 해결하지 못하여 회복이 지체되는 경우가 그랬다. 그런 경우에는 심리치료나 약물치료, 또는 둘을 병행하는 치료법을 쓰는 편이 환자가 받아들이기 쉬운 것은 물론 더 안전하고 효과도 좋지 않을까 하는 게 내 생각이었다. 나는 조도 그런 경우였을지 모른다는 생각이 들었지만, 말은 하지 않았다.

"난 정신과 치료라는 게 무슨 소용이 있는지 통 모르겠어." 그가 불만을 계속 토로했다.

나는 굳이 대꾸하지 않았다.

대신 화제를 바꿀 생각으로, 두 사람에게 여기서 지내는 동안 뭘 하고 싶냐고 물었다. 그랬더니 엄마가 대답했다. "네가 하자는 거 아무거나. 우린 뭐든지 좋아. 안 그래, 자기?"

별로 진심 같지가 않아서 곧이들리지는 않았다. 우리는 두 사람을 데리고 쇼핑하고, 펍에 가고, 저녁 식사를 했다. 이틀 후, 두 사람이 차를 몰고 집으로 떠나자 안도감이 들었다. 우리는 두 사람이 좋아할 만한 일을 내내 열심히 궁리했지만, 마치 카드 게임을 하면서 상대방 패를 읽으려고 머리 굴리는 기분이었다.

집에 도착한 엄마가 저녁 때 전화했다. "오늘 신경 좀 쓰지 그랬니? 우리 재미있게 좀 해주지."

"네?"

"밖으로 나가서 좋은 것도 좀 보여주고."

일요일 오전은 집에서 아침 먹고 신문을 읽으면서 보냈다. 그게 손님들에게 편할 줄 알았는데, 엄마 생각은 그게 아니었던 모양이다.

"그럼 말을 하지 그랬어요?"

"말을 꼭 해야 아니. 넌 진짜 가끔은…."

"다 엄마 말대로 한 거잖아요! 엄마가 분명히…."

눈물이 왈칵 나왔다. 엄마의 골대는 늘 계속 뒤로 물러나, 내 손이 닿지 않는 곳으로 멀어지는 것만 같았다. 나는 한 번도 제대로 맞출 수가 없었다. 아니, 완전히 벗어나기 일쑤였다. 아무리 열심히 노력해도, 엄마의 기분을 맞출 수 없었다.

"엄마가 집 구경하고 싶다고… 죄송해요, 호출 왔어요. 전화 그만 끊을게요." 나는 거짓말을 했다.

"어련하시지. 맨날 일만 하고, 가족보다 일이 먼저지? 네가 그렇게 해서 남은 게 뭐냐? 기껏 대학 나와서 남은 게 뭐냐고?"

"그게 무슨 말이에요?"

"구질구질한 책 무더기하고, 중고차 한 대밖에 더 있어?"

왜, 처음부터 엄마 마음에 안 들었던 사위도 있잖아. 목구멍까지 올라온 말을 삼켰다.

"엄마 무슨 말을 하려고 그랬어요? 내가 진짜 가끔은, 어떻다고?" 끊어진 말을 마저 하라고 엄마에게 다그쳤다. 딱지를 뜯어 다시 피를 내고 싶은, 순간적인 충동이었다. 엄마 입에서 나올 말은 아플 게 뻔했다. 그래도 듣고 싶었다. 과거의 상처를 다시 끄집어내 그 아픔을 또 느끼고 싶었다.

"넌 가끔은 내가 낳은 딸이 맞나 싶다니까."

우리는 공통점이 거의 없긴 했다. 나는 병원에서 실수로 맞바뀐 아이인가 싶기도 했다. 하지만 매일 아침 거울을 보면 그럴 리는 없었다. 거울 속 내 모습에는 아빠의 숱 많은 곱슬머리와 큰 코, 엄마의 흰 피부와 스코틀랜드 주근깨, 긴 목과 억센 턱이 그대로 있었다. 누구 딸인지 의심할 여지는 없었다.

엄마와 조 아저씨가 다녀가고 얼마 지나지 않아, 동생 앨런에게서 전화가 왔다.

"나 누나 집에 가서 좀 지내도 돼? 집에 도저히 못 있겠어."

"왜?"

"엄마 새 남자 친구가 나한테, 온종일 열심히 일하면 문제고 뭐고 싹 낫는다나."

조 아저씨는 앨런이 정신질환이 있다는 것을 믿지 않았다.

"그리고 또 무슨 일이 있었냐 하면… 나한테 성질을 버럭 내는 거야."

"왜? 자세히 말해봐."

"나를 아래층으로 막 쫓아서 내려보냈어. 집에서 꺼지라고, 엄마 좀 가만 놔두고 그만 괴롭히라면서."

동생 이야기를 들으면서 아빠가 불현듯 그리워졌다. 왜 그렇게 일찍 가신 걸까? 그렇게 젊은 나이에? 내 앞길을 스스로 개척하고 싶은 마음을 한때나마 이해해줬던 사람, 내 성공을 바랐던 사람은 아빠뿐이었다. 앨런의 문제에 조금이라도 인내심을 갖고 대처했던 유일한 사람도 아빠였다. 나중엔 점점 까다롭고 같이 지내기 힘들어지긴 했지만, 나는 아빠 생각만 하면 끝 모를 공허감에 괴로웠다.

한번은 어느 지인이 나에게 왜 어머니를 자주 보지 않느냐고 물었다. 엄마와 내가 같이 있으면 서로 힘든 사이라는 걸 설명하기가 쉽지 않았다. '모든 어머니는 자녀를 사랑한다'고들 보통 생각하지만, 그렇지 않은 경우도 세상에 넘친다. 부모의 사랑이라는 이름으로 두들겨 맞고 괴로워하고 상처받는 아이들이 얼마나 많은가. 간혹 분위기가 좋을 때는 엄마가 나처럼 생기고 나처럼 말하는 누군가를 사랑하는 게 맞는 것 같기도 했다. 하지만 온전한 정신으로는 내가 도저히 그런 사람으로 살 수 없다는 게 문제였다. 그래서 엄마와 나는 끝없는 전투를 치렀다. 서로 상대에게서 진정으로 원하는 것을 얻지 못하고, 그 앙갚음으로 서로를 계속 벌주었다.

나는 우리 가족이 더는 가족으로 느껴지지 않았다. 그곳에 내 자리는 없는 것 같았다. 후에 깨달았지만, 우리 가족은 내게 한 번도 따뜻하고 안전하고 정이 넘치는 보금자리를—내 친구들은 대부분 누리면서 자라는 듯한 그 환경을—만들어주지 못했다. 세상 어디에도 내가 있을 자리는 따로 없어 보였다. 내겐 오로지 일터뿐이었다. 병동뿐이었다.

그곳에서 나는 나만의 정체성과 목적이 있었다. 그리고 아무도 내 과거를 알지 못했다. 내가 '고마워할 줄 모르는 딸'인 줄은 아무도 몰랐다. 그곳에서 나는 의대 시절부터 공들여 만들어온 가면을 계속 만들어 쓸 수 있었다. 나는 일을 잘 해나갔고, 세심했고, 적어도 겉으로는 꽤 강인해 보였다. 나는 정신과 의사 일도 잘 하고 있었고, 내 환자들과 중요한 공통점이 있었다. 그건 삶에서 받은 상처를 안고 있다는 점이었다. 나는 프랜시스처럼 몸에 칼을 대거나 실제 피를 흘리지는 않았지만, 상처를 헤집어 고통을 해소하려는 그 마음을, 익숙한 고통에서 위안을 느끼려는 그 욕구를 충분히 이해했다. 살아 있는 것 자체가 떳떳지 못한 사람이라면, 익숙한 아픔을 다시 환기하면서 비뚤어진 안도감을 느낄 수 있다. 내가 엄마와 전화할 때마다 어김없이 재확인했던 것처럼. 그러나 딱지를 계속 뜯으면 상처는 영원히 낫지 않는다.

가끔은 나도 어떤 환자들처럼, 창문 밖으로 세상을 내다보는 듯한 기분이 들었다. 병원 밖 세상으로 나가고 싶다는 확신이 없었다. 나는 환자들과 마음을 나누며 내가 할 수 있는 최선의 도움을 주려고 했다. 이제 내 삶의 의미를 느끼게 해주는 천직을 찾은 것 같았다. 내 안의 의심과 불안, 가족과 소원해지는 아픔을 직시하는 것보다는 다른 사람들의 문제를 다루는 것이 쉬웠다. 내 자신의 문제를 먼저 다루는 것이 얼마나 중요한지 나는 깨닫지 못했다.

· · ·

프랜시스와 나는 매주 만나기 시작했다. 그녀가 지닌 상처의 원인을 찾아, 어린 시절 가족에게 정신적·신체적·성적 학대를 받았던 경험을 더듬었다. 그녀는 자기 내면의 힘과 생존 의지를 깨닫기 시작했다. 하지만 스트레스가 심할 때 몸에 칼을 대는 습관은 끊기 어려웠다. 참으로 악랄했던 어머니와 아버지가 과거에 입힌 정서적 상처가, 현재의 그녀에게 여전히 자해 욕구를 일으키고 있었다. 스스로 살아가기 위해 나름대로 터득한 방법이었으니, 내가 하지 말라고 강제할 수 있는 일은 아니었다.

요즘 같으면 프랜시스에게는, 본인이 희망하기만 한다면 인지행동적 접근이 최선이었을 수도 있다. 몸에 칼을 대기 직전에 들었던 생각과 감정을 기억했다가 일기장에 적는 등의 방법으로, 스스로 행동을 멈추고 고통에 달리 대처하는 방법을 찾아보도록 유도할 수도 있었을 것이다. 당시엔 인지행동치료라는 것이 없었지만 지금은 받을 수 있다. 자해하는 사람은 당장 죽을 위험은 없다 해도 자살할 위험이 100배 더 크다는 사실을 잊어선 안 된다. 자해 행위는 결코 단순한 '관심 끌기'가 아니다. 잉글랜드에서는 최근 10년간 청소년들의 자해 건수가 3배나 늘었으며, 이는 10대들의 심리적 부담이 전보다 커진 사실과 무관치 않다.

・・・

내가 정신과 수련을 막 받기 시작했을 때 만났던 자살 시도 환자, 재니스를 마지막으로 본 지 몇 년이 지났을 때였다. 전시회 포스터에서 낯익은 이름이 눈에 띄었다. 전시회장에 찾아가 그녀의 작품 몇 점을 보았다. 검은색과 다홍색 면들로 이루어진 강렬한 추상화였다. 캔

버스에서 마치 피가 스며 나오는 듯한 느낌이었지만, 무척 아름다웠다. 나는 궁금했다. 재니스는 그림이라는 매체를 통해 상처를 승화시킬 방법을 찾은 걸까. 이 그림은 지금도 겪고 있는 아픔을 상징하는 메타포일까. 그 모티브가 무엇이건 간에, 무척 반가웠다. 이 화가는 누가 봐도 당당하게 살아 있었고, 그림에서는 힘이 넘쳤다. 아무리 암울해 보이는 세상일지라도, 우리는 그 속에서 계속 살아갈 이유를 찾을 수 있다.

틀어진 계획

우울증을 일으키는 사건의 종류는 다양하지만, 그중에서 가장 해로운 것은 그 사람의 취약한 부분을 정확히 건드리는 경우다. 열쇠가 짝이 맞는 자물쇠를 찾아가듯, 그 사람의 취약점과 딱 맞아떨어지는 사건이 꼭 일어나는 걸 보면 신기할 정도다.

. . .

1983년 말 어느 날, 나는 버밍엄에 있는 루버리힐 병원의 어느 방에 앉아 있었다. 아주 옛날에 정신병원으로 지어진 건물이었고, 길을 따라 죽 가면 지금은 파산한 브리티시 레일랜드 자동차 회사의 공장이 있었다. 나는 왕립정신의학회 회원이 되기 위한 임상 실기 시험*을 치르고 있었다. 나와 마주 앉은 남자가 "보디 셸을 훔치다가" 잡혀 들

---

* 영국에서는 인턴 수련을 마칠 무렵 각 전공에 해당하는 왕립학회 주관 시험에 통과해 학회 회원이 되어야 전문의 수련을 받을 수 있다.

어간 적이 있다는 말을 한다. 나는 보디 셸이 뭔지도 몰랐다. SF소설 속에 나오는 물건이 아니라 자동차 부품의 한 종류라는 건 이야기를 한참 듣고야 알았다.

"제가 도와드릴 수 있는 건 여기까집니다, 선생님." 그가 억센 버밍엄 말씨로 콧소리를 냈다.

마음 같아선 퍽이나 도움이 됐다고 대꾸하고 싶었지만, 무례해 보이고 싶지는 않았다. 그는 임상 시험에 자원해 참여한 환자였다. 어쩌면 본인도 자기가 왜 이 쓸쓸하고 황량한 병원에 입원해 있는지 도통 이해가 안 되는 상황이었는지 모른다.

그때 누가 문을 두드리고는 "시간 다 됐습니다" 하고 외쳤다.

젊은 직원을 따라 복도를 지나 낡은 방에 다다랐다. 방 안에는 높은 창문에서 빛이 비스듬히 들어왔고 세간이라곤 탁자 하나와 딱딱한 의자 두 개뿐이었다. 영화에 나오는 교도소 면회실 같았다. 창밖에는 멀건 해가 구름에 가려 모습을 드러낼 듯 말 듯했다. 빛줄기 속에 먼지 한 줌이 공중에 떠다녔다. 나는 직원의 얼굴에서 공감해주는 표정을 애타게 찾았지만, 그는 내 현란한 빨간색 울 정장을 딱한 눈빛으로 흘겨볼 뿐이었다. 2년 전 맨체스터 어느 백화점에서 세일 때 충동구매한 옷이었다. 그때는 무슨 바람이 들었는지 빨간색이 마음에 딱 들었다. 내가 가진 유일한 정장이었지만, 지금은 그렇게 부적절해 보일 수가 없었다. 검은색 옷을 입지 않은 게 후회됐다. 검은색 옷이 나는 늘 편하기도 했고, 지금 내 암담한 기분에도 맞을 터였다.

"준비 시간 15분 드립니다. 시간 되면 부를 테니 나오세요." 그는 문밖으로 나가더니 다시 고개를 들이밀고 말했다. "시간은 엄격히 지켜서 진행됩니다."

15분 안에 내가 적은 메모를 요약하고 사례를 개념화해야 한다. 감별진단(가능성 있는 모든 질환에 대한 논의), 병인(특정한 질환의 원인) 고찰, 추가적으로 필요한 조사, 종합적 관리 계획(즉각적·단기·장기 및 심리적·신체적·사회적 치료 방안), 예후 전망까지 모두 도출해내야 한다.

턱없이 짧게 느껴진 시간이 지나간 뒤, 나는 시험관들이 있는 방으로 들어갔다. 어깨가 떡 벌어진 정장 차림의 중년 남자 둘이 책상을 놓고 앉아 있었다. 자기들끼리 한담을 나누고 있다가 내가 맞은편 의자에 앉자 입을 닫고 침묵했다. 두 사람 모두 나와 초면이었지만 소개를 건네거나 하는 건 없었다. 옷차림은 영국 남자 고문의들의 유니폼이라 할 만한 세로 줄무늬 정장에 차분한 색 넥타이였다. 빨간색 비슷한 색도 보이지 않았다. 내가 사례 개념화 결과를 발표하는데, 두 사람이 의아하다는 듯한 표정으로 나를 봤다. 내가 말을 지어내면서 발표한다고 생각하는 것 같았다. 공교롭게도 그때, 내 발표도 환자가 말을 지어내고 있을 가능성이 있다는 내용이었다. 나는 '간저 증후군' 어쩌고 하며 우물거렸다. 간저 증후군Ganser syndrome이란 실성한 사람처럼 보이기 위해 질문에 대해 '비껴간' 답이나 터무니없는 답을 하는 상태를 가리킨다.

독일 정신과 의사 지그베르트 간저Sigbert Ganser가 처음 기술한 증후군으로, 교도소에서 남성 수감자 세 명이 범죄 책임을 면하려고 정신질환자인 척하는 행동을 관찰한 것이 근거가 되었다. 질문을 이해하고도 이해하지 못한 척 대답하는 것이 전형적인 특징이다. 내가 늘 외우고 있는 예시는 이렇다.

질문: 양은 다리가 몇 개죠?

대답: 세 개요.

그런 나 역시 시험관들의 질문에 '비껴간' 대답을 늘어놓고 있었다. "그렇게 진단하시는 게 확실한가요?" 시험관들이 물었다.

"네."

두 사람은 알겠다는 듯한 눈빛을 교환했다.

원하는 답이 아닌 게 분명했다. 의미심장한 침묵이 이어진 뒤, 두 사람이 나를 보고 똑바로 앉았다. 한 사람이 입을 뗐다. 순간 가슴이 멎는 듯했다.

"네, 수고하셨습니다. 가셔도 됩니다."

그것으로 끝이었다. 보나마나 왕립정신의학회 자격 시험에 떨어진 게 틀림없었다. 필기 시험에 백지를 제출하고 나온 것과 다를 게 없었을 것이다.

우리는 어둑해지는 6번 고속도로를 타고 다시 맨체스터로 향했다. 겨울이 성큼 다가오고 있었다. 고속도로 나들목은 몰리는 퇴근 차량으로, 경화된 동맥에 적혈구가 엉겨 붙듯 꽉 막혀 있었다. 함께 시험을 치른 동료 캐서린은 운전대를 잡고 쉴 새 없이 재잘거렸다. 당연히 내가 듣고 있다고 생각했으리라. 귀로는 듣고 있었는지 모르지만 내 머릿속에선 질책의 목소리가 평소보다 몇 갑절 더 시끄럽게 울렸다.

잘하셨군. 드디어 저질렀네.

내가 뭘? 뭘 저질렀는데?

세상에 다 보여졌잖아.

94

멀 보여줘? 시험에 떨어졌는데.

누가 잘한 걸 보여줬대? 네가 자격 미달이란 걸 보여줬다고.

다 들통났어. 이제 까발려지는 건 시간문제야.

어쩌면 정신과 의사로서 나는 딱 여기까지인 것 같았다. 내가 지금까지 잘하는 것처럼 보인 건 허울이었을 뿐이다. 유능한 척 뒤집어 쓴 허울.

. . .

얼마 전부터 내 불안은 점점 심해지고 있었다. 1983년 가을에 버밍엄에서 시험을 치르기 석 달 전, 나는 위딩턴 병원 교수진료 병동의 선임 전공의로 승진했다. 수련의로 3년 근무한 후 아직 전문의 수련 자격 시험을 통과하지 못한 상태에서 새 자리에 채용된 것이었다. 물론 자격 시험은 금방 통과할 거라 예상되었고, 원래 정신의학이란 게 단순화된 현대적 시험으로 실력을 평가하기에 적합한 분야도 아니다. 나는 논문을 박식하게 써내는 건 하라면 할 수 있었다. 이를테면 여러 문헌에서 나타나는 상충하는 근거를 분석해가면서 우울증의 발병 원인을 논하는 글은 쓸 수 있었다. 하지만 '흔히' '종종' '드물게' 같은 두루뭉술한 단어의 미묘한 빈도 차이에 대해 상식적인 감이 있어야 풀 수 있는 선다형 문제는 너무 어려웠다.

나는 항상 시험에 공포가 있었다. 내 동료와 선배들은 모르는 사실이었다. 내가 어릴 때 피아노 시험을 앞두고 얼마나 손에 땀이 나고 덜덜 떨렸는지, 아무도 몰랐다. 한순간의 실수로 결과를 망칠까 봐

어찌나 두려웠는지 온몸이 뻣뻣하게 굳곤 했다. 그럴 때면 차라리 망친 셈 치고 아무렇게나 해치워버린 다음 냅다 도망치고 싶은 마음이었다.

새로 맡은 일은 만만치 않았다. 입원 환자 치료를 전체적으로 감독해야 했는데, 환자들의 출신 배경이 무척 다양했다. 지위 높은 의사의 가족이나 친척이라는 이른바 '유명인' 환자도 몇 명 있었는데, 맨체스터에서 대학에 다니던 중 정신질환이 나타난 사람들이었다.

• • •

대니얼은 교수진료 병동에 입원한 환자였다. 아버지가 잉글랜드 남부 어느 대학교의 의대 교수라고 했다. 대니얼도 맨체스터에서 의대를 다녔지만, 그 길을 가는 게 자기 뜻이 아니었음을 깨달았다. 졸업 시험 직전에 자퇴하고는, 의대에 다니면서부터 습관이 된 폭음을 계속했다. 이제 20대 후반이었지만, 얼마 살지 못할 것처럼 보였다. 입원 직전에 심각한 자살 시도를 벌였고, 그게 처음이 아니다.

"이건 제가 원하는 게 아니에요. 아버지가 저한테 원하는 거지… 항상 자기 뜻대로니까…" 그의 목소리는 좀 풀려 있었다.

"대니얼, 밖에서 술 마시고 왔어요?" 내가 물었다.

"아니, 마시면 안 될 거 있어요? 지금 이 꼴에 그럼 뭘 어쩌라고요? 그 빌어먹을 계획이 다 틀어졌는데…."

"계획이 틀어졌다니, 무슨 말이에요?"

"아버지가 늘 하는 말이에요. '대니얼, 넌 계획이 틀어졌어.'" 자기 아버지의 권위적인 목소리를 흉내 내고는 낄낄 웃는다. 그 목소리의 주인공이 일전에 병동에 전화를 걸어온 적이 있었다. 내게 아들에 관한 정보를 알려달라고 한사코 요구했다. 대니얼은 성인이었으므로 그의 치료에 관한 사항은 공개가 불가능했다. 이 규정 때문에 환자의 가족과 병원 관계자 사이에 갈등이 많은 건 사실이었지만, 대니얼의 아버지가 요구하는 정보는 자신이 꼭 알아야 할 이유가 없었고, 대니얼은 가족 상담을 거부하고 있었다. 대니얼이 당장 병원을 다시 나갈 위험이 있지 않은 한 정보를 공유해야 할 이유는 없었다. 더군다나 대니얼의 아버지는 사회복지사와는 이야기하지 않겠다며 내게 직접 대답을 듣겠다고 고집했다. 같은 업계에 있어서 알 만할 사람들도 자기 가족 일이라면 남의 업무 영역을 존중하지 않을 때가 있다.

대니얼은 흐느끼기 시작하더니, 벽에 몸을 던지고 질질 미끄러져 바닥에 쓰러졌다. 입에서 술 냄새가 독하게 풍겨왔다. 혈색은 창백했고 눈의 흰자는 평소보다 더 누르스름해 보였다. 음주 상태로 병동에 복귀한 것은 규칙 위반으로 강제 퇴원 사유였다. 하지만 그의 행동엔 더 심상치 않은 뭔가가 있어 보였다. 그는 결국 내게 털어놓았다.

"오늘 간질환 진료과에서 고문의를 만나고 왔어요. 간경화가 한참 진행 중이래요. 그럼 끝이지 뭐, 끝. 이 거지같은 인생 이제 끝이야. 아버지 말이, 그 인간 말이 맞았어."

나는 간호사를 불러서, 함께 대니얼을 침대에 눕혔다. 퇴원시키고 말고 할 수 있는 몸 상태가 아니었다. 자기는 이제 더 살 수 없다고 생각하는 게 분명했다. 그의 문제는, 부모가 자기 인생의 각본을 다 써놓았기에 스스로 인생의 결정권을 가져본 적이 없다고 생각하는 것이었다. 그리 생각하면서도 부모의 마음에 들려고 애썼고, 결국 실패했다. 이제 앞으로 남은 삶이 얼마나 되건 간에, 자신의 삶을 어떻게 살고 싶은지 자각할 수 있도록 도와주어야 했다. 그러나 그런 작업에 과연 협조해줄지 걱정되었다. 스스로 끝을 재촉하려고 계속 술로 몸을 버릴 것 같았다.

잠시 뒤 수간호사가 왔다. "이분 술 마시고 왔으면… 어머나! 뭘 마신 거예요?"

"모르겠어요. 술 말고 뭔가 다른 것도 마셨을 수 있어요. 응급실로 데려가야 될 것 같아요."

그날 밤 대니얼은 내과 병동에 입원했다. 그의 아버지에게 전화해 알렸는데, 아들의 건강이 걱정스럽다기보다는 단단히 실망한 듯한 반응이었다.

. . .

그러나 내가 걱정해야 할 사람은 이제 환자들뿐만이 아니었다. 나는 처음으로 후임 수련의들을 지도하는 역할도 맡아야 했다. 그들은 윗사람 마음에 들려고 안달하며, 자기 능력에 부치는 상황을 만나도 좀처럼 도움을 청하지 않는 젊은 의사들이었다.

. . .

"선생님이 한마디 좀 해주세요. 아니 수련의가 간호사한테 그런 식으로 말하면 안 되잖아요." 제니퍼가 말했다. 제니퍼는 일을 무척 잘하는 간호사였는데, 주디스라는 새로 온 전공의에게 불만이 많은 듯했다.

"무슨 일인데요?"

"아니 자기가 뭐라고, 나한테 뭘 하라 마라 지시를 하는 거예요?"

주디스는 겉으로는 자신감이 넘쳤지만, 매주 목요일 아침 8시 30분에 열리는 입퇴원 회의 때 옆자리에 앉아보면 실패를 두려워하는 속마음이 엿보였다. 데이비스 교수는 자기 과에 뽑혀 들어온 젊은 여자 의사들과 복잡한 두뇌 게임을 즐겼다. 나도 한때 그 시기를 거쳤기에 그가 미끼 질문을 던져 수련의들을 함정에 빠뜨리는 수법을 훤히 알고 있었다. 수련의들은 한 주 동안 입원하거나 퇴원한 모든 환자에 대해 짤막한 요약문을 작성했는데, 적은 문구를 하나하나 다 변호해야 했다.

"환자가 병식*이 '좋다'라… 이게 무슨 뜻인가? 어떻게 판정한 거지? 설명 좀 해주겠나? 내가 치료를 받겠다고 하면, 병식이 좋은 게 되나? 내가 사실은 병이 없다고 생각하면서 그럴 수도 있는 거 아니야? 어떻게 생각해? 그래도 내가 병식이 '좋은' 게 되나? 말 좀 해봐! 병식이 정말 좋으면, 속으로는 KGB에 쫓기고 있다고 생각하면서 왜 병원에 와서 도와달라고 했냐 이거지. 경찰서에 가서 신변 보호를 요청했어야 하는 거 아냐? 왜 선생한테 찾아온 거야? 여기 써놓은 것 설명 좀 해보라고."

다른 과처럼 정신과에서도 수련의들은 두려움과 카페인과 알코올, 그리고 때로는 눈물을 연료 삼아 한 주 한 주를 버텨냈다.

* * *

* 현재 자신이 병에 걸려 있다는 인식.

불안이 무언가가 일어나리라는 두려움의 징후라면, 우울증은 두려움이 현실이 될 때 나타난다.

"무슨 일 있어?" 리가 내게 물었다. 그녀는 매주 모이는 심리치료 지도 그룹에서 보는 동료였다. 당시 나는 그 모임에 나가기 힘들어하고 있었다.

리는 원래 산부인과를 전공하다가 정신과로 전공을 바꿨기에 대다수의 동료들보다 나이가 많았다. 그리고 어딘지 아주 어른스럽고 현명한 면이 있었다.

"환자들보다 내 상태가 더 안 좋게 느껴질 때는 어떻게 해야 돼?"

"도움을 청해야지."

"어디서?"

"나한테 맡겨. 내가 알아볼게."

...

시험을 본 지 두 달 만인 12월 중순, 학회에서 결과 통지서가 왔다. 그날 저녁에는 직원들의 크리스마스 회식이 예정되어 있어 병동 근무가 일찍 끝났다. 나는 평소 7시 전엔 퇴근하지 않았지만 통지서가 기다린다는 것을 알고 있었다. 같이 시험 친 동료들은 이미 결과를 다 확인한 상태였다.

캐서린도 낮에 내게 전화해 소식을 전했다. "나 합격했어! 말도 안 돼! 진짜 떨어지는 줄 알았는데."

"와, 축하해." 진심이 아니었지만, 축하해주고 싶은 기분이 영 아닐 때 할 수 있는 말은 그것밖에 없었다.

"정말 잘됐다." 최대한 잘됐다고 생각하며 말하려 했지만, 여간 힘들지 않았다. 통지서를 급히 훑어 결론을 파악하는데, 심장이 멎는 것 같았다. "평가 결과… 유감스럽게도 귀하는 요구 수준을 충족하지 못하였음을 알려드립니다… 선다형 필기 시험과 임상 실기 시험을 통과하지 못했습니다."

. . .

데이비스 교수님이 나를 우리 집에서 픽업하여 회식 장소로 데려갔다. 그곳에선 우리 임상 팀 사람들이 이미 모두 모여 크리스마스 파티를 벌이고 있었다. 차를 타고 가는데 괴롭고 끔찍한 생각이 계속 들었다. 머릿속에서 목소리가 들렸다. 목소리 주인공은 나인 것 같았다.

'차 문 열고 뛰어내려. 고속도로에서 차 달릴 때까지 기다렸다가. 어서 해… 어려울 거 없어. 자, 어서!'

그러나 나는 뛰어내리지 않았다. 계속 버텼다. 딴생각을 하려고 애썼다. 옆 차선에서 마주 오는 자동차 불빛을 바라보며, 바쁘게 돌아가는 도시의 묘하게 몽환적인 리듬에 취했다. 이 순간이 영원히 계속될 거라고, 목적지에 영원히 도착하지 않을 거라고 스스로에게 최면을 걸었다.

그러면서도 내 삶에서 벗어나고 싶은 욕구가—혹은 그 내면의 목소리가 시키는 대로 삶을 끝내고 싶은 욕구가—그 어느 때보다 강하게 느껴졌다. 나는 내 상태가 얼마나 심각한지 아무에게도 말하지 않았다. 물론 데이비스 교수님에게도. 교수님은 자살을 택하는 사람을 좋게 생각하지 않는 듯했다. 어느 날 캐서린과 함께 교수님과 직원 휴게실에서 이야기할 때 그런 짐작을 했다. 교수님은 그곳에서 점심시 간마다 사람들에 둘러싸여 앉아 있곤 했다. 교수님은 실비아 플라스*가 아이들을 세상에 남겨두고 자기 목숨을 끊은 데 대해 분개했다. 런 던에서 일하던 플라스의 주치의는 교수님도 아는 사람이었는데, 주치 의는 플라스의 우울증을 치료하려고 애를 썼으나 허사였다고 했다.

"아주 이기적인 행동이야." 교수님은 말했다.

"하지만 그 방법밖에 탈출구가 보이지 않는다면요⋯." 내가 반론했 다. 나는 누군가가 그런 생각을 한다고 해서 탓할 수 없을 것 같았다. 우울증이 워낙 심하면 남들 생각까지 하지 못하는 법이다. 오로지 자 기 생각밖에 없고, 지금 기분 상태가 바뀔 수 있으리라는 생각이 도저 히 들지 않는다. "엄마가 없는 편이 아이들에게 더 좋을 거라고 생각 했을지도 모르죠."

"하지만 자살이라는 선택을 용서할 수 있겠어? 그게 문제지."

"용서 못 하세요?" 내가 되받아쳤다.

교수님은 대답 없이 알 수 없는 미소만 지었다. 교수가 제자에게 꼭 답해야 할 의무는 없으니.

• • •

차가 음식점 앞에 섰다. 정신을 차리니 교수님이 내게 무슨 말을 하고 있었다.

"내가 뭐 도와줄 게 있을까?"

• 미국의 작가. 자전적 소설 『벨 자』로 명성을 얻었다.

"저 공부할 시간이 필요해요."

교수님이 안다는 눈빛으로 나를 보았다. 더 말할 필요도 없었다.
"떨어진 게 부끄러워?"

내가 고개를 끄덕였다.

"부끄러워할 것 없어. 사람이 부끄러워할 일 중에 훨씬 심각하고 끔찍한 게 얼마나 많은데, 시험 떨어진 것 가지고 그래."

맞는 말이었다. 시험에 떨어진 것보다 나쁜 일이 많은지 아닌지는 그때 알 수 없었지만, 지금 이 기분이 끔찍한 건 맞았다. 너무나 부끄럽고 창피해서, 동료들과 앉아 식사할 일이 괴로웠다. 다들 알면서도 말하지 않을 그 분위기가 두려웠다.

"도움은 좀 받고 있어?"

나는 리의 의뢰로 만나게 된 심리치료사 E에게 얼마 전부터 상담을 받고 있었다.

"네." 내가 울면서 소리 없이 웃었다.

"조금만 앉았다가 나오자고. 내가 불편하지 않게 신경 써줄게."

· · ·

그다음 몇 주는 현실감각이 없는 상태로 힘들게 보냈다. 일상적인 병동 업무를 보며 근무는 했지만 내 심리치료 환자들은 보지 않았다. 환자들에게 줄 수 있는 게 하나도 남지 않았다. 도움을 주려면 내가 가진 무언가를 내놓아야 했다. 치열한 상담 상황에 써야 할 기운이 몸에서 다 빠져나간 느낌이었다. 상대방이 변화하고 성장할 수 있게 마음을 나눌 힘이 이제 내겐 없었다.

그러다가 살모넬라 감염증을 심하게 앓았다. 몸에 병이 나고서야 일을 쉴 수 있었다. 그동안은 내 마음의 건강이 일을 쉴 정도로 나쁘다는 사실을 인정하기 어려웠다. 일은 내가 살아가는 거의 유일한 이유였고, 내 삶에서 가장 중요하게 생각하는 벗은 정신의학이었다. 남편이나 친구들보다 훨씬 중요한 존재였다. 지금 생각해보면, 시험에 떨어진 일이 내 자아정체감을 그리 심하게 뒤흔든 것은 바로 그 때문이었다. 내 취약한 부분을 정확히 건드린 것이다. 세상이 내게 압박과 부담을 가할 때 나는 어릴 때부터 공부나 일에 몰두하는 버릇을 들였고, 그게 내가 대처하는 방식이었다. 내 이런 모습에 남편은 불만이 있을 만도 한데, 아무 말 없이 나를 챙기고 내 기분을 받아주었다. 하지만 나는 형식상으로만 결혼 생활을 하는 느낌이었다. 아니 형식상으로도 하고 있는 건지 알 수 없었다.

...

몸무게가 10킬로그램이나 빠지고 근무에 복귀한 지 얼마 안 되었을 때였다. 조현병(환각과 망상, 사고 장애와 행동 이상 등의 증상을 나타내는 병) 진단을 받은 내 환자가 말하길, 최근에 나의 옛 친구를 만났는데 자기에게 약을 먹지 말고 지내보라고 조언하더라고 했다. 나는 누군지 궁금해 내 연락처를 그 사람에게 좀 전해달라고 환자에게 부탁했다.

알고 보니 내 의대 시절 단짝 친구 제인이었다. 제인은 내가 일하는 병원에서 멀지 않은 맨체스터 교외 공동주택 지하층에 살고 있었다. 의대 시절 우리는 의사 공부를 그만둘까 하는 이야기를 자주 하곤 했다. 제인은 어찌 보면 나보다도 더 확신이 없는 학생이었다. 성적이 너무 좋다 보니 아무 생각 없이 의대에 온 것 같기도 했다. 모자라는 성적으로 겨우 합격한 나와는 달랐다. 그러다가 정신과 실습을 해보고 나서야 의사 되는 일에 진짜 관심을 보이기 시작했다. 정신과 의사가 되겠다고 했다. 그러던 제인이 4학년 때, 다 그만두고 의사 공부를 접겠다고 돌연히 선언하자 우리 동기들은 모두 깜짝 놀랐다.

"설명하긴 너무 복잡한데, 그냥 그런 게 있어." 전공을 철학으로 바꾸고는 설명이라고 내놓은 말이 그것뿐이었다. 그러다가 몇 달 후엔 아예 학교에서 자퇴해버렸다.

"뭐, 모든 게 바뀌었다고나 할까. 내가 세상을 보는 눈이 완전히 바뀌었거든."

반면 제인의 룸메이트는 꽤 간단하게 설명했다. "무슨 목소리가 들린다고 하더라고."

제인이 내게 그 이야기를 하지 않은 이유는 충분히 이해할 만했다. 남들에게 고백해서 좋을 것이 없는 이야기니까.

병원, 특히 정신과에 가서 환청이 들린다고 하면 뭔가 정신병이 있어 환각 증상을 보인다고 의심받기 쉽다. 불법 약물을 투여해 생긴 증상으로 생각할 수도 있다. 요즘에는 정신이상이 아니어도 스트레스가 심할 때 환청을 경험하는 사람이 많다는 사실이 잘 알려져 있다. 내가 경험했던 것처럼, 본인의 생각이 머릿속에서 큰 소리로 들리는 경우도 있다. 아니면 다른 사람의 목소리가 꼭 실제 말하는 것처럼 외부에서 들려오는 경우도 있다. 우울증이 심할 때도 나타날 수 있는 증상이지만, 제인은 우울해 보이진 않았다. 오히려 그 반대여서 가끔 붕 떠 있는 것처럼 보일 정도였다.

제인은 서점에서 일하고 있었다. 만나서 이야기해보니, 인도에 갔다 와서 라자 요가에 푹 빠졌다고 했다. 라자 요가는 명상법이 엄격하고 식사도 철저히 가려서 한다고 알려져 있다.

"어떻게 지내?" 내가 물었다.

"아, 잘 지내지. 어떻게 보일지 모르지만, 나 진짜 진짜 잘 지내!" 내가 못 믿겠다는 표정을 보이니 예전의 그 호탕한 웃음을 터뜨린다. 몸은 건강해 보였지만 무언가가 나를 불편하게 했다. 내면세계에 완전히 빠져 있는 듯한, 뭐라 설명할 수 없이 조용히 들떠 있는 느낌이랄까. 의대를 그만둘 때도 꼭 그런 느낌이었다. 마치 자기가 찾아낸 삶의 의미를 내게 얘기해주고 싶어 죽겠는데 내가 안 믿을까 봐 참고 있는 듯했다. 그런데 왠지 모를 질투심이 들었다. 그녀는 자기가 선택한 삶을 살고 있었다. 어쩌면 뭔가 정말 귀중한 비밀을 찾은 것일까? 아니면 내 의사로서의 직감이 말하는 것처럼, 한때의 가능성을 모두 날려버리고 방황 끝에 참담한 삶을 살고 있을 뿐일까? 삶의 희망을 하나 잃은 대신, 더 의미 있는 뭔가를 발견해 그걸 바라보며 살아가고 있는 걸까?

그러나 그녀는 세상사를 훌쩍 초월한 듯한, 묘한 분위기를 풍겼다. 분명히 내가 아는 사람인데 예전의 그 사람이 아니었다. 뭔가에 사로잡힌 것인지, 진정한 평화를 찾은 것인지 나로서는 알 수가 없었다. 그녀의 사소한 말버릇과 습관이 무척 그리웠지만, 내가 알던 친구의 모습은 이제 보이지 않았다. 우리는 더 이상 통하는 게 없었다. 또다시 뼈아픈 상실감이 밀려왔다. 둘도 없는 친구이자 마음을 터놓는 벗으로, 혼란스러우면서도 추억 많은 에든버러 의대 시절을 함께 했던 제인은 이제 없었다.

．．．

　대니얼은 우리 병동에서 나가고 몇 주 후에 죽었다. 간기능이 크게 저하되었는데, 지금은 그렇지 않지만 당시 알코올성 간질환 환자는 대개 간이식을 받을 기회가 없었다. 그에게 살 기회가 주어지지 않은 것이 안타깝지만, 살았다 해도 우울증을 알코올 의존증에서 분리해 치료하려면 갈 길이 멀었을 것이다. 우울이 술을 부르기도 하고, 술이 우울을 낳기도 한다. 무엇이 먼저였는지는 알기 어려울 수도 있다. 그리고 술을 끊지 못하면 약물로도 심리치료로도 우울증을 치료하기는 아주 힘들다.

　간경화 소식은 대니얼에게 마지막 결정타였다. 결국 아버지 말이 옳았다는게 증명됐다고 생각했을 것이다. 그러나 안타깝지만 본인이 자초한 결과이기도 했다. 그리도 술을 많이 마셨으니까.

　"도저히 버티기가 힘들어서 마시기 시작했죠." 종합병원에 있는 그를 마지막으로 찾아갔을 때 그가 한 말이었다. "한동안은 마시면 좀 살 만하더라고요. 아픔도 견딜 만해지고, 잠도 오고, 괴로운 생각이 다 사라지니까요."

　"그런데 어떻게 됐어요?" 내가 물었다.

　"언제부턴가 효과가 없더라고요. 더 힘들어졌어요. 아침만 되면 죽을 것 같았어요. 그런데 끊으려고 하면 자살 충동이 들었어요. 그래서 계속 마셨지요. 뭐 방법이 없잖아요?"

　그는 나를 쳐다보며 소리 없이 웃었다. 내 답을 들으려고 한 질문은 아니었다.

　"와주셔서 고맙네요. 어쩌나, 선생님 더 재미있게 해드릴 게 없네. 아시다시피 여긴 술 반입이 안 돼서요."

···

나는 E에게 심리치료를 몇 달 받고 나자 기분이 차츰 나아졌고, 여전히 많이 불안하긴 했지만 시험을 다시 치를 자신감을 어느 정도 회복했다. 첫 시험을 보고 6개월 후, 런던 북쪽 근교의 노스윅 파크 병원에서 재시험을 봤다. 빨간색 정장은 입지 않았다. 환자는 분명하고 간결하게 자기 병력을 알려주었다. 이번에는 합격했다. 다시 정상 궤도에 오른 것 같아 마음이 놓였다. 몇 년 전에 계획해놓은 내 인생의 항로를 다시 순항하게 된 것 같았다. 그 항로의 이정표는 결혼 생활, 의사 일, 고문의 자격 취득이었다.

지금까지 의사로 일하면서, 인생 계획을 완벽하게 짤 수 있다고 생각하는 사람들을 많이 보았다. 그런 사람은 자녀들 인생까지도 그런 식으로 계획하려고 한다. 그리 생각하는 게 무리가 아닐지도 모른다. 살면서 정말 나쁜 일을 당해본 적이 한 번도 없고 모든 일이 기대한 대로 풀린 사람이라면 그럴 수 있다. 그러다가 상실을 경험하게 되면, 그것이 본인의 자아정체감이나 인생의 이정표와 관련이 클수록 받아들이기가 더 힘들어진다. 나는 시험에 떨어지면서 계획이 일시적으로 틀어졌다. 주도면밀하게 그려놓았던 인생 계획이 어그러졌다. 누가 만들어준 계획은 분명히 아니었다. 오로지 내 생각만으로 만든 계획이라고 믿었다. 나도 어쩌면 대니얼처럼, 아버지의 마음에 들려고 애쓰고 있는 건지도 모른다는 생각은 무시했다. 게다가 이미 돌아가시고 세상에 있지도 않은 아버지였으니. 지금 생각해보면 나는 그때, 아버지가 돌아가신 후로 계속 나타나고 있던 균열을 적당히 땜질만 하며 수습하고 있었다. 그때는 길을 잠깐 잃었다가 다시 찾았다고만 생각했고, 다른 생각은 하지 못했다. 하지만 내게 정말 필요했던 약은, 운명이라 생각했던 길에서 완전히 탈선하는 것이었을지도 모른다. 후에 깨달았지만, 삶이라는 열차가 탈선하여 내달리는 그 혼돈의 순간에는 때로 중요한 메시지가 담겨 있다. 앞으로 무엇을 바꾸면서 살아야 할지, 그리고 자신을 옥죄는 자신과 남들의 기대는 온당한 것인지, 너무 늦기 전에 생각해보라는 메시지다. 그런 의문에 답할 수 있다면, 자신만의 목표를 향해 다시 앞으로 나아갈 수 있다. 자신이 스스로 정한 목표는 이룰 가능성도 더 높은 법이다.

사랑과 망상

인간은 본래 사랑받고자 하는 욕구가 있지만, '사랑'이 무엇인지 정의하기는 쉽지 않다. 사랑은 종류도 다양하다. 자식에 대한 부모의 무조건적 사랑이 있는가 하면, 연애 감정이 막 불붙기 시작한 커플의 성적 욕망도 있고, 오랜 세월을 함께한 동반자 간에 느끼는 원숙한 책임감도 있다. 사랑은 양방향일 수도, 외방향일 수도, 폭력적일 수도, 치유적일 수도 있다. 가족에게 사랑받으며 성장한 경험은 어른이 되었을 때 우울을 이길 힘이 되어줄 수 있다. 또 어른이 되었을 때 힘이 되고 사랑해주는 사람의 존재는 힘든 어린 시절에 받았던 상처의 해독제가 되어주기도 한다. 그러나 실연이나 파경은 우울증을 일으킬 수 있을 뿐 아니라 이전에 겪었던 상실의 아픔을 다시 들쑤실 수도 있다.

...

내 환자 테리사는 이웃에 사는 남자가 자기를 사랑한다고 굳게 믿었다.

"그걸 어떻게 아세요?" 내가 물었다. 그녀는 외래로 방문해 긴급 진료를 받은 후 동의하에 입원 치료를 받고 있었다.

"한두 가지 이유가 아니라서…."

"그래도 조금만 자세히 말해주실 수 있나요? 어떤 이유인가요?" 믿음의 근거가 무엇인지 정확히 알아봐야 했다. 나를 지도하는 고문의는 그녀의 추론이 매우 비합리적이라고 했다.

"그 집 앞을 지나갈 때면 그 사람이 제 생각을 하고 있다는 걸 알 수 있어요." 테리사는 스페인 사람이었고 40대 후반이었다. 잉글랜드에 건너와 잉글랜드 남자와 결혼했는데, 몇 년 살다 이혼하고 지금은 청소 원으로 일하면서 혼자 산다고 했다. 손짓을 열심히 섞어서 말하는 모습이 마치 손으로도 말하는 것 같았다. 그녀는 지난 6개월 동안 거의 날마다, 일을 하지 않을 때면 항상 이웃 남자의 집 앞 보도에서 어슬렁거렸다. 가로등에 기대어 서서, 창가를 간혹 오가는 남자의 모습을 주시했다. 남자는 테리사를 경찰에 이미 여러 번 신고했지만 그녀는 단념하지 않았다.

"그 사람이 테리사 씨 생각을 하고 있다는 걸 어떻게 알죠?"

"아, 그거요." 그녀가 고개를 들더니 양손 엄지와 집게손가락으로 창문 모양을 만든다. 만면에 웃음을 띠며, 자기가 생각하는 너무나 확실한 증거를 공개했다. "블라인드가 열려 있으면요, 나를 사랑하는 마음이 넘치고 나를 너무 보고 싶은 거예요."

"닫혀 있으면요?"

"그때는 뭔가 다른 할 일이 있는 거예요. 꼭 해야 하는 귀찮은 일들이 있겠죠." 그녀가 어깨를 으쓱했다. "하지만 결국은 또 열고 말거든요. 그럼 나를 원한다는 걸 알 수 있어요. 너무나 원하지만 말을 못 하고 있는 거예요.”

“정말 그럴까요? 그 사람이 법원에 테리사 씨의 접근 금지 명령을 신청하지 않았어요?”

“그러고 싶어서 그런 게 아니에요. 그 사람 부인이 시킨 거예요. 틀림없어요.” 그녀는 목소리를 낮추더니, 옆에 놓인 책상을 주먹으로 꽝 내리쳤다. “그 사람 마음은 절대 그렇지 않아요. 여기서 느껴져요.” 왼손 가운뎃손가락으로 머리를 쿡쿡 찔렀다. “그리고 여기서 느껴져요.” 그러면서 정말 확실하다는 듯 주먹으로 가슴을 맹렬하게 두드렸다. “저도 그 사람을 정말정말 사랑하고요!”

⋯

‘사랑’과 ‘망상’은 흥미롭게도 유사점이 많다. 망상의 의학적 정의는 ‘그 사람의 사회적·문화적·종교적 배경과 부합하지 않는 잘못된 확신’이다. 간단해 보이지만 실제로는 그리 간단히 말할 수 있는 문제가 아니다. 그 사람이 속한 사회·문화·종교의 준칙을 알지 못하면 그러한 배경과 ‘부합하는’ 것이 무엇인지 판단하기 어렵다. 사랑에 빠진 사람이나, 망상에 빠진 사람이나, 남이 보기에 비합리적인 행동과 오해 속에서 산다. 그러나 사랑에 빠진 것을 정신의학에서 망상으로 취급하진 않는다. 다만 한 가지 예외가 ‘색정 망상’이라고 하는 것으로, 누군가가 자기를 사랑한다고 굳게 믿는 형태인데, 테리사의 경우처럼 보통 모르는 사람이나 유명인이 대상이 된다.

하지만 누군가가 나를 정말 사랑한다는 걸 어떻게 알 수 있을까? 그러려면 어떤 신호를 읽어서 자기 바람대로 해석한 다음 과감히 믿어야 하니, 그 과정이 망상에 빠지는 것과 크게 다를까? 물론 그 신호는 블라인드를 여닫는 것처럼 딱 떨어지지는 않는다. 훨씬 더 미묘하다. 우리는 (블라인드 여닫기보다는 더 사회적으로 일반화된) 각종 신호를 읽는 법을 배우지만, 신호의 해독 과정에선 늘 오해가 넘쳐나기 마련이다.

...

내가 처음으로 빠져본 사랑은 늦깎이 사랑이었다. 무방비 상태에서 덜컥 찾아와 내 삶을 완전히 뒤집어놓고, 이전과는 영영 다른 삶을 살게 만들었다.

1985년 초, 나는 맨체스터 교외의 작은 병원에서 일하고 있었다. 잉글랜드에서 거의 처음으로 설립된 지역사회 정신보건센터였다. 붉은 벽돌과 흰 돌로 지어진 주택가 모퉁이의 평범한 건물이었는데, 도움이 필요한 사람은 부담 없이 들러서 상담을 청할 수 있었다. '정신보건센터' 같은 간판도 없었고 건물 이름만 적혀 있었다. 전에 일했던 정신과 병동과는 분위기가 많이 달랐다. 이곳에서는 여러 분야의 전문가가 한 팀을 이루어 주민들을 진료했다. 고문의 라일 선생은 푸른 눈을 반짝거리며 잉글랜드 북동부 지방 말씨를 쓰는 사람이었는데, 세로줄 무늬 정장 대신 셔츠와 스웨터를 입고 다니는 모습이 정신과 고문의 같은 느낌은 전혀 들지 않았다.

마침내 내가 원하는 삶에 가까워지고 있다는 생각이 들었다. 나는 수수한 차림으로 일했다. 트위드 스커트와 단추 달린 셔츠를 입었다. 맨체스터 남부 깔끔한 동네의 두 가구 연립주택으로 이사할 계획이었다. 얼마 안 있으면 고문의가 될 수 있었다. 내 인생의 각본은 이미 쓰여 있었다. 연구원으로 잘 승진해나가던 남편 짐은, 우리 부부가 목표로 삼을 삶의 모습을 머릿속에 그려놓은 듯했다. 모델로 삼은 것은 직장 선배 부부였다. 선배의 아내는 산부인과 의사였다.

"줄리아가 고문의 됐대. 그리고 훨씬 큰 집으로 이사했다네. 우리도 좀 더 윗물에서 살아볼 때가 되지 않았을까?" 남편은 이렇게 말하곤 했다.

제임스와 줄리아는 전국의 좋은 음식점을 엄선해 소개하는 안내서《굿 푸드 가이드》에서 추천하는 음식점에서 자주 식사를 했다. 가끔은 음식점에 대한 평을 출판사에 직접 보내기도 했다. 나는 책자 뒤 기고자들 이름이 적힌 곳에 부부의 이름이 있나 항상 찾아보곤 했다. 우리 부부도 체셔주 북부 섹션에 실린 음식점들을 나름대로 훑어나갔다. 제임스와 줄리아는 아이가 없었다. 짐과 나는 아직 아이 문제에 관해 진지하게 생각해본 적은 없었지만 언제라도 이야기가 나올 수 있는 상황이었다. 짐은 그 방면에서는 자기 역할 모델과 다른 길을 가고 싶어 하는 눈치였다. 하지만 나는 내가 엄마가 된다는 게 도무지 상상이 되지 않았다.

나는 행복한 결혼 생활을 하고 있다고 되뇌었지만 마음속 깊은 곳 어딘가에선 여전히 음험한 무언가와 씨름했고, 내 주된 역할이 디너파티 안주인인지 전문직 여성인지 모르게 변해가는 삶 속에서 어떻게든 만족해보려고 애쓰고 있었다. 문제는 디너파티만 하면 내 요리 실력에 대한 불안감을 잊으려고, 또 지루하게 이어지는 애들 유아원이며 인테리어 용품 이야기에 질려 과음을 하곤 했다는 것이다. 그래서 '피로' 때문에 의자에서 옆으로 픽 쓰러지는 게 주특기가 되었다.

이 모든 것은 내가 열애에 눈뜨면서 바뀌었다.

그가 처음 내게 미소 지었던 때가 기억난다. 무슨 생각을 하는지 궁금했지만 처음엔 영 알 수가 없었다. 그는 병원에서 함께 일하는 지역사회 정신건강 간호사였는데, 안 지 얼마 되지 않아 파악하는 게 쉽지 않았다. 늘 말썽을 피우는 낡은 스포츠카를 타고 다니는 것에서 뭔가 약한 구석이 엿보였다. 그의 환자가 한번 되어보면 좋을 것 같았다. 아니지, 그는 환자가 아니라 내담자라고 불렀다. 우리 병원의 모든 전문가가 그랬다. 나는 아직 '차별적이지 않은' 말을 써야 한다는 압력에 저항하고 있었다. 내게 환자라는 용어는, 내가 상대방 위에서 군림한다는 의미가 아니라 단순한 내담자보다 더 큰 책임감을 갖고 대해야 하는 사람이라는 의미였다.

...

"요즘 어때요?" E가 긴 침묵 끝에 물었다. 나는 매주 허름한 진료실에 찾아가서 그를 만났다. 그곳은 예전에 가난한 사람들에게 거처와 일자리를 주는 구빈원으로 쓰이던 건물이었고, 맨체스터에서 북쪽으로 한 시간 정도 떨어진 교외에 있었다.

"외로워요." 나는 눈시울이 화끈거렸지만 눈물을 흘리진 않았다.

"뭘 원해요?"

"모르겠어요."

당신을 원하는 걸지도 몰라요, 하고 속으로 생각했지만 말하지 않았다. 내 치료사와 그럴 수는 없다. 그렇게 보면 직장 동료와도 마찬가지겠지만….

"알고 있는 것 아닐까요." 그가 넌지시 반론했다.

"절 사랑해줄 사람을 원해요." 내가 결국 시인했다.

그는 아무 말 없이 내 다음 말을 기다렸다.

"아시잖아요, 무슨 말인지." 내 목소리에 신경질이 배어났다.

"모르겠어요, 얘기해주세요."

나를 똑바로 바라보는 그의 눈은 충혈되어 있었다. 무척 피곤하고 슬퍼 보였다. 그 순간 나는 단순한 걱정이 아닌 불안감에 사로잡혔다. 그를 잃고 싶지 않았다. 나는 그와 돈독한 관계가 되어 있었다. 그가 도와준 덕분에 마음을 편안히 하는 법을 배웠고, 자신감을 키워 시험에 통과하기까지 했다. 하지만 일단 난관을 넘고 나니, 이제 더 무엇을 개선해야 할지 알 수 없었다.

지금은 알지만 그때 내가 몰랐던 게 있다. 인간의 마음은 어찌 보면 양파와 같다는 사실이다. 문제를 한 꺼풀 벗겨내면 그 밑에 문제가 또 한 꺼풀 드러나서, 그것도 언젠가는 다뤄주어야만 한다.

예를 들어, 어떤 여성이 어떤 문제 때문에 아주 우울하고 불안하다고 하자. 즉, 직장 일이 많이 힘든데 그만두어야 할지 말아야 할지 결정을 못 내리고 있다. 아닌 게 아니라 겉보기에 직장에서 매우 괴롭고 스트레스가 많아 보인다. 하지만 무슨 이유에선지 결단을 못 내리고 계속 다니다 보니, '책임감'이 없다며 나무라는 상사와 갈등만 더 커진다. 치료사와 함께 간단한 '문제 해결'을 시도해본다. 머리에 떠오르는 해결책을 자유롭게 말하면서 각각의 장단점을 따져보는 과정에서, 가장 큰 문제는 직장이 아니라는 게 드러난다. 문제는 아이를 가지라고 압박하는 남편, 그로 인해 세상 속에서 자신의 위치가 변할 것이라는 우려였다. 가정에 몸이 매이고 사회에서의 전문적 역할을 잃게 될 것 같았다. 일에서 스트레스를 받는 건 사실이었지만, 그건 일 자체가 문제인 게 아니라 직장에서의 역할과 집에서의 역할 사이에 괴리가 너무 컸기 때문이었다. 그녀는 직장 문제를 결정하려면 먼저 가정에서의 갈등을 해결해야 한다는 것을 깨닫는다. 진짜 문제는 결혼한 여자로서 가정에서 처한 상황이었던 것이다. 그런데 이때 그녀가 가정 문제나 직장 문제를 해결할 생각은 않고 직장 동료와 눈이 맞아 바람을 피운다면, 문제는 더욱더 복잡해진다.

그러나 우리가 그동안 너무나 많은 것을 헌신해온 관계에 문제가 있다고 인정하는 것은 쉬운 일이 아닐 뿐더러, 관계를 원만히 복원하는 데는 양쪽 모두의 의지와 시간이 필요하다.

· · ·

그 정신건강 간호사와 같이 일한 지 몇 달쯤 되었을 때 부부치료를 함께 진행하게 되었다. 브라운 씨는 처음에 우울증으로 이곳에 의뢰받아 왔는데, 아내와의 관계에 근본적인 문제가 있다는 것이 드러났다. 부부는 가정에서 의견이 충돌할 때 대화로 해결하는 데 점점 애를 먹고 있었다. 남자 간호사와 나는 남녀 간에 의사소통을 잘할 수 있다는 것을 보이기 위해 대화 시범을 보였다. 마주 보고 말하면서 서로의 생각을 나눴다.

"두 분 사이에 아직 애정이 깊고 서로에게 마음을 많이 쓰시는 게 보여요." 간호사가 말했다. 그와 눈이 마주치자 나는 내 의심을 감추려고 애썼다.

"문제는 그런 마음을 드러내는 방식이에요. 상대방이 자신에게 마음을 많이 쓴다는 걸 서로 알기가 어려운 상황이에요. 제가 보기에 아내분은…." 그가 손바닥을 펴서 브라운 부인을 가리켰다. 결혼반지가 햇빛에 반짝거렸다. "남편분이 귀가가 늦었을 때 그게 얼마나 마음이 쓰이는지 보여주려고 화를 내시는 거예요. 그러면 남편분은 소외받고 상처받은 마음에 대화를 거부하고, 술 마시러 나가서 더 늦게 귀가하시죠. 남편분도 마음을 많이 쓰기 때문이에요." 참 그럴듯한 설명이었다. 이를 '긍정적 의미 부여'라고 한다. 부정적인 행동을 긍정적으로 인식하게 만드는 것이다. 상대와의 관계가 여전히 중요하기 때문에 상대에게 상처를 주면서, 정작 사랑하고 아낀다는 그 중요한 신호는 주지 못하는 상태라는 것이다. 브라운 씨 부부가 조심스럽게 서로 눈길을 주고받았다. 동료 간호사가 나를 보고 미소 지었다. 나도 미소로 응답했다.

상담을 마칠 무렵 부부는 간호사의 말에 완전히 설득되어 있었다. 잠깐이었지만 서로 손을 잡기까지 했다. 두 사람은 아직 서로 사랑하는 마음이 있다고 인정했다. 나는 동료 간호사가 말하는 모습을 지켜보았다. 그의 입을, 두꺼운 입술을, 살짝 굽은 매부리코를 바라보았다. 그때 그에게서 나던 애프터셰이브 향이 지금도 기억난다. 가끔씩 나와 마주치는 그의 눈은 무척이나 선명한 푸른색이었다.

부부가 상담실을 떠난 후, 우리는 어스름한 저녁 빛을 받으며 말없이 앉아 있었다. 그때 그가 내 손을 잡더니, 자기 입술에 갖다 대고 입을 맞췄다. 그렇게 일순간에 강렬하게 몰려오는 감정에 휩싸인 것은 난생처음이었다. 흥분되면서도 너무나 두려웠다. 나는 사랑에 빠져가고 있었다.

"우린 대화가 아주 잘 통하는 것 같지 않아요?" 그가 말했다.

• • •

나는 E가 무슨 생각을 하고 있는지 좀처럼 알 수 없었다. 그는 양 손가락 끝을 맞대어 세우고 나를 바라보았다. 나는 어항 안의 물고기를 보았다. 다섯 마리가 있었다.

"그 남자와 잤나요?" 그가 물었다.

나는 E의 직설적인 말투에 이미 익숙했다.

"아직이요."

"잘 건가요?"

"네, 이제 그럴 수밖에 없을 것 같아요. 전엔 그렇게 생각 안 했지만요."

"저를 질투하게 만들려고 일부러 그렇게 말하는 것 같다고 하면, 뭐라고 하시겠어요?"

나는 대답하지 않았다.

"지금 충동을 행동화하고 있다는 것 알죠? 어쩌면 그 남자와의 만남은 지금 이 치료실에서 일어나고 있는 뭔가와 관계가 있을지도 몰라요. 직접 대면하거나 상대하고 싶지 않은 어떤 것이겠죠." 그가 말했다.

"그 뭔가는, 진짜가 아니란 말인가요?"

"그런 말은 안 했어요."

"그런 식으로 말했잖아요. 선생님, 저는 지금까지 선생님한테 도움을 많이 받았어요. 이 상담이 아니었으면 제가 의사 일을 이렇게 하지도 못했을 거고, 아마 아무것도 못 했을 거예요. 그렇지만 전 부족해요. 이 이상의 뭔가를 원해요." 나는 책 더미와 사례 노트가 쌓여 있는 우중충한 치료실을 가리키며 말했다.

"알아요."

"모험을 하고 싶어요. 진짜로 사랑에 빠지고 싶어요."

그리고 사랑받고 싶었다.

"지금 이것도 진짜예요. 알잖아요."

나는 그 말을 믿었다. 눈물이 그렁그렁한 눈으로 그를 보며 웃었다. 캄캄한 밤하늘을 배경으로 창에 비친 내 모습이 보였다. 유리창 너머 또 다른 전등, 또 다른 나. 손을 내밀면 잡힐 듯했다.

"어쩌면 그 사람에게도 진짜일지 모르고요. 당신을 위해서, 그 사람이 여자 의사는 취향이 아니길 바랍니다."

E는 무척 매정할 때가 있었다. 뒤틀린 유머 감각이 나와 비슷했다. 그러나 나중에 알게 됐지만, 그의 경고는 옳았다.

그는 꿰뚫어보고 있었다. 나는 가정의 문제를 직면하지 못하고 있었을 뿐 아니라, 심리치료로 인해 일어나고 있는 강렬한 감정 역시 직면하지 못하는 상태였다.

...

몇 주가 지났다. 짧은 시간 동안 내 삶은 완전히 바뀌어버렸다. 1985년의 한여름, 나는 새로 세 든 맨체스터의 아파트에 혼자 앉아 있었다. 저물어가는 저녁 햇살이 유리창에 비스듬하게 비쳐 들었다. 새 오디오에서 색소폰의 즉흥연주가 단조로 흘러나왔다. 오디오는 내가 가져온 TV와 함께 이곳에 놓인 유일한 가구였다. 음악이 내 안의 아픈 무언가를 건드렸다. 나는 어쩌다가 여기 이렇게 혼자 있게 된 걸까. 지나간 모든 일들을 때때로 머릿속에서 재생해보곤 했다. 그 모든 대화와 밀회 속에서 내가 미처 보지 못한 것은 무엇이고 알아채지 못한 것은 무엇이었을까. 어떻게 했어야 지금과 다른 결과가 나올 수 있었을까. 내가 생각한 결과는 이게 아니었다. 처음 이 아파트를 보고는 완벽하다고 생각했다. 그도 마음에 들어 했다. 내 직장 동료, 내가 7년간의 결혼 생활을 결국 끝내고 함께하기로 한 그 남자도. 하지만 그는 살림을 옮기지는 않았다. 집 열쇠를 받은 토요일 저녁, 우리는 기념으로 밖에서 시간을 보내고 들어왔다. 그대로 침대에 함께 쓰러지며 행복에 겨워 눈물을 흘렸다.

그러나 다음 날 아침 분위기는 달랐다. 그는 침대에서 일어나 앉더니 다리를 바닥에 내리고는, 눈을 비비며 광칠한 마룻바닥을 내려다보았다. 무슨 이유인지 내 얼굴을 제대로 보지 못했다.

"못 하겠어요. 나 돌아가야 해요. 아이를 두고 떠날 수가 없어요."

나는 도무지 믿기지가 않았다. 한참 후에야 말이 나왔다. "나랑 살고 싶다면서요… 당신이 그랬잖아요!"

"그랬죠. 그런데 이렇게 괴로울 줄은 몰랐어요." 그가 나를 바라보며, 마치 처음으로 진심을 전한다는 듯한 눈빛으로 말했다. "정말, 너무 미안해요."

"당신 말만 믿은 나는 어떡해요. 지금 여기 있는 나는요. 정말로 믿었는데요." 울음을 터뜨리면서 그의 손을 잡으려고 손을 뻗었다. 그는 내 손을 꼭 잡아주었다. 그러나 이내 옷을 챙겨 입고는 떠났다. 문이 철컹 닫혔다. 나는 혼자였다.

나를 사랑한다는 말을, 정말로 굳게 믿었다.

· · ·

그가 떠난 후 며칠간의 밤과 낮은 최악이었다.

동생 앨런이 전화했다. "엄마한테 얘기했어?"

"아니." 엄마에겐 말하지 않았다. 이유는 나도 알 수 없었다.

"엄마도 아셔." 동생의 목소리에 주저가 느껴졌다. 내게 말해도 되는 건지 확신이 없는 눈치였다.

"뭐라고 하셔?"

"누나가 언제 제 앞가림을 할지 모르겠대."

엄마에게 전화하지 않았다. 그러기엔 기분이 이미 너무 가라앉아 있었다.

짐이 다시 시작할 수 있겠냐고 묻는 편지를 보내왔다. 나도 익숙한 삶의 편안함으로 돌아가고 싶은 마음은 컸지만, 돌아간다는 건 두 사람 모두에게 잘못된 결정이라는 걸 알았다. 나는 내 결혼 생활이 끝났다는 사실을 받아들이고, 그 결정에 따르는 죄책감을 오롯이 감당해야 했다. 그뿐만 아니라, 남편을 잃은 것을 후회하는 마음보다 석 달 동안 만났던 연인을 보고 싶은 마음이 더 큰 내 상태를 인정해야 했다. 그러나 도저히 버티기 힘들 때는 E에게 전화했다. 그는 내가 필요로 할 때 힘이 되어주었다.

몇몇 친구는 소식을 듣고 놀라서 물었다. "그렇게 요리 잘하는 남자를 어떻게 버릴 수 있어?"

그런가 하면 어떤 친구들은 놀랄 게 없다는 반응이었다. "너와 네 남편은 부부라기보다 사업 파트너 비슷하다고 항상 생각했어." 캐서린의 말이었다.

"무슨 말이야?"

"열정이 없잖아."

나도 이제 열정이란 게 뭔지 알았다. 그것은 점심시간을 틈탄 밀회 도중 입술을 빼앗기는 흥분감이었다. 한밤중에 휑한 맨체스터 거리 한복판에서 나누던 작별 인사와 "그만 만나자"는 다짐의 격렬한 아픔이었다. 어느 일요일 오후, 바람 부는 산비탈에서 외치던 "헤어질 거야!"라는 결심이었다. 바닷가에서 보낸 어느 행복했던 주말, 마침내 한 몸이 되는 경험이었다. 그리고 끝으로, 버림받았을 때의 처참한 절망감과 소외감이었다. 나는 어디서부터 잘못된 것일까?

. . .

나는 차를 몰고 스코틀랜드를 향해 달렸다. 과거의 장소로 돌아가고 싶었다. 결혼을 결정하기 전의 과거로, 아버지가 편찮으시기 전의 과거로, 아예 대학에 들어가기 전의 과거로 돌아가고 싶었다. 어딘가에서 길을 잘못 든 것이었으니, 그때로 돌아갈 수만 있다면 제대로 된 길을 다시 찾을 수 있을지 몰랐다.

나는 E의 심리치료 덕분에 어떤 의미에서 다시 시작할 수 있었다. 어떤 기준점에서부터 다시 앞으로 나아갈 수 있었다. 내 환자들에게서도 익히 봐온 과정이었다. 현재의 삶을 다시 살아가기 위해 먼저 과거의 문제를 대면해야 하는 경우가 있다. 그러려면 과거 언젠가 중요한 결정을 내렸던 시점으로 시간을 거슬러 올라가야 할 수도 있다. 인생을 다시 사는 건 불가능하지만, 과거로부터 깨달음을 얻는다면 미래에 대해 더 만족스럽고 정직한 선택을 내릴 수 있다.

나는 내가 찾아갈 기준점이 어디인지 알았다. 에든버러로 올라가기 전 여름, 열여덟 살이던 나는 스코틀랜드를 2주 동안 혼자 여행했다. 그때 지금도 기억 속에 잊히지 않는 황홀한 순간이 있었다. 버스를 타고 해리스섬 동쪽 유스호스텔을 찾아가는 길이었다. 그날은 종일 햇살이 화창했다. 섬의 서쪽을 향해 버스가 언덕길을 내려가니 눈앞에 황량한 바위투성이 평원이 펼쳐졌는데, 저 멀리 수평선이 마치 은색과 하늘색 실을 엮은 다발처럼 빛나고 있었다. 몽환적이던 형체는 어른거리는 무언가로 점점 변해갔다. 해변이었다. 자주색 산들로 둘러싸인, 넓디넓은 흰 모래사장이 보였다.

"다들 내려서 한 5분 산책하고 오시죠." 운전사가 빨간 버스를 모래사장 근처에 세우고는 말했다.

내겐 5분으론 부족했다. 천년만년을 머물러도 부족할 것 같았다. 그곳은 나와 뭔가 통하는 게 있었다.

그 후로 10년이 넘게 지났다. 나이만 먹고 열여덟 때보다 철든 게 없는 내가 다시 찾은 해리스의 흰 모래사장은, 날씨만 빼고 변한 게 거의 없었다. 처음 이틀은 억수같이 내리는 비가 하얗게 회칠한 호텔을 잿빛 안개로 자욱하게 감쌌다. 객실에 앉아 거울 속의 나를 바라보았다. 또다시 야위고 창백해진 나는, 슬픈 큰 눈으로 건너편의 인간을 나무라듯 쏘아보고 있었다.

그러다 3일째, 날이 개고 햇살이 화창했다. 들꽃으로 뒤덮인 초원을 가로질러, 빛바랜 출입문을 지나 해변으로 발길을 향했다. 토끼들이 사방에서 쪼르르 뛰어가며 나를 피해 재빨리 굴속으로 모습을 감췄다. 나는 신발을 벗고, 발가락 사이로 느껴지는 시원하고 촉촉한 모래의 감촉을 만끽했다. 파도 주변을 까치발로 걸었다. 얼음처럼 찬 바닷물이 무수한 다이아몬드처럼 맑게 반짝거렸다. 나는 사람들과의 관계가 어떻게 되건 상관없이, 이곳을 언제나 사랑하리라 확신했다. 나를 언제나 기다리고 있는 이곳은, 과거의 나를 만날 수 있는 장소였다.

이곳엔 결혼과 죽음과 실연을 경험하기 전의 내가 있었다.

생각해보면 그때부터 나는 깨닫기 시작했던 것 같다. 내 모든 결점과 허물까지 있는 그대로 받아들이지 않고서는, 삶을 다시 살아갈 수 없다는 것을. 심리치료사들은 자기애에 대해 이야기한다. 간혹 자기애를 이기심과 같은 것으로 오해하기도 하지만 둘은 다르다. 진부하게 들릴 수도 있겠지만, 진정으로 남을 아껴줄 수 있으려면 자신을 먼저 사랑할 줄 알아야 한다는 말이 백 번 틀리지 않다. 자신만의 장점을 인정하고, 단점을 시인하고 받아들이며, 그 모든 것을 평온하게 바라볼 줄 알아야 한다. 나는 이미 저지른 실수를 반복하지 않으려면 지금까지 살아오면서 해온 선택들에 책임을 져야 한다는 것을 차츰 깨달았다. 그렇다고 해서 잘못된 선택을 더 이상 하지 않는 건 물론 아니었다. 특히 연애에 성급히 빠져드는 문제는 고쳐지지 않았다. 하지만 조금씩 달라질 수 있을 듯했다.

. . .

자신의 망상을 깨달은 사람은, 자기가 믿었던 것이 처음부터 사실이 아니었음을 차츰 실감하고, 자기가 잘못 보거나 오해했다는 것을 인정하기도 한다. 그런가 하면 망상을 고스란히 박제해 과거의 순간 속에 남기는 사람도 있다. 테리사가 그런 경우였다.

"그 사람이 절 사랑했던 건 맞아요. 제가 알아요. 지금은 마음을 바꾼 거고요. 부인 때문이에요. 틀림없어요. 그 여자에게 꽉 잡혀 있는 것 같아요. 어쩔 도리가 없었던 거죠. 가정과 아이들을 잃기는 싫으니까. 그것만 아니면 제게 왔을 거예요."

"그럼 그 집에 이제 안 갈 거예요?"

"네, 지금은 그럴 이유가 없어요. 마음을 바꾼 게 틀림없으니까요. 그렇지만…." 테리사가 말을 멈췄다.

"또 가게 되면 경찰이 출동할 거고 이번엔 고발당할 거예요."

"모르는 일이죠. 그 사람이 마음을 또 바꿀지도." 테리사가 나를 보며 소리 내어 웃었다. "네, 알아요. 저 약 먹어야 되는 거."

나는 그 말을 믿지 않았다.

•••

반대되는 증거를 아무리 많이 접해도 어떤 믿음을 놓지 않는 데는 나름의 이유가 있다. 그게 인간이 실망과 상실에 대처하는 한 방법이고, 생존을 위해 때로는 그래야만 하니까. 나는 내게 찾아왔던 사랑이 진짜였으되 이어갈 수 없는 것이었다고 나 스스로를 납득시켜야 했다. 결국은 지나갈 운명이었다. 내가 살면서 겪은 모든 게 그랬듯. 어느 환자든 치료가 끝나면 나를 떠나갔고, 나도 E를 언젠간 그만 봐야 했다. E에게 받는 치료를 끝낼 생각을 하면 견디기 힘들었다. 그간 E와 쉽지 않았던 대화를 나누면서 삶을 계속할 힘을 얻었으니까. 그는 내 행동에 대해 여러 면에서 옳은 말을 하기도 했다.

그렇게 스코틀랜드 여행에서 돌아와서는, 석양이 비치는 아파트에 음악을 틀어놓고 앉아 내가 잃은 것들을 반추해보았다. 흐느끼다가 곧 깨달았다. 남편을 잃고 연인을 잃었지만, 내가 우는 건 연인 때문도 남편 때문도 아니었다. 이 눈물은 파국 이후로 흘렸던 눈물과는 전혀 달랐다. 내가 사랑했던 사람은, 내가 지금 누구보다 보고 싶은 사람은 따로 있었다. 채 낫지 않았던 상처가 새로운 상실의 아픔 때문에 다시 드러나고 있었다. 5년이라는 시간이 흐른 후에야, 나는 아버지의 죽음을 애통해하고 있었다.

사랑하는 사람을 잃는 것은 괴롭기 짝이 없는 일이다. 하지만 그 괴로움은, 지난날의 결정을 돌아보고 우리 삶의 방향을 바꾸는 계기가 되기도 한다.

외로움

　　나이 서른이 될 무렵 깨달은 게 있었다. 내가 안고 있는 문제를 극복하고 인간관계를 더 잘하려면 먼저 외로움의 공포를 다스려야 한다는 것이었다. 나는 혼자 있는 법을 배워야 했다.

　　저녁 때 집에 혼자 있으면 많이 쓸쓸했다. 친구들과 함께 있고 싶었고, 다들 무엇을 하는지 궁금했다. 친구들은 모두 나보다 훨씬 재미있게 사는 것 같았다. 그러면서도 정작 친구들을 만나면 내가 집에서 하고 싶은 일을 그만큼 하지 못해 짜증이 났다. 혼자 있는 시간이 많았다면 더 많은 것을 배우고 많은 목표를 이룰 수 있을 텐데 하며 아쉬워하기도 했다. 그러나 내게 혼자 있는 시간은 여지없이 찾아올 익숙한 불안과 두려움을 떠안아야 하는 시간이기도 했다. 혼자 잘 지내는 법을 배우려면 어디론가 떠나야 할 것 같았다. 사람 없는 조용한 곳에 틀어박혀서 나 자신을 더 알아가야 할 것 같았다.

　　어느 가을 저녁, 나는 또다시 스코틀랜드에 와 있었다. 스코틀랜드는 내게 세상에서 벗어날 수 있는 피난처였다. 나는 킨타이어반도 서쪽 앞바다의 어느 섬, 낡은 물방앗간 집의 하얗게 회칠한 다락방에 앉아 9월의 희미한 달이 구름 뒤로 숨는 모습을 지켜보았다. 만 위에는 고기잡이배가 떠 있었고 돛대에 달린 등불이 바닷바람에 흔들거렸다. 그 배가 그날 밤 나의 가장 가까운 이웃이었다. 사방이 고요한 가운데, 바위를 찰싹거리는 파도 소리만 창 밑에서 희미하게 들려왔다. 주변 1킬로미터 안에는 사람이 사는 집이 없었다. 낮에 본 바닷가에는 한때 번성했던 마을의 흔적인 듯 까만 돌집이 여러 채 버려져 있었다. 옛날 이곳 주민들은 소박한 돌집에 살며 밭을 일구어 감자를 심고 바다에서 딴 해조류로 거름을 주었다. 험한 땅에서 근근이 생계를 이어가던 그들의 모습은 사라진 지 오래지만 산비탈을 뒤덮은 밭고랑에는 그들이 흘린 땀의 흔적이 아직 생생했다. 지금도 그들이 이곳에 함께 있는 듯한 그 느낌이 나는 싫지 않았다.

. . .

"그 집은 워낙 휑해서 원래 세를 안 주는데." 집주인의 말이었다. "우리 어머니가 살던 집이었어요. 우리 형제도 다 거기서 컸고요. 샤워 시설과 화장실은 밖으로 나가야 있어요. 축사 안에 만들어놨어요."

화창한 오후 산에 올라 정상에서 내려다보니 해변가에 버려진 물방앗간이 눈에 들어왔고, 나는 그 집을 보자마자 거기에서 지내야겠다고 결심했다. 예스러운 세간의 이 외딴집 안에 앉으면, 가슴을 후벼 파던 외로움이 그리 아프게 느껴지지 않았다. 체크무늬 담요를 어깨에 둘러 몸을 훈훈하게 만들고, 침대에 앉아 노트를 폈다. 이곳의 인상에 대해, 그리고 지난 몇 달 동안 있었던 일들에 대해 생각과 느낌을 적어나갔다.

나는 짐과 헤어진 후 맨체스터에 집을 구해 살고 있었다. 현기증 나는 계단이 딸린 붉은 벽돌 연립주택의 방 세 개짜리 집이었고, 병원의 내 진료실까지 걸어서 5분 거리였다. 밤에 침실 창문을 열어놓으면 출입구 차단기가 삐걱거리면서 구급차들이 병원 문을 나서는 소리가 들렸다. 집 뒤에는 담이 쳐진 작은 뜰이 있었는데, 한구석에 큰 인동초 관목이 심어져 있어서 저녁 공기가 강한 향기로 물들었다. 그 집에서 나는 난생처음 완벽히 혼자 살게 되었다. 그때까지 살면서 처음 해본 경험이었다.

...

그 무렵 나는 박사 논문을 쓰기 위해 연구 중이었다. 연구 목적은 정신과 의사들에게 커뮤니케이션 기술을 가르치면 환자의 치료에 도움이 되는지 알아보는 것이었다.

연구 때문에 그해 여름 인터뷰한 사람 중 뇌리에 강하게 남는 여성이 있었다. 스코틀랜드 해변의 질퍽이는 초원을 거닐며 그녀 생각을 했다. 그 얼굴이 아직도 눈에 선하다. 그녀도 풍광이 아름다운 옛 땅에서 살았지만, 더없이 불행했다. 혼자가 아니었지만, 이루 말할 수 없이 외로웠다.

제니퍼가 사는 곳은 더비셔주의 벽촌이었다. 나는 맨체스터에서 차를 몰고 그곳을 찾아가면서, 이렇게 외진 곳에서 이 눈부신 평온함과 고즈넉함 속에 산다는 것은 어떤 느낌일까 상상해보았다. 내 미니*를 살살 몰며, 도시에서 찾아온 불청객을 쪽창으로 감시하는 듯한 오래된 돌집 마을을 지나갔다. 마침내 아늑한 산기슭에 이르니, 강가에 자리 잡은 커다란 농가 건물이 보였다.

...

가냘픈 체구의 젊은 여자가 문을 열어주는데, 눈물을 꾹 참는 듯한 표정이었다. 옆방에서는 자지러지는 아기 울음소리가 들려왔다.

제니퍼는 내 질문에 대답하면서 가슴을 손마디로 연신 문질렀다. 어찌나 세게 짓누르는지 저러다 멍이 들지 않을까 싶었다. 연분홍색 스웨터의 한쪽 어깨에는 말라붙은 토사물 얼룩이 있었다. 깔끔한 옷차림에서 유독 튀어 보이는 그 사소한 흠이 무척 흥미로웠다. 그녀는 전혀 농부의 아내처럼 보이지 않았다. 몸에 붙는 검은색 바지를 입고 커다란 링 귀걸이를 했는데, 화장은 하지 않았다. 그런 옷차림이라면 파운데이션, 립스틱, 아이섀도에 마스카라, 블러셔도 해야 할 듯했지만, 그녀의 얼굴은 창백하다 못해 거의 납빛이었다. 분홍색 머리띠로 머리를 뒤로 넘겼고, 세련된 도시에 더 어울릴 듯한 옷차림 위에 주름 장식이 달린 앞치마를 걸쳤다. 아장거리며 턱에서 침을 흘리는 여자아이가 앞치마에 한 손으로 매달렸다. 다른 손 엄지는 입 속에 넣은 채, 큰 갈색 눈으로 나를 보았다. 내가 방긋 웃어주었다. 거의 동시에 엄마가 아이를 앞치마에서 떼어냈고, 아이는 울음을 터뜨렸다. 입 안엔 앞니가 네 개 나 있었다.

제니퍼는 아이를 달래는 시늉도 하지 않고 그냥 밀어냈다. 피곤해 보이는 눈빛으로 싱크대에 쌓인 설거짓거리를 훑어보았다. 설거짓거리를

●　　영국의 국민차 격이었던 소형차의 상표명.

제외하면 조리대는 온통 광을 낸 듯 반짝반짝 깨끗했다. 인테리어 잡지 한 페이지에서 튀어나온 듯한, 우리 엄마가 꿈꿨을 만한 주방이었다.

"남편을 사랑하지 않는다거나 하는 건 아니에요. 사랑해요, 정말로요. 훌륭한 남자예요. 그런데 제가 이곳을 견디지 못하겠어요." 마치 벽에 대고 혼잣말하는 것 같았다. 남편의 식사를 차리면서 벽에 대고 혼잣말하는 일인극 〈셜리 밸런타인〉의 주인공처럼. 다만 배경이 도시가 아니라 시골이었다.

"죄송한데 잠깐만 기다리시겠어요? 다른 아이를 좀 봐줘야 해서요."

"그럼 좀 쉬었다 할까요?"

"차 한잔 드실래요?"

"네, 좋지요. 여기서 얼마나 사셨어요?"

"4년 3개월이요. 결혼하고서부터 죽. 제가 농사꾼 아내처럼 안 보이는 거 알아요." 그녀는 주전자에 수돗물을 채우고는, 축사와 낡은 트랙터, 건초더미가 놓인 창밖을 응시했다. 고개를 한쪽으로 돌린 모습이, 마치 내 눈에는 안 보이는 뭔가를 보고 있는 듯했다. "전 홍보 쪽에서 일했어요." 그녀가 나를 보며 입으로만 웃음을 지어 보였다.

"많이 바쁘셨을 것 같네요."

"네, 일하는 게 많이 재미있었어요. 그때가 그리워요."

"남편은 어떻게 만나셨어요?"

그녀의 눈빛이 부드러워졌다. "농업 박람회에서 만났어요. 그이가 주최자였고 저는 후원사 직원이었어요. 저한테 도와줘서 고맙다고 꽃을 사주더라고요. 백장미였어요. 제가 제일 좋아하는 꽃."

그녀가 아이를 챙기러 자리를 떴다. 나는 운명이란 얼마나 얄궂은가 하는 생각을 했다. 우연한 계기로 만난 두 사람이 서로를 알아가기로 마음먹고, 계속 함께 지내기로, 결혼까지 하기로 결심한다. 하지만 앞으로 30년, 40년을 살면서 맞닥뜨릴 문제들을 다 잘 풀 수 있을 만큼 서로 말이 잘 통할 것이라고, 정말 믿고 그렇게들 하는 걸까?

"여긴 정말 조용해요." 그녀가 돌아와서 말을 이었다. "남편은 이해 못 해요. 자기는 이 동네밖에 모르거든요. 가족 대대로 여기서 살았으니까요. 하지만…."

그녀가 일어나서 차를 만들고 찻잔 두 개를 테이블로 가져왔다. 우리는 인터뷰를 계속 이어나갔다. 질문은 대부분 기분과 관련된 것으로, 우울이나 불안 증상이 있는지, 기력 수준은 어떤지, 잠은 잘 자는지, 사는 낙이 있는지 등이었다.

"여쭤봐야 할 게 하나 더 있어요. 제가 누구한테나 꼭 하는 질문이에요." 그건 사실이었다. "살아갈 이유가 없다고 생각해본 적이 있나요?"

주방 벽시계가 재깍거렸다.

"이것도 적으실 건가요?" 그녀가 물었다.

"아니요, 적지 않을게요."

우리는 눈길을 주고받았다.

"하지만 처음에 말씀드린 것처럼, 피면담자의 안전에 우려할 만한 점이 있으면 저는 의사에게 알릴 의무가 있어요." 그리고 그녀를 절망감 속으로 몰아넣는 아이들의 안전을 위해. 내 추측이었지만 말은 하지 않았다.

"자살하고 싶은 생각이 든다고 말하면 어떻게 되나요?"

"그런 생각이 드세요?"

"모르겠어요. 아마도요."

"그 생각을 최근 두어 주 동안 얼마나 자주 했어요?"

"글쎄요… 거의 날마다요."

"의사에게는 말했나요?"

"아니요, 의사에겐 말 못 해요."

"누구한테든 말한 적이 있나요?"

"아니요."

"실제 행동으로 옮겨본 적 있나요?"

"모르겠어요… 그다지요."

"계획을 세운 적은 있나요?"

"아니요."

"그러지 않은 이유는 뭔가요?"

중요한 질문이었다. 그 대답을 들어봐야만 최소한 당분간이라도 피면 담자가 안전할 것인지 여부를 판단할 수 있다.

그녀는 우는 아이가 있는 방 쪽으로 고개를 숙이고 얼굴을 돌려 내게서 표정을 감췄다. 그러고는 흐느끼면서 말했다.

"이 아이를… 이 아이를 정말로 사랑하고 싶거든요. 그런데 아무 마음이 안 느껴져요. 무슨 말인지 아세요?" 그녀는 앞치마를 마치 찢어버리기라도 할 듯 세게 움켜잡았다.

내가 고개를 끄덕였다.

"아이가 없어진다고 해도 전 상관없을 것 같아요. 오해하진 마세요. 아이를 다치게 할 마음은 전혀 없어요. 그런데 사람들이 다들 저보고 복 받았다고 계속 그래요. 남편 잘 만났지, 예쁜 아기 있지. 그리고 이 애도." 그녀는 카펫에 앉아 우리를 쳐다보고 있는 아이를 가리켰다. "젖니도 나고 밤에 잠을 못 자게 하는데, 그런 게 다 아무 느낌이 없어요. 무슨 의미가 있는지 모르겠어요. 마음에 아무 감각이 없어요. 그렇지만… 그렇다고 어떻게 하진 않을 거예요, 안 해요.”

어떤 상태인지 나도 안다고 말해주고 싶었다. 마음이 온통 무감각하고 죽어 있는 상태가 어떤 느낌인지. 나도 아버지가 돌아가시고 나서 경험했으니까. 무슨 뜻인지 알았지만 말은 하지 않았다. 우리는 그저 말없이 서로를 바라보았다. 서로 말로는 다 하지 못하는 이야기를 침묵으로 나누고 있었다.

그때 문이 벌컥 열리며 정적을 깼다. 금발의 키 큰 남자가 농장 냄새를 풍기며 들어왔다. 두 사람을 지켜보고 있으니 그녀의 스토리가 내 나름대로 이해되기 시작했다.

그가 성큼성큼 다가오더니 큰 팔로 그녀의 어깨를 거칠게 안았다.

“손님 오셨네. 누구신가?” 그가 나를 가리키며 말했다.

깔끔히 면도한 긴 얼굴. 딸아이가 물려받은, 무척이나 선명한 갈색 눈. 매력을 알 만했다. 그리고 아내를 사랑하는 게 보였다.

“의사 선생님이야. 내가 오신다고 했잖아, 생각 안 나? 무슨 외과 연구하신다고.” 아내가 남편을 밀어내자 남편의 얼굴이 잠깐 어두워지는 게 보였다.

“내가 장화 신고 여기 들어오지 말라고 그랬지! 바닥이 계속 더러워지잖아. 애가 다 만지고 입에 넣는다고.” 아내가 남편을 나무랐다.

“미안해, 자기.”

그가 겸연쩍은 얼굴로 나를 보며 웃었다. “그럼 우리 집사람 얼굴 좀 펴게 해주실 수 있나요? 요즘 어찌나 성질을 내는지 말이에요, 그치, 자기?”

“시끄러워. 가서 신발이나 어서 갈아 신으세요, 좀.”

“네, 네.” 그가 조리기 옆 의자에 앉아 장화를 벗는다.

"제가 지금 하고 있는 연구가…." 내가 운을 뗐다.

"우리 아기 때문이야. 내가 아기 데리고 외과에 갔었거든." 그녀가 나를 보며 말했다. 큰 몸짓과 높아진 목소리로, 우리가 나눈 대화에 대해 남편에게는 아무 말도 하지 말라고 요구하고 있었다. 물론 나도 말할 생각이 없었다. 남편이 나를 보며 미간을 찌푸렸다. 이미 눈치채고 아는 듯한 표정이었는데, 확실히는 알 수 없었다.

"요즘 당신 기분은 말씀드렸어?" 그가 아내에게 물었다.

"아니, 그럴 시간 없었어."

남편은 답답한 표정이었다.

그녀가 테이블에 앉았는데, 눈물이 금방 또 터질 것 같은 얼굴이었다. 내가 자리를 떠야 할 때임을 직감했다.

"이제 가봐야겠네요. 말씀 드린 대로 세 달 후에 설문지 하나를 또 보내드릴 테니까 작성해주시면 끝이에요. 아시겠죠?"

그녀가 가라고 손짓했다. "네, 네, 알았어요." 어서 나를 보내고 싶은 게 분명했다.

집 안 분위기는 이미 바뀌어 있었다. 두 사람 사이에 고조되는 긴장감이 느껴졌다. 강아지 같은 매력과 순박한 애정으로 아내를 대하는 남편을, 그녀는 말없는 원망으로 소외시키고 있었다.

제니퍼의 우울 증세는 첫 아이를 낳은 후에 나타났다. 산후우울증은 호르몬 때문에 유발될 수 있고, 특히 출산 후 첫 몇 시간이나 며칠 내에 일어나는 경우는 호르몬 때문일 가능성이 높다. 하지만 나는 사회적 요인과 관련된 경우가 가장 많다고 생각한다. 분만 과정에서 받은 스트레스, 남편과 가족의 지지 부족, 어머니로서의 역할 수행과 그에 따른 온갖 변화에 대한 실망 등이 모두 이유가 될 수 있다. 사람들은 아이를 낳아 키운다는 것에 대해 여러 가지 기대를 품지만, 그 기대는 결코 모두 충족될 수 없다. 아이를 낳았다고 해서 결혼 생활에 내재되어 있던 문제가 해결되지는 않으며, 잠시 뒤로 미루어진다 해도 결국 좀 더 나중에 부각될 뿐이다. 아이를 낳아 키운다는 것은 인생에서 대단히 큰 사건이다. 제니퍼는 우울증에서 완전히 회복되지 않은 상태에서 다시 임신을 했기에 문제가 더 심각해졌다. 하지만 그녀의 진짜 문제이자 회복을 막고 있는 요인은, 이전에 알던 세상으로부터 철저히 고립되었다는 느낌이었다. 그녀는 3개월 후에 설문지를 작성했을 때도 기분이 전혀 나아지지 않은 상태였다. 상황이 전혀 바뀌지 않았기 때문일 듯하나, 확실히 알 길은 없다. 사회학자 조지 브라운George Brown이 방대한 연구를 통해 보인 바 있듯이, 5세 이하의 어린아이를 키우고 가사 외에 직업이 없으며 감정을 공유할 절친한 친구가 없는 여성은 우울증에 걸릴 가능성이 높다. 제니퍼도 그런 경우였다. 대화가 절실히 필요한 상태였지만, 자신의 괴로움을 차마 털어놓지 못하는 듯했다.

...

내 머릿속에 남은 그 부부의 마지막 기억은 아내가 싱크대에 서 있고 남편이 조리기 옆에 앉아 깨끗한 실내화를 신는 모습이다. 부부의 그 후 소식이 궁금하다. 오래전 자신들을 엮어주었던 공감의 불꽃을 과연 되찾았을까? 아니면 여전히 함께이면서 따로, 각자의 삶을 계속 살아가고 있을까?

한 이불을 덮고 자는 짝과 속 이야기를 터놓지 못하고 사는 사람은 너무나 많다. 외로움은 두렵지만, 그렇게 가까이 붙어 지내는 상대와 그날그날의 소망과 두려움을 나누지 못하니 더없이 외로울 수밖에 없다. 그럼에도 경제적 이유 등으로 갈라서지 못하는 경우도 많고, 한쪽의 거부로 전문가의 도움을 함께 받지 못하는 경우도 많다. 그래서 이도 저도 아닌, 정서적 교착 상태로 살아간다.

제니퍼와 나눴던 대화가 내 뇌리에 남은 이유를 알 것 같았다. 그 집 주방에 감돌던 그 억눌린 불만과 좌절된 소망의 기류가, 바로 내 어릴 적 부모님의 결혼 생활 모습과 어딘지 닮았기 때문이었다. 아버지가 돌아가신 후 내 결혼 생활의 부족한 점을 직시하지 못했던 건 외로움에 대한 두려움 때문이었다는 사실도 차츰 깨달았다. 내 삶도 정서적으로 '보류된' 상태였던 것이다. 미래가 뒤로 미루어진 상태였다.

나는 물방앗간 집 옆 바위에 앉아 풍경을 바라보며 제니퍼를 생각했다. 바람에 이는 파도의 물보라, 바다 건너편에 수면과 맞닿아 있는 자줏빛 산들. 넋을 빼앗길 만큼 아름다운 풍경이었다. 나는 외로움의 아픔이 어떤 것인지 안다. 그것은 남은 평생을 혼자 살게 되리라는 두려움이었다. 아침에 옆에서 자는 연인의 따뜻한 체온을 느끼며 눈을 뜰 일이 없게 되리라는 두려움이었다. 이제 저녁 식탁에서 내가 정치인들이 의료제도를 개악하고 있다고 불만을 터뜨릴 때 공감해줄 사람도, 나를 안아주면서 일 이야기는 그만하고 어서 식기 전에 먹으라고 말해주는 사람도 없으리라는 두려움이었다. 고독사가 두려웠다. 혼자 사는 할머니가 집 주방에서 몇 주 만에 발견되었는데 '자연사'한 것으로 보이지만 배고픈 고양이들이 물어뜯어서 정확한 사망 원인은 알 수 없다는 따위의 이야기가 남 이야기가 아닐 것 같았다.

내 환자들이 많이 그랬듯, 나도 세상으로부터 고립되고 단절될까 봐 두려웠다. 고립, 외로움, 우울은 서로 밀접한 관련이 있다. 사람들과 떨어지면 그로 인해 우울해질 수 있고 회복 또한 더뎌질 수 있다. 문제는 우울해지면 남들과 대화하기도, 함께 있기도 힘들고 남들을 믿지도 못하니 스스로를 적극적으로 고립시키곤 한다는 것이다. 그 결과 고립이 심해지고 그에 따라 기분이 더 가라앉는 악순환이 일어난다. 이럴 때는 단순히 사람을 다시 만나는 것이 꼭 해결책이라고도 볼 수 없다. 천성이 사교적인 사람은 다시 사람을 만나고 싶은 마음이 상대적으로 크지만, 내향적인 사람은 상호작용 과다로 인한 스트레스에서 회복하려면 혼자 있는 시간이 필요할 수도 있다. 내 경우도 물론 후자 쪽이다. 우울한 사람은 세상 속에 나가 남들과 어울린다는 것에 대단히 양면적인 감정을 갖기 쉽다.

숙소 밖에 앉아 주변 경관을 응시하면서, 혼자라는 두려움과 맞닥뜨릴 방법을 조금씩 알 것 같았다. 그 두려움을 어떻게 끌어안고, 견뎌내고, 이해해야 할지 조금씩 깨달았다. 글을 읽거나 쓰거나 창작하는 등의 활동을 하려면 꼭 혼자 시간을 보내야 하는 사람이 많다. 앤서니 스토는 『고독의 위로』라는 책에서 창작을 하는 사람이건 아니건 혼자 있는 능력이야말로 그 사람의 성숙도를 보여주는 징표이며, 모든 사람이 인간관계를 훌륭하게 영위해야만 삶에서 행복을 얻을 수 있는 것은 아니라는 이야기를 했다.

불교의 사상과 수행에서 유래한 '마음챙김'이라는 개념이 있다. 마음을 활짝 열고 우리 내면의 자아를 좀 더 잘 알기 위해, 괴로운 생각을 억누르려 하지 말고 그대로 관찰하면서 현재에 집중하는 것이다. 그 당시 나는 마음챙김에 대해 전혀 알지 못했지만, 이곳에서 생활하면서 그날그날 반복되는 일과에 집중하다 보니—내가 먹을 음식을 만들고, 3킬로미터 거리의 가게를 걸어서 다녀오고, 창가 책상에 앉아 독서하고 글 쓰고, 바다 풍경을 스케치하고 하면서—나도 모르게 마음챙김 기법을 실천하고 있었다. 그리고 그 과정에서, 혼자라는 게 사실 그렇게 나쁘지 않다는 걸 깨달았다.

많은 사람이 외로움을 두려워한다. 누구나 정도의 차이는 있을지언정 남들과 어울리면서 감정을 나누고 걱정과 근심을 털어놓고자 하는 욕구가 있다. 그러지 못한다면 제니퍼처럼 우울해지고, 또 우울에서 벗어나지 못하게 된다. 하지만 나는 고독이라는 것 역시 끌어안을 수 있고, 심지어 즐길 수도 있다고 생각한다. '자기 자신과 함께하는' 법을 배운다면 가능하다. 그렇게 함으로써 세상 속에서 내가 어떤 사람인지, 또 내가 남들에게 무엇을 줄 수 있는지 더 잘 알 수 있다. 우리는 친밀과 고독 사이에서 누구나 각자의 이상적인 균형점을 찾아내야만 한다.

신뢰

심리치료는 유료건 무료건 환자가 치료자를 어느 정도 신뢰하지 않고서는 진정한 치료와 변화를 기대할 수 없다. 이를 위해 치료자는 환자가 치료에 두려움을 느끼는지 살피며 환자를 대화에 끌어들이려고 노력할 필요가 있다. 환자에 따라서는 타인을 신뢰하는 법부터 다시 배워야 하는 경우도 있다. 충격적인 상실을 겪고 우울증에 빠진 환자들이 특히 그렇다. 그런 사람들은 상실의 아픔을 또 겪고 싶지 않아 위험을 감수하는 것을 두려워한다. 한편, 의지가 되지 않는 부모 밑에서 자랐거나 어릴 때 부모를 잃어서 유년기를 매우 힘들게 보낸 사람이라면 일생 동안 타인과 신뢰 관계를 맺어본 경험이 없을 수도 있다. 그런 사람들은 치료 과정이 훨씬 더디게, 누군가와 가까워진다는 것에 대한 주저와 두려움 속에서 진행되기 마련이다.

. . .

앤은 심리치료과 접수처에서 나를 기다리고 있었다. 나는 여전히 매주 한 번씩 그곳에 가서 치료 수련을 받고 있었다. 그녀는 20대 초반의 대학생이었다. 이미 내 지도교수를 만난 후 나를 만나보는 데 동의했지만, 상담에 전혀 관심이 없어 보였다. 적어도 겉으로 보기엔 그랬다. 인사를 나누고, 건물 뒤뜰이 내려다보이는 작은 방에 같이 들어갔다. 의자를 정면이 아닌 비스듬한 각도로 마주 보게 놓고 앉았다.

대화를 시작하기 위해, 그녀가 말을 하게끔 유도했다. "여기 찾아오신 이유를 제가 어느 정도는 들어서 알고 있어요. 그렇지만 직접 좀 더 자세히 말씀해주시면 좋을 것 같아요."

"뭐 그러든지요." 그렇게 처음부터 냉랭하게 나올 줄은 몰랐다. 우리의 첫 만남이 자신에게 별 의미가 없다는 듯한 반응이었다. 하지만 그 정도에 기가 꺾일 내가 아니었다.

"네."

나는 정적을 굳이 메우지 않았고, 그녀는 시간이 가면서 조금씩 정적을 메워나가기 시작했다. 처음엔 일상 속의 이런저런 사건을 단조로운 톤으로 이야기했는데, 말의 내용과 가슴속 감정이 따로 노는 것 같았다. 대화가 진짜 문제에 다가가지 못하고 겉도는 느낌이었다. 그녀는 거의 줄곧 자기 핸드백 끈을 내려다보았다. 끈을 손가락에 칭칭 감은 모습이 마치 여차하면 핸드백을 들고 자리를 뜨려는 것 같았다.

그러다가 그녀가 갑자기 말했다. "그런데 제가 먼저 확인 좀 해야겠어요. 이거 다 누구한테 말할 거예요? 제 의료 기록에 무슨 내용이 남나요? 누가 읽어보나요?"

그녀는 나를 똑바로 쳐다보았다. 한편으로 보면 비밀 유지에 관해 마땅히 할 만한 질문을 하는 것이었다. 극히 사적인 내용을 자기 주치의에게 필요 이상 자세하게 적어 보내는 것은 원치 않았을 테니까. 그리고 그

것이 아버지와의 힘들고도 괴로웠던 관계와 관련이 있다는 것은 들어서
알고 있었다. 하지만 뭔가 또 다른 것이 있지 않나 하는 의심이 들었다.

"네, 잘 물어보셨어요. 제가 앤 씨의 주치의에게 기록을 써서 보내
는 건 맞는데, 주치의가 꼭 알아야 하는 최소한의 정보만 보내요. 그런
데…." 나는 침을 꿀꺽 삼키고, 그 순간 우리 사이에 벌어지고 있던 상황
에 대해 직감적인 추측을 던졌다. "혹시… 그 말은 제가 정말 믿을 만한
사람인지 잘 모르겠다는 말일까요?"

...

나는 아직 E에게 내 심리치료를 받고 있었다. 그리고 이제는 그를 완
전히 신뢰하고 있었다.

"그럼, 위험을 감수할 거예요? 사귀어볼 건가요?" 우리는 내가 연애
를 새로 시작하게 될 것인가 하는 주제를 이야기하고 있었다.

"아니요, 그 모든 걸 또 겪고 싶진 않아요. 아직은요. 그 사람한테도
천천히 생각해보자고 했어요."

E는 씩 웃으며 자기 손을 내려다보았다. 나를 놀리는 것 같아 마음에
들지 않았다.

"확실해요?" 그가 물었다.

"전 아직 위험을 감수할 준비가 되지 않은 것 같아요."

스코틀랜드 여행에서 돌아온 지 얼마 안 되었을 때였다. 내 미니의 헤
드라이트 전구를 빼려고 끙끙대고 있는데 지나가던 남자가 나를 불렀
다. 전에도 본 적이 있는, 몇 집 건너에 사는 남자였다. 최근에 이사를 왔
는데, 여자 친구나 아내쯤 되어 보이는 여자와 함께 살았다.

"키우는 고양이들이에요?" 그가 웃으면서 물었다. 내가 키우는 덩치 큰 얼룩무늬 수고양이 샘이 그의 차 보닛 위에 앉아 엔진의 온기를 만끽하고 있었고, 남매간인 암고양이 수지는 그 근처를 서성거리고 있었다. 샘은 우리 새 이웃의 환심을 사려는 듯했다.

"네, 맞아요. 고양이 좋아하세요?" 꼭 알고 싶어서 물은 것은 아니었다. 그가 내가 키우는 고양이들인지 꼭 알고 싶어서 물은 게 아닌 것처럼. 대화를 시작하기 위해 하는 인삿말들이었다.

• • •

우리는 몇 달 동안 처음엔 이웃으로, 그다음은 친구로 서로를 알아가다가, 이제는 꾸준히 만나는 사이가 되었다. 고양이를 좋아하는 남자, 아니 정확히 말해 고양이가 좋아하는 남자의 이름은 존이었다. 알고 보니 같이 사는 여자는 아내도 여자 친구도 아닌 여동생이었다.

• • •

"그럼 아무 특별할 게 없는 관계네요." E는 눈을 치켜뜨고는 자기 특유의 의아하다는 듯한 표정을 지었다. 내 말을 못 믿겠다는 것이다.

"그렇다니까요!"

내 말이 거짓말인 것을 나도 알고 있었다. 고양이가 좋아하는 남자는 결국 내 친구이자 연인이 되었다.

• • •

E는 내 인생에서 일종의 안전망 구실을 변함없이 해주었고, 나는 그가 내가 필요로 하는 한 언제까지나 힘이 되어줄 줄 알았다. 하지만 나는 인생의 다음 단계로 넘어가야 할 때가 언젠가 오리라는 것도 알고 있었다. 언젠가는 '집을 떠나야' 했으니까. 몸뿐 아니라 마음도 내 부모와 분리되어야 했으니까. 그러던 어느 날 모든 것이 바뀌었다. 나는 E에게 지난 3년 동안 일주일에 한 시간씩, 그가 몸이 아팠던 몇 달간을 빼고는 한 번도 쉬지 않고 상담을 받아왔다. 그런데 그가 갑자기 사라져버렸다.

그의 비서가 내게 전화해 상담 약속을 취소하면서, 그의 부재 사유는 말하지 않았다. "예약을 새로 잡아서 우편으로 통보해드릴게요. 다른 선생님이 대신 맡아주실 거예요."

하지만 그 후로 아무 연락이 오지 않았다. 다른 사람에게는 상담받고 싶은 마음도 없었다.

"E가 우울증으로 쉬고 있대요. 선생님도 들으셨어요?" 누군가가 어느 회의 자리에서 말했다.

아무도 내가 그에게 상담을 받았다는 사실은 몰랐다. 나는 그와 아무런 관계가 없는 사람이었다.

그의 비서에게 다시 전화했다. "E 선생님 이제 여기서 일 안 하시거든요." 비서는 쌀쌀맞은 목소리로 귀찮다는 듯이 말했다. "자세한 이야기는 해드릴 수가 없어요." 충격이 이만저만이 아니었지만, 내가 따로 할 수 있는 일은 아무것도 없었다. 그전에 너무나 소중한 사람을 잃었을 때처럼, 감정을 내 안의 벽장에 넣어버리고 열쇠를 감췄을 뿐.

다른 치료사를 구할 생각은 하지 않았다. 아무도 E를 대신할 수 없을 것 같았다. 두어 해 동안 존과 점점 더 많은 시간을 함께 지내면서,

내 삶은 일종의 새로운 일과에 정착했다. 그가 내게 매우 소중한 사람이라는 것을 깨닫기 시작했다. 내 커리어는 조용히 차곡차곡 쌓여갔다. 아주 오랜만에 어쩌면 처음으로, 잊을 만하면 또다시 뼈아픈 자책감에 장기간 빠져드는 그런 시기가 내 삶에서 사라진 듯했다. 하지만 시간이 흐르면서, 내 안에서는 절망감이 다시 커지기 시작했다. 그것은 평소에 겪던 기분 침체보다 그 골이 더 깊었다. 과거와 현재 양쪽에 마무리 짓지 못한 일이 있다는 느낌이었다. 그리고 거미 한 마리가 그 둘을 투명한 거미줄로 한데 엮고 있는 것 같은 오싹한 느낌이었다.

인근 도시에 사는, 알고 지내던 심리치료과 고문의에게 연락해 추천을 부탁했고, 평판이 좋은 치료사의 이름을 건네받았다. 내 주치의를 통할 필요는 없었고, 치료사에게 직접 전화해 사설 상담을 예약하면 되었다.

앨런 파커 감독의 영화 〈페임〉에는 주인공 중 한 명이 심리치료를 받으러 가는 장면이 나온다. 엄청난 용기를 내서 문을 열고 들어가 도움을 요청하니, 데스크 직원이 결제를 비자와 마스터 중 어느 카드로 할 것인지 묻는다. 치료자와 환자의 관계가 신용카드 명세서의 항목 하나로 단순화되어버리는 상황, 이것은 나를 늘 불편하게 하는 문제였다. 하지만 치료사들 가운데는 금전적 비용 지불이 치료 과정의 중요한 요소라고 믿는 사람도 많다. 비용을 직접 치르는 일이어야 사람은 더 중요하게 생각하고 열심히 하기 마련이다.

...

앤도 대화를 나누며 정서적으로 더 긴밀해지는 과정에서 돈 이야기를 꺼냈다.

"선생님은 제가 무슨 일을 겪었건 진짜 관심은 없잖아요. 이거 다 돈 주니까 하는 거잖아요." 그녀가 어느 날 갑자기 벌컥 화를 내며 외쳤다. 아주 중요한 발언처럼 들렸다. 내게 한 말이긴 했지만, 꼭 내게만 하는 말은 아닌 듯했다. 자기 삶 속 다른 중요한 사람들과 관련된 감정을 나에게 투사하고 있는 게 아닐까 싶었다.

"돈을 받고 있어서, 앤 씨가 겪는 일에 관심이 없을 거라는 건가요?"

앤이 나를 쏘아보았다. 우리는 노력 끝에 마침내 이른바 '노다지'까지 파내려간 상태였다. 나를 가르친 어느 북미 출신 교수가 쓰던 표현이었다. 노다지란 값비싼 광물이 많이 묻혀 있는 땅이니, 진짜로 중요한 무언가에 다다랐다는 말이었다.

"모르겠어요… 아마도요… 잘 모르겠지만." 그녀가 내 눈길을 피해 창밖을 보았다. 정원의 새로 깎은 잔디밭을 보고 있었다. 깎여나간 잔디 냄새가 상담실 안까지 풍겨 들어왔다. 정원사가 잔디 뭉치를 현관 옆 쓰레기통에 붓고 있었다. 그녀는 그 모습만 뚫어지게 바라볼 뿐 아무 말도 하지 않았다.

"얘기하기가 어려운 주제인 것 같아요." 내가 운을 떼어보았다. 그녀는 나를 보지 않고 고개만 끄덕였다.

5분쯤 지나 내가 시간이 다 됐다고 말했다. 그녀는 "안녕히 계세요" 하고 중얼거리고는 방을 나갔다.

"다음 주에 봐요." 내가 그녀의 뒷모습에 대고 말했다.

• • •

어느 봄날 오후에 새 치료사를 처음 찾아갔다. 15분 일찍 도착해 차 안에 불안한 마음으로 앉았다가 용기를 내어, 약속한 정시에 문에 달린 커다란 쇠고리를 들어 노크했다.

들어서자마자 독특한 냄새가 났다. 희미하게 풍기는 그 냄새는 아마도 바닥에서 올라와 벽에 스며든 습기가 역한 밀랍 광택제와 섞여 나는 냄새 같았다. 이곳은 치료사가 사는 집이었다. 집안 세간이 1920년대로 타임머신을 타고 온 듯했다. 치료사가 입고 있는 말쑥한 스리피스 트위드 정장도 마찬가지였다. 상담실은 석조 연립주택 뒤쪽의 황야가 내려다보이는 방이었다. 특이한 이국적 식물들이 화려한 빅토리아풍 화분에 심겨져 여기저기 놓여 있었다. 야자나무 같은 것들도 있고, 진녹색과 암갈색 융단 같은 잎이 무성한 것들도 있었다. 벽난로 앞에 놓인 변색된 놋쇠 차단막에는 빛바랜 꽃 그림 자수가 붙어 있었다. 고색창연한 전열선 두 개짜리 전기난로가 방 안을 덥히려고 용쓰고 있었다. 내가 앉은 의자는 딱딱하고 울퉁불퉁했다. 치료사는 내 대각선 방향으로 팔걸이의자에 앉았는데, 팔꿈치를 끌어당기고 단정하게 손톱을 다듬은 손으로 깍지를 낀 모습이 마치 기도하는 듯 보였다.

"저는 국립보건원에서 상담심리사로 일하다가 3년 전부터 개인상담을 하고 있습니다." 그가 말했다.

그런 것은 아무래도 괜찮았다. E도 상담심리사였고, 나는 꼭 정신과 의사에게 상담받아야 한다는 생각은 하지 않았다. 어쨌거나 처음에 약속을 잡으려고 전화했을 때 들어서 다 알고 있는 내용이었다.

"그리고 지금은 대학에도 출강하고 있고요."

나는 벽난로의 정교하게 세공된 마호가니 선반 위에 놓인 시계를 흘깃 보았다. 벌써 5분이 지나갔다. 한 시간 회기가 실제로 50분이라면 45

분이 남아 있었다.

"지금 이 첫 평가 상담은 비용이 40파운드입니다." 그가 설명을 계속했다.

밖에서 차에 앉아 있을 때 물어뜯었던 손톱 밑 속살에서 피가 났다. 상처가 쓰라렸다.

"첫 상담을 하고 나서 계속 진행하기로 합의가 되면, 그다음부터는 4주 단위로 선불이고, 시간당 35파운드입니다."

방 안에는 시계 소리만 재깍거렸다.

"그 밖에 또 궁금하신 것이 있으면 지금 물어보시죠."

방 밖에서 괘종시계가 뎅 하고 울려 긴 정적을 깼다. 전기난로는 윙윙거리는 묘한 소리를 냈다. 나는 몸을 좌우로 뒤척거리면서, 손을 따뜻하게 하려고 허벅지 밑에 집어넣었다. 정적이 너무나 불편했다. 치료사가 왜 아무 말을 안 하는 건지? 뭐든 물어보지 않고? 나는 무슨 말부터 해야 할지 알 수 없었다.

"추우세요? 난방을 더 틀게요."

그는 방을 나갔고, 잠시 후 아래층 어딘가에서 펌프 돌아가는 소리가 났다. 곧 내 뒤 라디에이터에서 나지막하게 웅웅거리는 소리가 났다.

"어디서부터 말해야 할지 모르겠어요." 내가 운을 뗐다.

할 수 있는 이야기는 많았지만 그가 잘 이해할지 알 수 없으니 무슨 말도 하기가 어려웠다. 그는 마치 판결을 내리기 직전의 판사처럼 완벽한 부동자세로 앉아 있었다.

"여기에 왜 오셨을까요?" 감정을 드러내지 않으려고 애쓰는 게 보였지만, 목소리에서 느껴지는 조급한 기색을 감출 수는 없었다.

"최근엔 많이 좋아졌어요." 나는 방어적으로 대답했다. 그 말은 사실이 아니었다. "상담을 받아야 하는지 사실 잘 모르겠어요."

"제게 전화를 하셨을 때는 뭔가 이야기하고 싶은 게 있었을 텐데요."

"살면서 여러 가지 일이 있었어요." 내가 깊은 숨을 내쉬었다.

"어떤 일이죠?"

"어렸을 때요. 가정에서… 또 최근에도 있었고요." 속 이야기를 조금 해보기로 마음을 정했다. 어차피 수없이 말해본 대목이기도 했다.

"아버지가 돌아가셨어요. 갑자기요. 아버지와 관련된 여러 가지 문제를 놓고 지난번 치료사와 함께 작업하고 있었는데, 그분이 갑자기 일을 하지 않게 됐고요."

그는 나와 전화 통화할 때 E의 이름은 들어본 적이 있다고 했다. 내가 아버지처럼 의지하기 어려운 타입의 남자에게 휘둘리는 이력을 쌓아왔다는 것은 전문가의 말이 아니더라도 꽤 자명해 보이는 사실이었다. 그런 나로서는 남자들을 믿는 데 어려움이 있는 것도 당연했다. 하지만 이 치료사는 내가 자기를 믿는 데 어려움을 겪는다는 사실을 알아차리지 못한 것 같았다. 행여 알아차렸다 해도 알아차린 기색은 보이지 않았다. 내가 듣고 싶었던 말은 이런 것이었다. "여기 오시기가 쉽지 않았겠어요. 그 많은 과정을 겪고 나서 또 새로운 사람에게 이야기해야 하니까요." 하지만 그런 말은 없었다. 그건 내가 수련생들에게 가르치는 것이기도 하다. 환자가 말을 하기 어려워할 때는, 과정에 대해 코멘트하라. 하지만 이 치료사는 가만히 앉아 나를 바라보기만 했다. 나는 아무 말도 하지 않았다. 내 두려움과 미심쩍음을 그에게 털어놓고 싶지 않았다.

방 밖에서 괘종시계가 또 울렸다. 45분을 알리는 소리였다.

"함께 작업해볼 수 있는 문제들인 것 같습니다. 그런데 시간이 좀 걸리겠네요."

"얼마나요?"

"몇 달 정도요. 아니면 좀 더 걸릴 수도 있고요."

"그럼…." 나는 잠깐 주저했다. 돈 이야기를 하려니 부끄러웠다. 하지만 뭔가를 '책잡혀서' 그가 나중에 내 말이나 행동의 숨은 의미라며 정신분석적으로 해석하여 다시 들려주는 말을 듣고 싶지는 않았다. "지금 상담비를 드릴까요?"

"네, 4주 비용을 수표로 끊어주시면 되겠습니다."

하지만 내가 이걸 진행하고 싶은 게 맞는 걸까? 알 수 없었다.

. . .

앤과 3개월간 상담을 진행했을 무렵이었다. 그녀가 어느 날 갑자기 이렇게 말했다. "저 이제 그만 올래요."

상담은 그동안 어느 정도 진전이 있었다. 아버지와의 힘들고 소원했던 관계에 대해 이야기가 나오기 시작했던 차였다. 아직 말하지 못한 아주 괴로운 사연이 있는 것 같았지만, 나는 조금도 부담을 주고 싶지 않았다.

"이유가 궁금하네요. 혹시…."

그녀가 왈칵 눈물을 터뜨렸다. 작은 체구를 들썩거리며 큰 소리로 흐느꼈다. 떨어지는 눈물에 블라우스가 젖어갔다.

"못 해요… 말하고 싶지 않아요…."

너무나 힘들어해서 나는 본능적으로 몸을 내밀고 손을 뻗었다.

"손 치워! 가까이 오지 마!"

워낙 갑작스럽고 격렬한 반응에 나도 놀랐고 자기도 놀란 듯했다. 우리는 잠깐 동안 말없이 앉아 있었다.

그녀가 입을 열었다. "지금까지 제게 관심 있다고 말한 사람은 전부 다 절 다치게 했어요."

"다치게 했다니… 어떻게요?"

"무슨 말인지 아시잖아요."

한참 시간이 걸렸지만 그녀는 결국 털어놓았다. 거기엔 아버지뿐 아니라 어머니도 관련되어 있었다. 내가 달래주려고 손을 내밀었을 때 공포 반응을 일으킨 것도 그것으로 어느 정도 설명이 되었다. 그녀는 신체적·정서적 학대뿐 아니라 성적 학대도 받았다. 누구보다 의지해야 할 사람인 부모가 무엇과도 비할 수 없이 끔찍한 방식으로 그녀의 믿음을 저버린 것이었다.

"이제 어떻게 하실 거예요?" 그날 상담이 끝날 무렵 그녀가 물었다. "저를 어디에 가두실 거예요? 부모님을 그렇게 이야기하다니 저 미친 걸까요?"

"아니요, 미쳤다고 생각하지 않아요." 내가 말했다. 지금까지 내게 그런 비밀을 털어놓았던 사람들은 누구도 자기 말을 믿지 않으리라는 두려움뿐 아니라, 자신의 누설 행위에 후환이 따르리라는 두려움까지 품고 있는 경우가 많았다.

"이 자리에서 한 이야기는 저만 알고 있을 거예요." 그렇게 말했지만 거기엔 물론 예외가 있었다. 지금 누군가, 특히 어린아이가 앤의 부모에게 위해를 당할 위험이 있는 경우라면 예외가 된다. 나는 숨을 깊이 쉬고 나서 말을 이었다. "하지만 확인해야 할 게 몇 가지 있어요."

• • •

나는 새로 만난 치료사에게 4개월간 상담을 받았다. 비용 지불을 상담 시간 처음에 해야 할지 끝에 해야 할지 늘 확신이 없었다. 수표를 건네는 행위에는 말로 설명하기 힘든 어떤 의미심장함이 깃들어 있었다. 상담을 종결하겠다는 결정은 나 스스로 내린 것이었다. 나는 평소처럼 일찌감치 도착해 차 안에 앉아 있었다. 최근에 물어뜯은 손가락의 상처를 살펴보았다. 문을 열고 들어갈 일이 두려웠다.

한 번 노크하니 그가 문을 열었다. 반가워하는 표정을 잠깐 보이는 듯하다가, 곧 다시 분석가의 모습으로 돌아갔다. 그 분석가에게, 특별한 정체성을 띠지 않는 그 허수아비 같은 존재에게, 나는 내 두려움과 환상을 투사할 것이다. 적어도 정신분석 이론에 따르면 그랬다. 그러면 그는 내게 그것을 해석해주고, 나는 그 해석을 통해 깨달음을 얻는 것이었다. 하지만 무엇을 깨닫게 되는 건지 알 수 없었다. 나는 내가 가진 두려움과 환상을 꽤 잘 알고 있었다. 그런데 그에게 왜 말하지 않았을까? 그에게 전문적 도움을 받으려고 적지 않은 비용까지 지불했는데.

"저 이제 그만 올까 해요." 언덕 너머로 저물어가는 해를 바라보며, 내가 대뜸 말했다.

"이번 달에 비용을 지불하신 회기가 아직 두 번 남았는데요. 정 그러고 싶으시면, 적절한 종결일을 함께 의논해보죠."

"그러고 싶어요." 나는 안도감이 들었다.

"이유를 물어봐도 될까요?"

그는 마음이 상한 듯했다. 목소리가 평소의 차분한 톤에서 한 키 정도 높아져 있었다.

"효과가 없는 것 같아요. 아마 제가 다시 상담을 받을 준비가 안 된 것 같아요. 마음의 준비가 필요한 일이잖아요?"

그가 확연히 안도하는 모습을 보였다. 마음이 상했던 것은 겉모습 뒤의 진짜 그가 아니라, 치료사라는 존재였음을 알 수 있었다. 내가 환자 역할을 연기하고 있던 것처럼, 그도 치료사의 역할을 연기하고 있었다. 그는 자기 삶의 각본과 스스로의 연기에 꽤 만족하고 있는 치료사였다. 3개월 동안 봐왔지만 그 사람이 진짜 어떤 사람인지는 처음이나 지금이나 알 수 없었다. 나는 그의 자존심을 건드린 적이 있었다. 그는 내가 자기 실력을 탐탁지 않아 한다고 생각했다. 그리고 지금 나는 그가 문제가 아니라 내가 문제라고 말해 그에게 연착륙할 길을 내준 것이다.

다만 그 말은 꼭 사실이라고는 할 수 없었다. 내가 그에게서 구매하고 싶었던 것은 그의 경력과 자격사항이 아니었으니까. 나는 무엇보다도, 내가 죽는지 사는지에 그가 관심을 갖는다는 확신을 느끼고 싶었다. 그런 기본적인 인간적 신뢰가 없는 상태에서 그와의 상담은 잘해야 의무처럼 느껴질 뿐이었고, 다른 건 다 제치고서라도 비용만큼의 가치가 없었다. 그가 내게 일으킨 감정은 주로 시간을 허비하게 한 데 대한 분노였다. 그보다 더 깊은 수준으로는 전혀 들어가지 못했다. 그렇지만 나는 그에게 어떤 묘하고 역설적인 동정심을 느꼈기에 문제 삼지 않고 가볍게 넘어갔다. 그는 자신이 훈련받은 일을, 무의식적으로 멀찌감치 거리를 두고 수행했다. 자기 할 일을 했지만 거기엔 진정한 책임감도 열정도 없었다. 진정한 신뢰와 관심이란 거짓으로 흉내 낼 수도 없고, 돈으로 살 수도 없다. 심리치료에서건 인생에서건 마찬가지다.

• • •

나는 앤을 1년 가까이 매주 만났다. 그녀는 그간 겪었던 끔찍한 일들을 차츰 자세히 털어놓았다. 경찰에 신고하고 싶은지 물었으나 그러고 싶지 않다고 했다. 그 집에는 다른 아이가 없었으므로 관련 복지기관에 알려야 할 이유는 없었다. 비밀 보장 원칙의 예외가 될 수 있어서 그녀에게 확인을 받아야 했던 부분이었다.

"가끔은 선생님이 제 일에 정말로 관심을 가져준다는 느낌이 들어요." 울음을 터뜨리고 몇 주가 지나서 그런 말을 했다. 희망의 문이 열리는 순간이었다.

"네, 맞아요." 진심이었다.

우리는 곧 작별해야 하는 때가 오리라는 것을 알고 있었다. 12개월 이상 상담을 지속하게 될 가능성은 많지 않았다. 내가 진정으로 관심을 갖지 않았다면, 종결 시점이 언제가 된들 대수롭지 않았을 것이고 우리 둘 다 마음이 후련했을 것이다. 하지만 앤은 누군가가 자신이 겪은 일에 관심을 가져주는 경험이 꼭 필요했다. 그러지 못한다면 앞으로 그 어떤 인간관계에도 기대를 갖지 못하고, 자신을 진정으로 아끼는 사람에게도 마음을 내주지 못하는 사람이 될 수도 있었다. 앤은 자기도 누군가를 믿을 수 있다는 마음을 가져볼 필요가 있었다. 자기를 실망시킬 게 뻔한 상대를 번번이 선택하여 자신의 낮은 기대가 옳았음을 확인하려 하는 행동은 이제 그만두어야 했다.

"선생님이 보고 싶을 거예요." 그녀가 말했다.

"저도 앤이 보고 싶을 거예요."

"정말로요?" 그녀가 나를 쳐다보았다. 웃고 있었지만 눈에는 눈물이 맺혀 있었다.

"네, 정말로요. 제 말 믿어요?"

잠깐의 침묵 후에 그녀가 말했다. "네. 믿는 것 같아요."

...

    나 또한 누군가가 내게 관심을 가져주고 있다는 확신이 필요했다. 여전히 때때로 모든 사람을 멀리하고 싶고 나 자신뿐 아니라 내게 다가오는 모든 사람에게 고통을 주고 싶어지는 그 끔찍한 감정들을 다스릴 수 있도록 도와줄 누군가가 필요했다. E에게는 내 영혼의 그 어두운 일면들을 드러내도 안전한 느낌이었고, 존에게도 내 진짜 모습을 조금씩 열어 보이고 있었다. 존은 도망가지 않을 사람이라는 믿음이 생겨나고 있었다. 그는 진정으로 내 성격의 밝은 일면들을 알아주고 어두운 일면들을 포용할 뿐 아니라 존중해주면서, '나'라는 전체를 이루는 다양한 측면들을 인정해줄 수 있을 것 같았다. 마음이 놓이면서도 한편으론 엄청난 모험처럼 느껴졌다. 그도 언젠가는 사라질 수 있으니까.

    심리치료는 그 형태가 무료건 유료건 간에, 치료자와 환자가 긍정적이면서 서로 존중하는 작업 관계를 구축하지 못한다면 효과를 볼 수 없다. 그러한 관계가 없다면 환자가 치료자를 믿고 자기 삶 속에 묻혀 있는 감정의 '노다지'를 이곳저곳 파도록 맡긴다는 것은 결코 불가능하다.

강박

중독, 강박, 의존의 관계는 이해하기 쉽지 않을 때도 있다. 셋 다 우울증과 나름대로 연관이 있지만 증세가 심해지면 그 경계가 모호해지기 때문이다. 다만 내가 그간 임상 경험을 통해 잘 아는 사실은, 많은 사람이 마음의 고통에 무감각해지려고 술이나 기타 약물에 의지한다는 것이다. 그러다가 신체적 금단증상이 나타나는 것을 막으려고 강박적으로 다시 술이나 약물에 취하려고 하는데, 이것이 의존의 전형적인 특징이다.

· · ·

1992년 가을의 어느 쌀쌀한 밤, 형사가 탐문 조사차 나를 찾아왔다. 나는 그때 페나인산맥 지역의 조그마한 석조 연립주택에 존과 함께 살고 있었다.

집으로 찾아온 밀러 경장은 말총머리에 물 빠진 청바지, 황갈색 외투 차림이었지만 말투는 어김없는 경찰이었다.

"일전에 치료하셨던 환자와 관련해 몇 가지 질문 드리려고 왔습니다." 그가 수첩을 보며 말했다. "정확히는 2년 전이고, 이름은 폴 데이비드 앤더슨입니다." 그러고는 외투 주머니에서 갈색 서류 봉투를 꺼냈다. "보면 기억이 나실 것 같아서 당시 약물남용과에서 작성하셨던 기록의 복사본을 가져왔습니다."

나는 난롯가에 앉아 기록지를 넘기며 훑어보았다. 약간 빛이 바랜, 검은색으로 휘갈겨 쓴 내 글씨를 보니, 단 한 번 진료했던 어느 남녀의 기억이 떠올랐다.

내가 서른네 살에 처음 고문의로 일했던 곳은 어느 종합병원이었다. 1970년대에 지어진 노후한 대궐 같은 콘크리트 건물로, 사우스요크셔주의 어느 언덕 꼭대기에 자리 잡고 있었다. 한번은 어느 환자가 쓴웃음을 지으며 수십 킬로미터 밖에서도 보인다고 했는데, 정말 그랬다. 10년간 탄광 폐쇄 문제를 둘러싸고 치열한 대립이 이어진 끝에 1990년 무렵엔 남은 탄광이 몇 곳 되지 않았고, 내가 약물남용과에서 치료하던 환자들 가운데는 폴 앤더슨처럼 광부로 일하다가 실직하고 퇴직금을 술로 탕진해버린 사람이 많았다.

나는 어렵지 않게 폴의 기억을 떠올렸다. 폴은 수요일 오전에 여자 친구 줄리와 함께 진료실에 찾아왔다. 나는 새로 온 환자는 누구와 함께 왔건 우선 단독으로 면담하는 편이었으므로 줄리에게 밖에서 기다려달라고 했지만, 폴은 줄리와 함께 들어가겠다고 고집했다. 줄리는 나를 보며 말없이 고개만 끄덕거렸는데, 그 모습이 마치 '이 사람 말대로 하게 해주세요. 안 그러면 저 혼날 거예요' 하고 말하는 듯했다. 그때가 오전 10시였는데 폴은 이곳에 오는 환자 치고도 상당히 많이 취해 있었다. 내가 대기실로 가면서 들렀던 접수처의 직원도 그가 폭언을 했다고 말했다. 아침에 일어나자마자 손떨림을 잠재우려고 술을 마신 것 같았다. 자기 말로는 지난 몇 달 동안 거의 날마다 그렇게 했다고 했다.

"해장술 좀 했어요." 그가 나와 마주 앉으면서 말했다.

금단증상을 막으려고 아침에 음주하는 습관은 알코올 중독자가 보이는 전형적인 증상 중 하나다. 게다가 그의 눈은 충혈되어 있었고, 머리카락은 떡져 있었으며, 몸에선 역한 단내가 풍겼다. 밥 먹듯 술을 마시는 사람에게서 늘 나는 냄새였다. 이런 남자가 어떻게 여자 친구가 있을까 의아한 생각이 들었는데, 그 순간 그가 길거리의 고아 같은 애처로운 미소를 지었다. 그걸 보니 이해가 갔다.

"담배 좀 피워도 되죠?"

그는 내가 대답하기도 전에 담배 깡통을 주머니에서 꺼내 종이에 한 대를 말기 시작했다. 나는 그 시절 근무를 마치고 집에 오면 옷과 머리카락에 담배 연기가 배어, 술집에 있다 온 듯한 냄새를 풍길 때도 많았다.

풀은 길게 만 종이를 쓱 핥아서 봉하고는 덜덜 떨리는 손으로 불을 붙이느라 한참 애를 먹었다.

"제가 이 꼴이라니까요." 그는 니코틴에 찌든 손가락을 떨면서 나를 가리켰다가 옆에 앉은 줄리를 가리켰다. "제가 이 여자를 얼마나 사랑하고 잘해주는데…."

나는 그의 갑작스러운 기분 변화에 놀랐다. 금방이라도 울 것 같은 표정을 잠깐 지었다가, 등을 뒤로 기대고는 담배를 한 모금 빨았다.

"이렇게 내 뒤통수를 치고 다니면 안 되지. 그걸 똑똑히 알아야 돼요." 어눌한 말투였지만 그전에 없던 날이 서려 있었다. 나는 모골이 오싹해졌다.

"무슨 일이 있었나요?"

"기회만 있으면 다른 놈팽이들을 기웃거린다니까요." 불편한 정적이 흘렀다.

줄리가 웃음소리로 긴장을 깼다. "아니야, 이 바보 멍청아! 도대체 뭘 보고 그런 착각을 하는 거야." 그러고는 그의 팔을 꽉 움켜잡더니 불안한 표정을 지었다. 자기가 말을 잘못했나 걱정하는 듯했다. 그녀는 소녀 티를 벗지 못한 여인이었다. 긴 생머리에 추운 바깥 날씨에 어울리지 않는 얇은 폴리 미니스커트 차림이었다.

여자 친구의 목소리에 폴은 다시 소년의 얼굴로 돌아오더니, 팔을 그녀의 어깨에 다정하게 두르고 꽉 안아주었다. 좀 심할 정도로 꽉 안았다.

그녀는 부끄러움과 은근한 뿌듯함으로 얼굴을 붉히더니 그를 밀쳐내는 시늉을 했다.

내가 잠깐 자리를 비켜달라고 부탁하자 남자 친구가 나와 어느 정도 대화하는 분위기가 된 것을 보고 방을 나갔다. 나는 폴의 보호관찰관에게서 그의 음주 문제를 해결해달라는 의뢰서를 받고, 가능할지에 대한 판단을 일단 보류했다. 나는 숨을 깊이 들이마시고, 요청을 거절하지 않은 것을 후회했다. 진료실 안 공기가 급속히 퀴퀴해지고 있었다.

"여자 친구 때문에 걱정하시는 것 같은데요. 왜 다른 사람을 만난다고 생각하는 거예요?" 내가 물었다.

"친구들하고 외출할 때 옷차림을 보면 알아요. 립스틱도 바르고."

"그게 그렇게 이상한가요? 오늘도 립스틱 발랐던데요."

"남자 만나려고 그러는 거 다 알아요."

"누구요?"

그는 잠깐 입을 다물었다가 버럭 내질렀다. "지금 만나는 남자요."

"다른 남자를 만난다고 어떻게 확신하세요? 여자 친구가 그런 말을 했나요?" 대화가 빙빙 도는 것 같았다. 그의 말은 어딘가 앞뒤가 맞지 않았다.

질문과 대답을 한 차례 더 반복했지만 의심하는 이유는 알 수 없었고, 다만 일상 속에서 일어나는 수많은 일들이 폴의 머릿속에서 언젠가부터 나쁜 쪽으로 해석되고 있는 듯한 의심이 들 뿐이었다. 그에게서 말로 표현할 수 없는 뭔가가 느껴졌다. 경험에서 나온 직감이라 해야 할까. 나는 초조해지기 시작했다.

"자기는 계속 아니라고 하는데 난 안다고요. 만나는 놈이 있다니까요."

"제가 이해가 잘 안 되네요. 어떻게 아는 거죠?"

"새로 산 옷 같은 거 보면 알죠." 그는 이제 애걸하는 목소리였다. 내가 이해를 못 하는 걸 답답해했다.

"새로 산 옷이요?" 내가 보기에 줄리는 따뜻한 옷 한 벌은 꼭 사야할 것 같았다.

"그 이유 하나밖에 없나요?" 조금 더 나가보기로 했다.

그는 내 시선을 피했다. 아무 대답도 하지 않았다.

나는 너무 나갔다는 것을 감지하고 물러섰다. "알았어요, 더 묻지 않을게요. 어떻게든 도움을 드리려고 그러는 건데, 꼭 말하지는 않으셔도 돼요."

그는 답답해 죽겠다는 표정으로 나를 쳐다보았다. 그런데 이제는 눈에 눈물이 그렁그렁했다. "말 못 해요! 창피스러워서."

"전 웬만해선 충격 안 받아요."

그는 이내 깊은 한숨을 쉬고 어깨를 늘어뜨렸다. "아 제기랄! 제가 이제 서질 않는다고요. 그러니 어디 딴 데서 하겠지요. 틀림없어요. 걔 눈을 보면 알아요. 틀림없이 하고 있어요." 두 손가락을 나를 향해 찌르듯 내밀면서 말했다. 나는 의자를 뒤로 물렀다.

"저희가 도움을 드릴 수도 있어요." 물론 술을 줄이지 않으면 가망이 없었다.

"제기랄, 돕긴 뭘 도와요. 벌써 떠나가 버렸는데." 그가 갈라지는 목소리로 나를 보며 말했다. 그러고는 이렇게 덧붙였다. "나 싫은 건 알겠는데 그 자식한테 가게 놔두진 않을 거예요."

복도에 다 들릴 정도로 큰 소리로 말했다. 내 진료실은 벽이 얇았다. 옆 상담실에서 누가 웃는 소리가 들렸다.

폴은 누가 듣고 있는지 살피듯 수상쩍은 표정으로 고개를 두리번거리더니, 말을 계속했다. "가끔은 어찌나 화가 치밀게 하는지 제가 좀 때렸어요. 저라고 좋아서 그랬겠어요? 아니 그럼 어떡해요? 나를 없는 사람 취급하는데 그건 못 참아요. 내가 그러면 얼마나 힘든지 다 알면서 말이에요."

그러고 보니 줄리의 왼쪽 눈 주변에 오래된 멍 자국 같은 게 있었다. 파란색 아이섀도를 덕지덕지 발라 감추고 있었다.

"어디서 뭘 하고 왔냐고 물어보면 뭐라고 하던가요?"

"망할 여자 친구들하고 놀고 왔다고 그러죠! 여자들은 다 똑같아요. 꼭 무리를 지어서 남자들을 사냥한다니까요. 다 똑같아요." 비밀 이야기라도 하듯 내 쪽으로 몸을 기울이며 말했다. 나도 여자라는 건 잠깐 잊은 듯했다. "나 진짜 그 여자 사랑하는데, 자긴 내 거라는 걸 똑똑히 알아야 돼요."

"여자 친구에게 마음을 아주 많이 쓰시네요." 내가 말했다. 자기 나름의 방식으로 그러고 있는 것은 맞았다. 물론 나라면 그런 식의 관심은 싫겠지만, 어쨌거나 무척 강한 감정이었다.

"나는 진짜로요, 걔가 떠나면, 그놈한테 가버리면, 아무것도 없어요. 난 그 여자밖에 없어요. 처음부터 그 여자뿐이었어요. 그러면 그땐 걔도 죽고 나도 죽는 거야. 진짜 그럴 거예요." 그러더니 바닥에 주저앉아 흐느꼈다. 눈물과 담뱃재와 술냄새가 뒤범벅이 되었다.

폴과 이야기를 마치고 줄리와 이야기하겠다고 했다.

"상대방 이야기도 들어보면 도움이 될 때가 있어요. 그리고 저와 상대방 둘이서만 이야기하는 게 말하기가 더 편할 수도 있어서요." 나는 보통 환자의 배우자나 애인과는 따로 면담하지 않지만 예외도 있다. 지금은 예외적인 경우였다.

폴은 줄리와 나를 의심쩍은 눈으로 쏘아보더니 코웃음을 쳤다. 그리고 경고의 눈으로 나를 쳐다보며 말했다. "쓸데없는 소리 하면 알죠?"

나는 흠칫했다.

하지만 줄리는 놀란 기색이 없었다. 나는 그녀를 과소평가하고 있었다. "저를 사랑한다면서 아무 데도 못 가게 해요. 숨도 못 쉬겠어요. 제가 누굴 만난다는 게 아니거든요. 아무리 설명해도 듣질 않아요. 자기 혼자 착각에 빠져 있어요."

나는 그녀의 말을 믿었다. "그 사람에게 지금 어떤 감정이세요?"

"전엔 사랑했죠. 사실 지금도 사랑하고요. 솔직히 푹 빠져 있어요. 정신이 멀쩡할 때는 정말 사랑스럽거든요. 전엔 같이 있으면 정말 행복했는데…" 그러고는 내가 못 믿을 거라고 생각했는지 잠시 주춤했다. 그러나 결국 내가 불안해하던 부분을 확인해주었다. "그런데 무섭기도 해

요. 친구들은 그 사람을 계속 만나는 건 바보짓이래요. 하지만 전 아무
도 없어요. 아무 데도 갈 데가 없어요.”

침대 옆에는 항상 맥주캔이나 싸구려 보드카 병이 놓여 있다고 했다.
폴은 취하면 술을 어디 두었는지 잊고 발로 차 넘어뜨리곤 해서 카펫 냄
새를 한층 더 고약하게 만들었다. 그러고는 잘못 없는 그녀에게 고함을
쳤다. 뺨을 후려치고, 발로 차고, 붙잡고 난폭하게 흔들었다. 응급실에
두 번이나 실려 갔지만 그가 같이 따라와서는 혼자 넘어져서 다친 상처
라고 둘러댔다. 그녀는 점점 무서워졌지만, 그가 없으면 어떻게 살지, 또
그가 자기 없으면 어떻게 살지 알 수 없었다.

“그러고 나면 항상 미안하다면서 다시는 안 그러겠다고 해요.”

“그런 사람들은 항상 그래요.”

그녀가 슬프고 딱하다는 듯한 표정으로 엷은 미소를 지으며 나를 보
았다. “선생님은 아무것도 모르세요.”

줄리는 이른바 ‘공동 의존co-dependency’의 특징 몇 가지를 보이고 있었
다. 이는 다른 사람의 요구를 과도하게 챙겨줌으로써 자신이 안고 있는
정서적 문제에 대처하는 행동을 뜻하며, 그 목적은 예컨대 남에게 필요
한 사람이 되고 싶은 욕구 충족 등이다. 그리고 ‘강박’이란 어떤 행동에
대한 참을 수 없는 충동을 가리키며, 거부하려는 욕구를 대개(적어도 처
음에는) 수반한다. 줄리는 폴과 계속 만난다면 자기 삶에 어떤 결과가 초
래될지 알고 있었지만, 한편으로는 두려움, 다른 한편으로는 결과가 어
떻게 되든 사랑하고 사랑받고자 하는 강박 사이에서 갈팡질팡하고 있
었다.

일반적으로 누군가가 어떤 상황에 대해 양면적 감정을 느낄 때, 즉
뭔가 행동을 해야 할지라든지 불행한 관계를 끝내야 할지에 대해 확신

이 없을 때는 조언이 최선의 해결책은 아니다. 그런 사람에게 정말로 필요한 것은 자기 스스로 해결책을 찾게끔 도와주는 것이다. 자기가 생각해낸 해결책이라면 행동으로 옮길 가능성이 더 높다. 나는 내게 찾아오는 사람들이 안고 있는 모든 문제에 답을 갖고 있지는 않지만, 답을 찾도록 도와줄 수는 있다. 나는 사람들에게 기존의 생활 방식에 어떤 장점과 단점이 있는지 스스로 따져보게 하여 변화의 의욕을 불러일으킬 방법을 찾아왔다. 지금과는 다른 삶을 살고 싶다고 본인 스스로 말할 수 있어야 한다. 내가 그렇게 하라고 말하는 건 아무 소용이 없다.

그러나 이 경우는 학대 상황이었으므로 조심스럽게 접근할 때가 아니었다. 나는 줄리에게 이런 상황에서 내가 하는 유일한 충고를 해주었다. 내가 그렇게 명확한 조언을 하는 경우는 많지 않다.

"이 남자에게서 도망치는 게 좋을 것 같아요. 본인의 안전을 위해서요."

"저를 사랑하는 사람인데요."

"사랑의 일종이긴 한데, 목숨을 앗아갈 수도 있는 사랑이에요."

...

그로부터 2년 후, 나는 내가 당시 적었던 기록을 다 읽고 나서 고개를 들었다. 형사는 난롯가에 앉아 기다리고 있었다. "제가 뭘 도와드리면 되나요?" 내가 물었다.

폴 앤더슨이 여자 친구를 폭행했다는 것은 알고 있었다. 밀러 경장이 전화로 탐문 조사를 요청했을 때 나눈 짧은 통화에서 거기까지는 들었다.

"꽤 예전 일이라, 그때 면담으로 파악했던 것들이 지금 별 의미가 있을까 모르겠네요." 내가 말했다.

밀러 경장은 나를 보며 미간을 찌푸렸다. "전화 통화 드린 후에 상황이 바뀌었습니다." 그가 말했다. "이제는 폭행 사건이 아닙니다. 그 여성이 부상으로 어제 사망했고 폴 데이비드 앤더슨은 살인죄로 고발됐습니다."

형사가 돌아간 후 나는 우두커니 앉아 폴 앤더슨의 소년 같은 미소를 떠올렸다. 밀러 경장은 희생자가 줄리가 아니라고 말해주었다. 줄리는 다행히도 내 조언을 귀담아들었고, 폴과 함께 나를 찾아온 그날로부터 몇 주 후에 폴의 곁을 떠났다. 그래도 도망칠 만큼의 자존감이 남아 있었던 것이다. 희생자는 줄리의 뒤를 이은 폴의 여자 친구였다. 그 남자를 구원해주려고 했던, 아니 어쩌면 그 남자에게 구원받으려고 했던, 그다음 여성이었다. 나는 잠깐 망설이다가 레드와인 한 잔을 따르고 타닥거리는 난롯불 앞에 앉았다.

그 무렵 나는 음주량을 의식적으로 줄이지 않으면 나도 알코올 의존증에 빠질 위험이 있다는 것을 알고 있었다. 기분 좋게 불안을 통제하기 위한 방편으로 시작했던 것이, 강박적으로 술을 찾으려는 욕구로 변해갈 수도 있는 상황이었다. 나는 기분을 다스리려고 술을 마시기 시작했다는 환자를 숱하게 봐왔고, 우울증 환자는 가족 중에 술 문제가 있는 사람을 둔 비율이 매우 높다.

• • •

나는 줄리 생각을 했다. 그녀가 관계를 끝낼 때 겪었을 일들을 상

166

상해보았다. 어떤 일이 있었을까? 그를 떠난다는 것이, 그가 없는 삶을 상상한다는 것이 힘들었을까? 앞으로 바뀌겠다는 그의 약속을 믿으며, 용서하길 반복했을까? 그가 싸우지 않고 그녀를 보내주었을까? 나는 두 사람 모두 첫 상담 이후로는 보지 못했다. 폴은 예약된 다음 진료 시간에 나타나지 않았고, 줄리는 연락이 닿지 않았다.

강박 행동은 내게 너무도 익숙한 어떤 것이었다. 나는 강박 장애가 있는 동생과 성장기를 보냈다. 하지만 그것 말고도, 줄리의 공동 의존적 행동과 더 들어맞는 다른 강박 행동 역시 너무나 잘 알고 있었다. 나는 방 한쪽에 놓인 전화기를 보며, 몇 년 전 유달리 고통스러웠던 관계가 마침내 끝났던 일을 다시 떠올렸다. 그때는 한 번이라도 더 그와 이야기해보는 것이 세상 그 무엇보다 더 중요했다. 그가 마음을 바꾸고 내게 돌아오길 바랐다. 그도 내 생각을 하고 있기를, 내가 그를 보고 싶어 하는 만큼 그도 내가 보고 싶기를 바랐다. 내 친구들 말이 다 틀렸다고 굳게 믿었다. 그는 나를 잊지 못했으며 내가 한 번만 더 시도하면 돌아오리라고 확신했다.

· · ·

그때 나는 그의 집에 전화를 걸었다. 그의 아내가 받을까 봐 숨도 쉬지 못하고 응답을 기다렸다. 아내가 받으면 뭐라고 말할 것인가? 그녀는 어디까지 알고 있을까? 어떻게 그런 행동을 한 남편을 다시 받아줄 수 있을까? 도대체 자존감이란 없는 여자일까? 도무지 이해하기 힘들었다. 그러면서도 나는 그가 돌아온다고만 하면 내 자존감에 어떤 상처를 치르고서라도 다시 받아줄 마음이었다. 줄리처럼, 나도 남자 없이는 살아갈 수 없다고 생각했으니까. 아무 남자여서도 안 되고, 이 남자여야만 했다. 차이가 있다면 내가 줄리보다 어떤 면에서 더 딱한 상태였다는 것이다. 줄리는 그래도 폴과의 고통스러운 관계를 끝내려고 어떻게든 행동에 착수했으니까. 나는 나를 그리도 아프게 내쳤던 이 사람에게, 다시 돌아와 달라고 애걸할 작정이었다.

벨소리가 세 번째 울렸을 때 누군가가 전화를 받았다. 나는 숨을 멈췄다.

"여보세요?" 그의 목소리였다.

"당신이 받아서 너무 다행이에요. 우리 얘기 좀 해요."

수화기 너머에서 정적이 흘렀다. 그의 숨소리가 들렸다. 그의 짜증이 느껴졌지만 나는 이미 막무가내였다.

"정말 왜 이러는 거예요? 이미 다 끝난 거 알잖아요. 그런데 이제 집으로 전화를 해요?" 그가 말했다.

그건 일종의 사랑이었지만, 다정한 사랑은 결코 아니었다. 이 복잡한 패턴은 내가 마침내 다행히 존을 만나기 전까지 내 삶에서 여러 번 반복되었다. 내가 만났던 남자들은 내게 맞는 상대가 아니었다. 하지만 폴이 줄리의 마음을 사로잡은 것처럼 그들은 나를 매력으로 꾀었다. 그러다 머지않아 내 본모습을 알고는 그들이 나를 내치곤 했다. 내 독립적이고 안정되어 보이는 겉모습 뒤에 숨은 또 다른 존재는, 자신감 없고 애정에 굶주린 데다가, 불안하고 자기 확신이 없을 때가 많았다. 내가 그리도 자주 느꼈던 절박함은, 타인의 영혼에 닿으려는 강박적 욕구였다. 그럼으로써 내 찢어진 상처를 깁고, 마음속 깊은 곳의 절망감을 잠재우고 싶었다.

나는 그 악순환을 깨닫고 매번 간신히 낭떠러지에서 내 몸을 끌어올렸지만, 그 단계는 너무나 익숙해 하나하나 순서대로 설명할 수 있을 정도였다. 다시 희망이 싹트기 시작한다. 그를 늘 주시하며, 그의 환심을 사려고 애쓴다. 나를 싫어할지도 모르니 내 본모습은 꽁꽁 숨긴다. 그러나 결국 언젠가, 내가 그토록 열심히 지향하고 있는 겉모습마저 싫어하는 것을 알게 된다. 게다가 자신감 없고 사랑과 자상함에 굶주린 내 본연의 모습을, 그토록 최선을 다해 억누르려고 애썼음에도 들키고 만 듯하다. 그의 마음이 떠난다. 야근이라고 한다. 전화하면 통화 중이다. 집에 찾아가면 집에 없다. 그의 친구들이 의아하고 딱한 눈길을 던진다. 나도 이제 끝난 것을 알지만 견딜 수 없다. 그를 사랑한다. 그가 밉다. 남자가 다 밉다. 그의 생각이 머릿속에서 떠나지 않는다. 잠이 오지 않는다. 이런 게 사랑이라면 사랑하기 싫지만, 그래도 여전히 사랑하고 싶다. 하지만 그는 나를 원하지 않는다. 이제 나를 사랑하지 않는다고 말한다. 내가 '아무 재미가 없어졌다'면서. 떠나간 그에게, 나는 마지막으로 한 번만 더 나를 아프게 해달라고 애걸한다.

내가 봐온 수많은 여자 환자들과는 달리, 나는 한 번도 폴 같은 사람에게는 빠져들지 않았다. 어쩌면 나는 항상, 아무리 인생의 수렁에 빠져 있었을 때도, 반사회적 인격장애자에게 홀리지 않을 만큼의 자기애는 가지고 있었는지 모른다. 그럼에도 나는 그 치명적인 끌림을 충분히 이해할 수 있다. 유혹적인 미소, 그 사람을 바꿀 수 있다는 믿음, 사랑의 힘으로 자신과 상대방 모두 치유하겠다는 의지.

내가 불륜을 옹호하는 것은 아님을 밝혀두어야 하겠다. 그러나 나는 치료사로서 그리고 유부남과 사귀었던 사람으로서, 남들을 판단할 위치에 있지 않다. 자신이 진정으로 사랑받을 수 있다는 사실을 믿기 힘들어하는 사람이 흔히 그러듯, 나도 이미 짝이 있는 남자를 고르곤 했다. 그들은 유부남이었으니 내가 필요로 하는 것을 주지 못했고, 나는 번번이 거절당하며 내 부정적인 자기인식을 거듭 확인할 뿐이었다. 마침내는 깨달았다. 오로지 나만이 나 자신을 치유할 힘이 있다는 것을. 그리고 더 중요한 것이 있었다. 그저 아픈 과거를 재연하여 익숙하면서 비뚤어진 위안을 느끼려는 마음에다, 까다롭고 종잡을 수 없는 변덕을 부려서 멀쩡하고 다정한 남자를 밀쳐내는 행동은 하지 말아야 했다. 이렇게 거절당하는 아픔을 자꾸 느끼려고 하는 내 강박 행동은 부모님, 특히 아버지와의 복잡한 관계에 그 원인이 있었다.

그에게 마지막 전화 통화를 하면서 눈에 눈물이 그렁그렁 고였던 느낌을 아직도 기억한다. 목이 메어왔다. 그에게 무너지는 모습을 보이고 싶진 않았다. 그가 나를 사랑해주길, 나를 갈망하길 바랐다. 그럼에도 나는 오히려 한심한 모습을 보였다. 하지만 나를 주체할 수 없었다. 이보다 더 고통스러울 수 없었다. 마치 마약이나 술을 찾듯 파괴적이고 절망적인 감정을 절실하게 추구하고 싶은 강박이 자꾸만 느껴졌다.

"당신 목소리가 듣고 싶어요. 당신 없이는 삶이 너무 공허해요." 내가 말했다.

수화기 저편에서 정적이 흐른 후, 그가 말했다. "다시는 여기 전화하지 말아요."

그런 관계를 끊는다는 것은 고통스럽고 때론 더딘 과정이다. 붙잡아야 한다는 강박감이 좀처럼 사라지지 않는다. 하지만 중독에서 회복될 수 있는 것처럼, 관계도 끊을 수 있다. 충분한 시간과 주변의 도움, 그리고 갈망 대상과의 완전한 격리가 필요할 뿐이다.

정신병원

정신병원은 안식처 역할을 해야 한다. 일상생활을 제대로 하기 힘들 만큼 심한 압박감을 겪는 사람은 세상에서 떨어져 온전히 회복하는 기간이 필요하다. 그런 위기에 처한 사람은 정신병원을 뜻하는 영어 단어 'asylum'의 본래 의미처럼, 몸을 피할 곳, 연민의 정, 그리고 위험으로부터 보호를 제공받아야 한다. 모두 인간의 기본적인 권리들이다. 그러나 오늘날 'asylum'이라는 단어는 19세기의 거대한 정신병원과 동의어처럼 쓰이고 있다. 어빙 고프먼Erving Goffman이 명저 『수용소Asylums』에서 그 야만적인 실태를 생생하게 그려낸 그곳은, 직원들도 환자들만큼이나 제도화된 틀에 갇혀 생활하는 곳이다.

. . .

1990년대 초에 일하던 병원에서 나는 처음으로 내가 맡은 병동의 입원 환자들을 받았다. 병원은 곧 폐쇄될 예정이어서 지역 보건 당국의 투자가 전무한 상황이었지만, '치료'를 명목으로 한 입원 환자는 계속 받고 있었다. 나는 '정신병원'이라는 개념 자체에 질색했고, 내가 있던 병원의 점점 열악해져가는 환경이 개탄스러웠다.

어느 날 나는 한 청년의 팔에 주삿바늘을 꽂아 피를 뽑으려고 안간힘을 쓰고 있었다. 케빈은 잠옷 차림으로 침대 위에 미동도 없이 누워 있었다.

"나 쥐 봤어요. 저쪽 바닥을 지나갔어요." 그가 소리쳤다.

"헛소리하지 마! 병원 안에 무슨 쥐가 있다고." 분홍색 폴리 덧옷을 걸친 청소원 메리가 말했다. 그녀는 시꺼먼 대걸레를 양동이에 담갔다가, 갈라진 리놀륨 바닥 위에 새로 생긴 담뱃불 자국을 부질없이 문질렀다.

케빈의 옆 침대에는 믹이라는 중년 남자가 계절에 맞지 않는 두꺼운 회색 트위드 재킷을 입고 누워 있었다. 그는 니코틴에 찌든 엄지와 검지 사이에 담배를 어색하게 들고 있었다. "다음번엔 분홍색 코끼리가 보인다고 하겠네." 그가 케빈에게 소리쳤다. "안 그래요, 선생님? 네? 하하! 아니 지금도 보이는 거 아냐?"

케빈이 뭔가를 보았다는 건 사실 좋은 신호였다. 그는 두 눈은 크게 뜨고 있었지만 자기 머릿속에 있는 어떤 화면 속으로 또다시 침잠해 있었다. 그 화면에 무엇이 떠 있는지는 몰라도 그 너머로 뭔가를 봤다는 것이니까. 이곳은 쥐가 수두룩하고 고양이도 몇 마리 있었다. 하지만 나는 그때 혈관 찾는 일이 더 걱정이었다. 케빈은 혀가 바짝 말라 있고 피부에 탄력이 전혀 없었다. 살짝 꼬집으면 내 엄지와 검지 자국이 그대로 남았다. 그는 탈수 상태였다. 침대 옆 탁자에는 물이 가득 찬 잔이 놓여 있었다. 내가 아무리 설득해도 몇 모금 마시는 게 다였지만, 그나마라도 마시는 게 다행이었다. 나는 그의 문제가 무엇인지 잘 알 수 없었다. 케빈은 오직 자기에게만 보이거나 들리는 그것이 무엇인지 말해주지 않았다. 그러면서 거기에 완전히 사로잡혀 있었다. 그렇게 사나흘 정도 아무 말도 하지 않다가 쥐 이야기를 한 것이다. 어쩌면 마침내 진전을 좀 보이는 것인지도 모른다.

메리가 소리쳤다. "아 시끄러워요, 믹. 그리고 담배 꺼요! 여기 금연인 거 몰라요!"

"왜요? 자기도 피우면서." 믹은 씩 웃으면서 다리를 침대 옆으로 내렸다. 평소 취미인 메리 약 올리기를 시작할 참이다.

"빌어먹을, 내가 담배를 언제 피웠다고. 난 쉬는 시간에 밖에 나가서 피워요."

"선생님, 들으셨죠? 지금 저한테 욕하는 거."

"메리, 저도 쥐 봤어요. 여기 쥐덫 하나 더 놓으면 안 될까요?" 내가 사정했다.

"그건 론에게 말하셔야 돼요."

론은 수간호사였다.

병동 사무실에 들어서니 론이 사람들에게 둘러싸여 있었다. 새파랗게 어린 간호 실습생들이 일제히 고개를 돌려 나를 보았다. 론 외에 간호사 두 명도 그 자리에 있었다. "인수인계 중인데 조금만 기다리실래요?" 론이 말했다.

불청객이 된 듯했지만 급한 용건이니 밀고 나갔다. "케빈이 걱정돼서요. 물을 안 마셔서 탈수 상태예요. 수분 평형 차트에 이름이 안 올라가 있나요? 누가 전담 간호하기로 하지 않았던가요?" '전담 간호'란 간호사 한 명이 환자 한 명 곁을 계속 지키면서 잘못되지 않게 감시하는 것을 뜻한다.

론이 어깨를 으쓱하고는 두 간호사 중 옆에 앉은 나이 많은 사람을 보며 인상을 썼다. 그러고는 약간 떨리는 손으로 맞은편에 앉은 나이 어린 간호사에게 손짓했다. 역한 애프터 셰이브 냄새에 섞여 술 냄새가 풍겨왔다. 처음 맡는 냄새는 아니었다. "재니스, 차트 좀 갖다줘. 옳지, 고마워." 그가 말했다.

신참 간호사 재니스가 은근히 유혹하듯 입술을 살짝 내밀었다. 나는 좀 민망해서 시선을 돌렸다. 론이 여자들 후리는 데 명성이 자자한 것은 알고 있었지만, 알코올 중독 직전인 배불뚝이 이혼남에게 무슨 매력이 있는지 솔직히 알 수 없었다. 론이 케빈의 수분 섭취량과 배설량을 기록한 카드를 내게 건네주었다.

빠르게 내용을 훑어보았다. "어제 아침 이후로 아무 기록이 없는데요." 말을 채 끝마치기도 전에 험악해지는 분위기가 느껴졌다.

"우리가 정신이 하나도 없었어요. 아시잖아요. 선생님이 루시 브라운 입원을 또 허락하셔서 그 환자 때문에 문제가 많았거든요. 이 병동에서 그런 환자는 돌볼 여력이 없어요. 사람도 없고 시설도 없어요."

"전 루시가 굉장히 걱정돼요. 기분이 심하게 가라앉아서 여기 두지 않으면 위험해요. 지난달에만 심각한 자살 시도를 두 번이나 했어요." 내가 대꾸했다.

하지만 론은 설득된 표정이 아니었다.

"지금 누가 루시를 보고 있죠?"

론이 충혈된 피곤한 눈으로 나를 보았다. "빌이요. 자기가 그 환자 다루는 방법을 안대요."

나는 망설이다가 케빈은 누가 보게 되어 있느냐고 다시 물었다.

건물 위층의 여성 환자 병동, 루시는 얼굴을 무릎에 파묻고 웅크린 자세로 앉아 있었다. 벗겨진 매니큐어에 붉게 물든 손가락으로, 탈색한 머리카락 틈의 두피를 긁고 있었다. 내가 들어가자 고개를 들고 나를 응시했다. 두 눈은 약 기운과 번진 마스카라로 흐리멍텅했다.

병실 한쪽에는 간호사 빌이 앉아 있었다. 긴 다리를 쩍 벌리고 잡지를 읽고 있었다. 그는 온몸으로 지루함을, 그리고 뭐라 표현하기 어려운 묘한 느낌을 발산하고 있었다.

"루시, 오늘은 좀 어때요?" 내가 옆에 앉으며 물었다.

"나 여기 있기 싫어요."

나는 빌 쪽을 쳐다보았다.

"아지즈 선생님이 어젯밤에 그 환자 5-2로 잡아놨거든요. 오늘 오전 중으로 어떻게 할 건지 선생님이 정해주셔야 해요." 내 밑의 전공의인 아지즈 선생은 어제 밤을 거의 새우고 아직 병동에 출근하지 않았다.

"그럼 자진해서 들어왔나 보네요?" 내가 루시에게 물었다. '5-2'란 단기 구금 권한으로, 자진하여 입원한 환자의 경우 환자의 의지에 반해 신상을 구속하는 데 사용될 수 있다. 그러므로 루시는 입원에 스스로 동의하고 들어왔음을 알 수 있었다. 그녀는 과거에도 몇 번 입원한 적이 있었다.

"네, 그런데 들어와서는 도로 나가겠다고 했어요. 나가서 호수에 빠져 죽겠다고 하더라고요. 그랬죠, 루시?" 빌이 말했다. 말 안 듣는 아이를 혼내는 듯한 말투였다.

루시는 아무 대답도 하지 않았다.

"그리고 아래층에서 창문 두어 장을 깼어요. 아지즈 선생님이 약을 먹게 설득은 했는데, 필요시에 강제 투약하려면 제2항을 발동해야 해요." 제2항이란 최대 1개월까지 장기 구금을 하면서 환자의 의사에 반해 투약 치료를 할 수 있는 조항이다.

마치 누가 자기를 움켜잡으려고 보이지 않는 손을 뻗기라도 한 듯 루시가 격렬하게 몸을 움츠렸다. 양팔로 자기 몸을 꽉 끌어안고, 이를 악문 채 빌에게 소리를 쳤다. "내 몸에 손 대지 마. 이 더러운 자식아!"

창밖의 반질반질한 진달래 잎에 햇빛이 갑자기 반사되어 비쳐 들었다.

...

병원장은 병동에 나타나는 법이 없었지만 부원장은 가끔 몸소 출두하곤 했다. 그는 체격이 우람한 간호사 출신으로, 병원 수련을 마치고 나서 능력을 훌쩍 뛰어넘는 지위로 승진한 사람이었다. 말쑥한 정장 차림이 우중충한 병동 분위기와 전혀 어울리지 않아 보였다. 그리고 관리자들이 흔히 그렇듯, 좋은 소식만 듣고 싶어 했다.

"근무는 하실 만해요?" 그가 내게 물었다. 루시를 구금한 지 이틀쯤 되었을 때였다.

"할 만합니다." 불만을 길게 늘어놓는 것보다 한 번에 한 가지 사항만 요구하는 게 그나마 반영될 가능성이 높다는 것을 나는 경험으로 알았다. "그런데 제 생각엔 병동의 의료 수준이 좀 우려스러운데 원장님께 그렇게 전해주실 수 있을까요?"

"뭐 구체적인 게 있나요?" 그가 미간을 찌푸렸다. 달가운 소식이 아니었다. 귀찮은 일이었다.

"문제가 여러 가지 있는데요." 나는 그가 인상 쓰는 것을 보며 잠깐 말을 멈추었다. "우선 건물 안전이 걱정스러워요. 어제 저녁에 전화가 모

176

두 두 시간 동안 먹통이 됐어요. 심각한 일이 일어나도 외부에 연락할 방법이 없는 상황이었어요."

"다른 것도 있나요?"

케빈의 치료와 관련된 문제를 이야기할까 망설이다가 하지 않았다. 그건 론에게 다시 잘 말해서 해결해야 할 것 같았다. 인근 병원에서 최근에 한 환자가 식음을 전폐한 끝에 리튬 중독으로 죽었는데, 검시관의 조사 결과 수분 평형 차트에 적절한 조치가 기록되어 있지 않았다는 이야기도 꺼내보리라.

하지만 부원장에게는 이렇게만 말했다. "그리고 쥐가 또 돌아다녀요."

. . .

케빈이 침대 옆에 놓인 잔을 들고 물을 마셨다.

"선생님, 얘기 좀 할 수 있을까요?" 그가 나를 불렀다. 최근엔 물 마시는 양이 좀 늘었고 말도 다시 하기 시작했지만 아직 섭취량이 부족해 걱정되었다.

"그럼요." 그를 괴롭히는 것이 무엇인지 이제 좀 들을 수 있을까 기대하며 다가갔다.

그가 창밖을 멍하니 보다가, 앉아 있던 간호 실습생 쪽을 흘깃 보았다.

"매기, 잠깐 자리 좀 비켜줄래요?" 내가 말했다.

"지금 저분 전담 간호 중인데요." 그녀가 턱으로 케빈 쪽을 가리키며 말했다. "론이 자리를 뜨지 말라고 했어요." 무뚝뚝하면서 방어적인 말투였다.

"제가 나가도 된다고 했다고 론에게 말하세요."

케빈이 나를 쳐다보았다. 2주 만에 처음으로 나와 눈을 제대로 마주했다. "선생님 루시 아세요?" 그가 물었다.

"알죠."

"빌이 루시 몸을 만졌어요."

"아마 밤에 연못에 뛰어들려고 해서, 못 나가게 막으려다가 그랬을 거예요. 환자의 안전을 위해서 어쩔 수 없었을 거예요."

"그런 얘기가 아니에요. 루시가 지난번 입원했을 때였어요. 본인한테 물어보세요." 케빈은 자리에 누워 고개를 돌리고는 물잔을 뚫어지게 바라보더니, 이내 눈을 다시 감았다.

. . .

루시에게 말을 걸자 고개를 다른 쪽으로 돌렸다. 휴게실 건너편에서 우리를 지켜보는 사람이 있었으니 그럴 만도 했다.

론은 심기가 불편해 보였다. 무심한 듯 팔짱을 끼고 간호사실 문간에 기대어 서 있었다. "그 환자는 선생님 혼자 상대하면 안 되는데요." 그가 내게 외쳤다. 루시에게도 자기 말이 들린다는 것은 상관하지 않는 듯했다.

"왜요? 간호사들은 되는데 왜 저는 안 되죠?"

"도망가면 못 잡으시잖아요. 선생님은 서서 보고만 있고, 수습은 다 저희가 하잖아요. 환자가 도망 나가서 어디 다치면 다 저희 책임이라고요." 원망 섞인 목소리였지만, 평소 마초적이던 겉모습 뒤에 숨은 인간적

모습이 처음으로 느껴졌다.

'론도 이 병원이 지긋지긋한 거야'라고 생각하면서 간호사실로 들어갔다. 문을 닫고 론에게 조용히 말하라고 손짓했다. "케빈이 그러는데, 빌이 루시에게 무슨 짓을 했대요."

"뭘요?"

"루시 몸을 만졌대요. 언제 뭘 어떻게 했다는 건지, 그게 정확히 무슨 뜻인지는 모르겠지만, 어쨌든 그렇게 말했어요. 말씀드려야 할 것 같아서요."

론이 침을 꿀꺽 삼키고는 나를 쳐다보았다. 걱정스러운 눈빛이었다. "그럼 루시와 얘기 좀 해보셔야 될 것 같은데요?"

루시와 나는 의사실에 말없이 마주 앉았다. 그곳은 의사들이 환자 면담에 쓰는 공용 공간이었다. 방 안은 황량했다. 집기라고는 낡은 테이블 하나, 불편한 나무 의자 두 개, 열리지 않는 서류 캐비닛 하나밖에 없었다. 블라인드는 없어진 지 오래였고 알전구 하나만 천장에 매달려 있었다. 천장에 찌든 갈색 얼룩은 예전에 한동안 흡연실로 쓰인 흔적이었다. 테이블에는 누군가가 놓고 간 더러운 머그잔이 놓여 있었다. 머그잔은 제약회사에서 공짜로 나눠준 물건인 듯 한쪽엔 항우울제 상표명인 "러스트랄"이 쓰여 있고, 반대쪽엔 웃는 얼굴이 그려져 있었다.

루시는 의자에 몸을 축 늘어뜨리고 앉았다.

간호사 한 명이 문 밖을 왔다 갔다 했다.

"루시, 무슨 일이 있었는지 제게 말해줘야 해요." 내가 입을 열었다.

"말할 기분 아니야. 아무 일도 없었다니까. 꺼져! 나 죽고 싶다고! 더는 못 참아. 도저히 못 견뎌. 다 꼴 보기 싫어!"

"제가 도와드릴게요."

"도와준다고?" 그녀가 웃긴다는 듯한 표정으로 나를 보았다. "나전 남자 친구 때문에 이미 온갖 일을 다 겪었어. 그 자식이 날 강간했다고." 그러고는 비밀 이야기라도 하듯 몸을 앞으로 내밀고 목소리를 낮춰 속삭였다. "그런데 판사가 내 말은 믿지를 않아. 의사를 시켜서 내 기록을 훑고, 내 병력을 샅샅이 뒤졌어. 나한테는 무슨 일이 있었냐고 묻지도 않고!"

"그래서 여기서도 아무도 당신 말을 믿지 않을 거라고 생각하는 거예요?"

"당연히 안 믿겠지, 그럼 믿겠어? 다들 똑같아. 아무 일도 없었으니까, 꺼져!" 그녀는 고개를 돌렸고, 그 이상은 아무리 대화를 해보려고 해도 응하지 않았다.

내가 만난 젊은 여성 환자들 중 다수가 그랬지만, 루시도 어린 시절 부모와 떨어져 살면서 방치되고 정서적 학대를 받았다. 그로 인해 우울증에 취약해졌을 뿐 아니라, 타인과 신뢰 관계를 맺기 어려워졌다. 어떤 사람들은 그날그날 안정된 기분을 유지하기가 무척 어렵고, 힘든 일만 겪으면 급격히 우울증과 자살 충동에 빠져들곤 한다. 일생 동안 타인과 관계를 맺는 데 어려움이 있는 경우를 '성격장애'라고 부르지만, 나는 그 딱지를 붙이는 것에 늘 불만이 있다. 특히 젊은 환자의 경우 그런 딱지는 고착되기 쉽고, 그것이 오히려 어떤 문제를 겪건 환자 탓으로 돌릴 수 있는 편리한 구실이 되기도 한다. 그리고 '까다로운' 성격 특성 때문에 분노, 우울, 대립 등의 경향을 보이는 사람이 심한 우울증 때문에 일상 문제에 평소처럼 대처하지 못할 때, 흔히 성격장애라는 딱지가 붙는 것도 사실이다. 의료진이 잘 회복되지 못하는 환자와 어떻게든 '치료 동맹'이라고 하는 협력 관계를 형성할 방법을 찾기보다는 환자를 탓하는 경우를 지금까지 너무나 숱하게 봐왔다. 나 역시 기분이 가라앉을 때 남들 입장에서 도와주기 쉬운 사람은 아니다. 그래서 내 개인적 경험을 근거로 말할 수 있는 부분이다.

그렇지만 우울증과 성격장애가 겹쳐 타인과의 관계 형성에 실제로 큰 문제가 있는 경우 치료하기가 쉽지 않은 것도 사실이다. 루시는 기분이 급격히 바뀌면서 자해하려는 경향이 있었고, 그런 경향을 스스로 통제할 수 있으려면 먼저 치료사에 대한 신뢰를 키워주어야 했다. 그런데 그게 외래 진료로는 어려울 수 있으므로, 위험한 상황이라면 입원이 유일한 방법이라고 판단될 수도 있다. 내 우려는, 루시의 경우 입원 생활이 또 다른 학대를 유발하면서 오히려 매우 해로운 결과를 낳지 않았나 하는 것이었다.

...

나는 루시의 끔찍하고 생생한 두려움에 어느 정도 공감할 수 있었다. 존과의 연애 초기에 나는 가끔 극단적인 고점과 저점을 경험하고 싶은 충동 비슷한 것을 느꼈다. 마치 그런 극적인 경험 없이는 인생에 진정한 의미가 없기라도 한 것처럼. 어느 날 저녁, 존은 예전에 사귀었던 여자를 밖에서 만났다. 나는 그녀가 차를 몰고 떠나는 것을 확인하고, 한밤중에 기어이 그의 집에 찾아갔다.

"무슨 일이야? 갑자기." 그가 문을 열고는 말했다. 나는 무작정 안으로 들어갔다.

"너무 보고 싶었어… 그 여자랑 왜 그렇게 늦게까지 있었어?"

"잠깐 커피 한잔 마시고 갔어."

그런 뻔한 변명을 믿을 수는 없었다. "어떻게 나한테 그럴 수 있어?" 나는 목청이 떠나가라 소리를 질렀다.

"내가 무슨⋯."

눈물이 날 것 같았지만 눈물을 보이고 싶지는 않았다. 우리는 좁은 현관 통로에 서 있었다. 그의 여동생이 위층에서 돌아다니는 소리가 들렸다. 갑자기 너무 부끄러워졌다. 뒤죽박죽인 내 머릿속 한구석에서는 그의 말이 사실임을 믿었고, 없던 일로 하고 집에 돌아가고 싶었다. 그런데 그러지 못했다. 나는 이미 걷잡을 수 없는 상태였다. 그에게 믿음이 가지 않았다. 나는 왈칵 울음을 터뜨렸다.

"미안해, 정말 미안해." 나는 손으로 눈물을 닦으며 벽에 기대어 심호흡을 해보려 했다. 그리고 나 자신을 속으로 욕했다. 그러면서도 미안하진 않았다. 마음 한편으로는 이 고통을 계속 느끼고 싶었다. 그가 나를 아프게 한 것을 질책하고 싶었다. 그에게 상처를 주고, 그러면서 내게도 한 번 더 상처 주고 싶었다. 익숙한 고통을 다시 한번 느끼고 싶었다.

"집에 들어가." 그는 이제 아주 차분해져 있었다. 거의 초연한 느낌이었다. "내일 보자."

나는 버텼다. "하지만⋯."

"들어가!" 그가 나를 문밖으로 밀었다. "어서!"

존은 내가 감정을 걷잡지 못하고 폭주하려 할 때마다, 너그러운 자신의 인내심을 한계까지 밀어붙일 때마다, 나를 적절하면서 단호하게 제어해주었다.

그는 이렇게 말하곤 했다. "이렇게 나오면 내가 어떻게 할 수가 없어. 자기는 가끔 현실감각을 완전히 잃는 것 같아. 이럴 때는 진정하고 나중에 천천히 생각하는 게 최선이야. 자기 기분은 가끔 정말 종잡을 수 없어. 내가 자기한테 어떤 마음인지는 알 거야. 하지만 자기 때문에 어떨 때는 정말 힘들어. 그것도 알지?"

나는 마지못해 그의 말이 맞다는 걸 인정했지만, 그런 공포스러운 감정에 사로잡힐 때 어떻게 벗어나야 할지 도무지 알 수 없었다. 가끔 기분이 가라앉고 몸이 녹초일 때는, 무거운 추가 가슴을 짓눌러 몸을 옴짝달싹할 수 없는 느낌이었다. 그런가 하면 어떤 때는 무엇이든 가능할 것 같은 기분이 들었다. 존의 말이 맞았다. 그럴 때 나는 정말로 통제력을 잃고 현실을 벗어나 버리는 듯했다. 대개는 잠깐이었지만, 그럴 때면 자살 충동도 다시 느껴졌다. 나는 엘리자베스 워첼이 『프로작 네이션』*이라는 책에서 묘사한, 끝없는 정서적 혼돈 상태가 무엇을 말하는지 너무나 잘 안다. 내가 특히 공감한 부분은, 저자가 원하는 치료사란, 어른답게 행동할 수 있도록 도와줄 사람, 그리고 우울증이 심해 전화 요금도 내지 못하는 이용자의 사정 따위는 전화 회사가 신경 쓰지 않는 세상에서, 살아갈 방법을 알려줄 사람이라고 한 대목이었다.

. . .

루시에게 빌에 관해 물어보았던 그날, 나는 매주 한 번씩 병원에 찾아오던 또 다른 상사를 만났다. 그는 대학에서 내가 모시는 교수였

---

* 우울증과 약물중독을 겪은 저자가 20대 중반 발표한 에세이. '프로작'은 항우울제의 이름이다.

다. 나는 그의 과에서 선임 강사로 일했으므로 그와 국립보건원 양쪽에 보고하고 있었다. 우리의 목표는 내가 있는 정신병원을 최신식 지역사회 기반 시설로 바꾸는 것이었다. 하지만 내가 보기에 그 계획에는 심각한 문제가 있었다. 어차피 지금 병원에서 일하는 직원들이 그 '신규' 시설에 그대로 옮겨 갈 예정이었으니, 그들이 그토록 장기간 몸 담았던 병원의 익숙함을 스스로 포기해주기를 기대해야 하는 상황이었다. 지금 돌이켜보면, 당시 내가 상황이 나아질 게 없으리라 우려한 것은 전혀 기우가 아니었다. 지금도 '지역사회' 시설에 수용된 정신질환자와 정신건강 취약자가 인간적인 보살핌은 고사하고 가혹하고 충격적인 대우까지 받고 있다는 뉴스가 계속 나오는 상황이다.

"이곳에 대한 제 진짜 생각을 말씀드려도 되나요?"

그는 내 말을 듣고 싶지 않은 표정이었지만, "말해보게"라고 했다.

나는 잠깐 망설였다. 뭔가 보이지 않는 선을 넘는 기분이었다. 나 혼자만 품고 있어야 할 생각과 감정은 아닐까.

"이곳엔 말 그대로 악이 도사리고 있는 것 같아요." 내가 말했다.

그는 놀란 표정에 이어 다소 당혹스러운 표정을 지었다. 하지만 나는 말을 이어갔다.

"이곳만의 어떤 분위기가 있어요. 다른 어디에서도 느껴보지 못한 분위기가 느껴져요. 이곳이 사라지면 전 정말 반가울 거예요. 지금 이 병동만 그런 것도 아니에요. 병원 내 다른 병동 환자들의 신고로 현재 정직당한 직원이 최소 두 명이고, 그건 아마 빙산의 일각이라고 생각해요." 예전부터 느껴왔던 문제가 계속 사라지지 않는 것 같다는 말은 하지 않았다. 나는 귀신을 믿지 않지만, 건물 벽에서 뭐라 말로 표현할수 없는 끔찍한 공포의 기운이 점점 스며 나오는 게 생생히 느껴졌다.

하지만 주위 사람들은 이상하게 아무도 개의치 않았다. 나 혼자만 느끼는 것일까?

그때 그가 나를 망상에 빠진 사람 보듯 바라보았다. 나는 속으로 생각했다. '아니요, 저 미친 거 아니에요. 이건 실제예요. 정말로 느껴져요.' 하지만 입으로는 아무 말도 하지 않았다. 그의 표정은 이제 내 판단력을 의심하는 듯했다. 나는 잠자코 있어야 할 때를 알아야 했다. 조용히 미친 사람처럼.

* * *

오후 5시, 저녁 근무 중이던 론은 병동 사무실에 앉아 간호 업무 기록지를 작성하고 있었다. 내가 뭐라 말하기도 전에 기다렸다는 듯이 이렇게 말했다. "오늘 오후에 빌과 얘기해봤어요. 루시가 헛소리하는 거래요."

"그렇게 말할 것 같았어요."

"아니 그럼…."

내가 그의 말을 가로막았다. "루시는 아무 일도 없었다고 했어요. 완전히 믿기진 않지만요."

론으로서는 예상치 못한 대답이었다. 긴장감이 사라지면서 얼굴 표정이 누그러졌다. 순간 굉장히 개인적인 생각을 말할 듯이 머뭇거리다가, 이내 마음을 고쳐먹는 듯했다. "뭐, 그럼 된 거죠?" 그가 어깨를 으쓱했다. 그리고 이렇게 말했다. "그래도 혹시 모르니까 빌이 루시 근처에 못 가게 조치해놓을게요."

· · ·

연차휴가를 며칠 냈다. 병원을 벗어나 집에서 며칠 쉬니 그제서야 얼마나 피로했는지 실감이 됐다. 나는 점점 두려워졌다. 그곳에 갇혀버릴까 봐 두려웠다. 나도 이 정신병원을 영원히 벗어나지 못할까 봐 겁이 났다. 루시처럼 나에게도, 그곳은 결코 안전한 곳이 아니었다.

그다음 주에 복귀했더니, 루시가 전날 밤에 무단이탈했다고 했다.

"화장실 창문을 타고 나갔어요. 경찰에 인상착의를 알렸는데 아직 아무 소식 없어요." 론이 기록지를 적으면서 고개를 들지 않고 말했다. "좋은 소식도 있어요." 그가 여전히 책상에서 눈을 떼지 않은 채 말을 잇는다. "케빈이 물 마시는 양이 훨씬 늘었어요. 배 속에 벌레가 들어 있다고 생각해서 그 벌레를 굶겨 죽이려 한다더라고요. 약을 먹으면 그 독에 벌레가 죽을 테니까 걱정할 필요 없다고 제가 설득했어요."

케빈은 조현병 진단을 받았지만 본인은 그 진단을 받아들이지 않았다. 부작용 때문에 약 먹는 것을 질색했다.

"빌은요?"

"오늘 저녁 근무예요."

론은 속으로 이렇게 말하고 싶었을 것이다. '그럼 이제 걱정할 것 없죠?'

하지만 걱정거리는 여전히 많았다. 무엇보다 당장 루시의 안전이 걱정됐을 뿐 아니라, 병동의 상황 자체가 걱정스러웠다. 그곳에서 내 말에 귀 기울여줄 사람, 문제 해결에 힘을 보태줄 사람을 찾기란 너무나 어려웠다.

루시는 실종 이튿날 발견되었다. 이번에는 기어이 스스로 생을 마감한 후였다. 병원 구내의 폐쇄된 곳에서 가죽 벨트로 계단 난간에 목을 매달아 죽었다. 그녀는 갈망하던 평온을 마침내 찾은 것일까? 의문과 함께 그녀를 구하지 못한 데 대한 슬픔과 분노가 밀려왔다. 틀림없이 구할 수 있다고 믿었기에.

...

나는 지금도 가끔, 차를 몰고 그 정신병원에 마지막으로 출근하는 꿈을 꾼다. 가로수 그림자가 길게 드리운 도로를 달린다. 이제 가로등도 비치지 않는 건물, 폐쇄하면서 못질해놓은 썩어가는 합판 틈으로, 금이 간 유리창 안쪽에서 오래전에 잊힌 얼굴들이 밖을 응시한다. 한때 100년간 슬픔이 울려 퍼지던 옛 정신병원에, 이제는 버려진 병동을 누비며 쥐를 쫓는 길고양이들의 울음소리만 남아 있다. 끔찍한 곳이었다. 내가 아끼는 사람 그 누구도 입원은 물론 발도 들여놓게 하고 싶지 않았을 곳이지만, 나는 그 현장에 있었다. 그곳에서 의사로 일하면서, 그리고 아무것도 바꾸지 못하는 무력감을 느끼며.

나도 환자들 그리고 다른 직원들과 마찬가지로 그 병원의 늪 속에, 어빙 고프먼이 '총체적 기관total institution'이라고 부른 작은 세상 속에 끝없이 빨려 들어가는 느낌이었다. 우리 모두는 그곳에서 긴 세월을 한데 갇혀 지내며, 바깥세상과 완전히 격리되어 살아갈 운명처럼 느껴졌다. 그곳에서 나는 인격도, 목적의식도, 자유의지도 잃어가고 있었다. 그 시절의 정신병원은 이제 사라진 지 오래이지만, 그곳에 만연했던 인습과 행태는 오늘날의 정신과 병동에도 아직 남아 있다. 나는 때로 본인이나 타인의 안전을 위해 환자를 병원에 구금할 필요가 있다고 생각하고—거기에 동의하지 않는 의견도 있다는 걸 알지만—다른 대안이 없는 경우를 많이 봐왔다. 그러나 우울증 환자의 압도적 다수는, 정신과 병동 입원이 필요하지도 않고 그들의 회복에 도움이 되지도 않는다. 지금은 다른 대안들, 예컨대 예전보다 효과가 좋은 심리 치료라든지(우울증에 성격적 어려움이 겹쳤을 때 특히 유용하다) 지역사회를 기반으로 한 가족적인 분위기의 치료 공간들이 있다. 그런 곳이 루시에게는 단기간 진정한 안식을 취할 터전이 되어줄 수 있었을 것이다. 지금도 우리 사회에는 마음이 힘든 사람을 위한 진정한 '안식처'가 충분치 않다. 우리는 여전히 그 목표를 쟁취해야 한다.

항우울제를 먹을 것인가

항우울제는 사람들의 의심을 많이 사는데, 그럴 만도 하다. 중독성을 우려하는 사람도 많고, 그런 약물에 의지하지 않고 우울증에서 벗어날 수 있어야 한다고 생각하는 사람도 많다. 심지어 항우울제가 전혀 효과가 없다는 의견도 상당히 있는데 그 역시 무시할 수 없다.

· · ·

앨런은 처음 내 진료실을 찾아왔을 때 삶에 희망이 없어 살 이유가 없다고 했다. 그는 중년의 화물차 운전기사로, 거의 날마다 전국을 돌아다녔다. 자기 몸을 돌보지 않는 듯 꾀죄죄한 행색이었다. 손톱은 울퉁불퉁하고 더러웠고, 수염은 깎지 않아 덥수룩했다.

"주치의 선생님이 플루옥세틴을 처방했네요." 내가 의뢰서를 훑어보며 말했다. 플루옥세틴은 항우울제다. 그 주치의는 내게 환자를 잘 보내지 않는 편이었다. 웬만한 우울증은 능숙하게 치료하는 사람이라 치료가 여의치 않거나 상태가 심각한 경우에만 환자를 보냈다.

"그런데 제가 복용을 안 했어요. 솔직히 말씀드리면, 약은 안 먹겠다고 제가 주치의 선생님한테 딱 잘라서 말했어요. 그래도 몇 주 동안 계속 권하시더라고요." 그가 살짝 겸연쩍은 표정으로 나를 보며, 내 반응을 기다렸다.

"그래서 여기 오시게 됐군요. 오신 기분이 어떠세요?"

"뭐 좀 겁은 나는데요, 제가 가보겠다고 했어요." 그러면서 더 이상 별달리 할 말이 없는 듯 어깨를 으쓱했다.

이야기를 어느 정도 듣고 나서 내가 물었다. "그럼 왜 약을 복용하지 않으셨는지 알 수 있을까요? 어떤 게 걱정되세요?"

"사실 걱정되는 건 없고요. 다른 게 아니라… 제가 제 문제가 뭔지 뻔히 알거든요. 제 직업이 싫고, 집사람이 절 싫어하고, 아이들이 절 싫어하는데, 매일 알약 하나씩 먹는다고 그게 다 어떻게 해결이 된다는 건지 이해가 안 돼서요."

"그렇군요. 오늘은 기분이 어떠세요?"

"솔직히 말씀드리면, 잠도 안 오고, 식욕도 없고, 머리도 안 돌아가요. 내일 당장 버스에 치여 죽어도 상관없을 것 같아요. 무슨 말인지 아세요? 그래도 아쉬워하는 사람 하나 없을 것 같아요. 이제 사는 게 의미가 없어요."

"혹시 본인의 삶을 끝내려고 방법을 생각해보신 적이 있나요? 지금 말씀하시는 것처럼 기분 상태가 좋지 않은 분들은 그러는 경우가 있거든요."

"트럭째로 다리에서 떨어져버릴까 생각은 해봤어요. 그런 생각 안 해봤다고 하면 거짓말이죠…."

"한 번 이상 생각해보셨나요?"

"글쎄요." 그는 진료실 벽을 바라보다가 다시 나를 보았다. 두 눈에 눈물이 그렁그렁했다. 눈을 깜박이자 눈물 한 방울이 뺨을 타고 흘러내렸다. 그가 주먹으로 눈물을 닦아내며 말했다. "솔직히 꽤 자주요."

"그럼 행동에 옮기지 않은 이유는 뭘까요?"

"아이들이요." 그는 그 말과 함께 눈물을 왈칵 터뜨리며 두 손으로 얼굴을 감쌌다. "아이들 때문에 차마 못 하겠더라고요."

. . .

내가 세상에서 더 이상 살 이유가 없다고 생각되는 순간이 다시 찾아왔을 때, 그전에 겪었던 많은 일들에도 불구하고 그 자각이 묘하게도 의외라고 느껴졌다. 나는 정신병원에서 겪은 일들을 머릿속에서 끊임없이 곱씹었다. 그때 에든버러의 끔찍했던 겨울이, 수평선 위에 어른거리던 미래의 희망마저 더는 보이지 않던 그 시절의 악몽이 되풀이되고 있음을 알아차렸더라면, 뭔가 더 빨리 조치를 취했을지도 모른다. 그러나 나는 경고의 신호들을 무시했다. 새벽에 잠을 깨고, 팔다리에 기운이 쭉 빠지고, 짜증과 화가 점점 늘고 있었는데도. 그 무렵 나는 일련의 상실까지 겪었다. 그럴 때마다 가까스로 붙잡고 있던 온전한 정신의 끈은 점점 풀려갔다.

샘은 몇 년 전부터 알고 지내던 일반진료의였다. 그때 나는 일하던 정신병원 인근의 마을에서 근무했다. 그는 한 해 동안 내게 더없이 큰 힘이 되어주었다. 마지막으로 만났을 때는 그의 집 주방에서 와인을 함께 마셨다. 그는 우리 병원에서 일하던 내 전임자의 기행을 이야기했다. 술 문제가 있던 환자를 치료해달라고 보냈더니, 환자 집의 칵테일 보관장에 있던 술을 깡그리 자기 차 트렁크에 싣고 가버렸다고 했다.

"그러는데 환자가 가만히 있었대요? 선생님은요?" 내가 물었다.

"가만 있었겠어요?" 그가 웃었다.

가끔은 술에 너무 취해 병동 회진을 돌지 못했다고 하는 이 고문의는, 결국 퇴직금을 후하게 받고 권고사직을 받아들였다. 하지만 그전에 변호사를 통해 내게 경고장을 보내 협박하는 것을 잊지 않았다. 이전 의료 수준에 대해 내가 경솔하게 했던 발언이 그의 귀에 들어간 듯했다. 아마 술친구들 중 누군가가 말해주었을 것이다.

"선생님이 와서 정말 다행이에요. 그 인간들 다 폭삭 망해버려라!" 샘은 집 현관에서 내게 잘 가라고 포옹해주었고, 나는 휴가 잘 보내고 오라고 했다. 그는 남동생과 자기 아들을 데리고 케언곰산맥에 두어 주 산행을 다녀올 예정이었다.

어느 토요일 오후, 존과 함께 차로 집에 들어가는 길이었다. 라디오 3시 뉴스에서 충격적인 소식이 들려왔다. 나중에 알게 되었지만 샘 일행은 스코틀랜드의 변덕스러운 봄 날씨에 대비한 장비를 제대로 갖추고 있지 않았다. 눈보라가 불어닥쳤는데 등산화에 부착할 아이젠이 한 벌밖에 없었던 것이다. 세 사람 모두 죽은 채로 발견되었다.

...

이어서 또 다른 상실이 찾아왔다.

"E 소식 들었어요?" 한 동료 심리치료사가 내게 전화해 물었다. 그녀는 내가 일전에 E에게 치료를 받은 것은 알았지만, 얼마나 오래 받았는지, 또 그가 내게 얼마나 소중한 존재였는지는 알지 못했다. "선생님 생각이 나더라고요. 소식 들으셨는지 제가 몰라서요."

"무슨 소식이요?"

아버지가 돌아가셨다는 소식을 들었을 때처럼, 이번에도 마음의 준비를 위한 경고는 딱히 없었다.

"E가 지난주에 강물에 뛰어들어 자살했대요. 세상에 어떻게… 믿어지지가 않아요."

그녀가 울음 섞인 목소리로 말했다. 하지만 나는 아무 말도 할 수 없었다. "미안해요, 끊어야겠어요. 다시 전화할게요." 가까스로 그렇게 말하고, 의자에 주저앉았다. 숨이 잘 쉬어지지 않았다.

내가 그에게 치료를 받았다는 사실은 한두 명만 알고 있는 비밀이었다. 그리고 E는 불명예스러운 상황에 처해 있었다. 나는 그가 자취를 감추고 두어 해 후에, 알려지지 않은 어떤 사유로 정직당하고 이어서 해고까지 당했다는 사실을 알게 되었다. 그는 한때 경력 많은 치료사로서 지역 내 유력 인사였으나 이제는 기피 인물이 되어 있었다. 어떤 일이 있었는지 나는 거의 아는 게 없었다. 이제는 그를 다시 볼 수 없게 되었다.

···

이 사건들에 대처하는 내 행동은, 과거에도 그랬듯이, 더 열심히 일에 매진하는 것이었다. 물론 일의 능률은 계속 떨어져만 갔다. 나는 이번에는 내 문제를 해결할 계획을 세세히 종이 위에 그리는 대신, 점점 늘어가는 병동의 문제들을 끊임없이 고민했다.

...

어느 일요일 저녁이었다. 월요일 새벽 일찍, 겨울 안개 속에 차를 몰고 장거리 출근할 생각을 하는데, 결국 내 정신이 회색빛 파편으로 산산조각 나는 느낌이 들었다. 아무것도 제대로 생각할 수 없었다. 난 롯가의 소파에 주저앉아 울었다. 석탄 난로의 불빛만 달아오르는 어두컴컴한 방 안에서, 존이 나를 발견했다. 나는 불꽃을 멍하게 바라보며 따닥거리는 소리를 들었다. 이상하게 아무 온기가 느껴지지 않았다. 온몸이 차갑고 무감각했다. 존이 옆에 앉아 나를 안고 다정히 머리를 쓰다듬어 주었고, 나는 몸을 떨며 흐느꼈다. 나는 내게 뭔가 심각한 문제가 있음을 마침내 인정할 수밖에 없었다.

...

"그럼 항우울제 한번 복용해보시겠어요?" 주치의가 내 반복되는 증상 이야기를 처음 듣고 나서 한 말이었다. 사설 치료사에게 심리치료를 다시 받아보려고 시도하다가 의미 있는 소통을 하지 못하고 중단한 다음이었다.

그때는 잘 몰랐지만, 주치의와 면담하는 것은 춤추는 것과 비슷하다. 환자와 의사는 번갈아가며, 사회심리학자들이 쓰는 표현으로 하면 '발언권을 쥔다'. 그리고 협상을 펼치는데 거기엔 뚜렷한 서론과 본론과 결론이 있다. 환자는 자신에 대해 의사가 더 많이 알게 하려면 적절한 신호를 제공해야 한다. 즉, 자기 기분이 얼마나 엉망인지 짐작할 만한 말을 해주어야 한다. 그리고 의사는 그 신호를 포착해야 한다. 의사는 흥미가 동하지 않으면 환자의 문제를 파고들 필요성을 느끼지 못할 수도 있다. 그런가 하면 환자도 그걸 원치 않을 수 있다. 최대한 빨리 자리를 벗어나려고 하면서 의사의 '분석' 시도를 일체 거부할 수도 있다. 나는 주치의마다 우울증 환자 진료에 있어 관심도와 전문성이 천차만별이라는 것을 알고 있었다. 그런 상담에 능숙한 사람이 있는가 하면, 질문은 다 맞게 하는데 환자의 기분을 진정으로 이해하지 못하는 사람도 있다. 그런가 하면 감정에 관한 대화를 나누는 것 자체가 쉽지 않은 의사도 소수 있다.

나는 내가 원하는 게 뭔지 정확히 알았다. 그전에 받은 상담치료가 한동안은 효과가 있었다. 나는 E와 같이 했던 작업 덕분에 과감한 결정들을 내릴 수 있었고, 그로 인해 삶이 뒤죽박죽이 되기도 했지만, 그게 다 결국은 최선의 변화였다고 믿었다. 지난 몇 년 동안 나는 조심스러운 희망을 품었다. 앞으로는 그 끔찍한 불안과 두려움을 영영 겪지 않을 것 같기도 했다. 그런데 그 황량하고 공허한 감정이 다시 찾아온 것이다. 이번에는 진이 빠지고 무력하면서 무감각한 기분까지 들었다.

나는 내 주치의가 마음에 들었다. 그는 체구가 우람한 남자였고 나이는 나와 비슷했다. 샘처럼 산을 타고 강을 건너는 취미가 외모에서부터 드러났다. 늘 험한 봉우리와 미끄러운 암벽과 아찔한 바위산을 타고 올랐고, 상담실 벽이 온통 그런 사진들로 빼곡했다. 그런데 위험에 도전하면서도 안전을 철저히 챙긴다는 느낌이 있었다. 어쩐지 무척 안심이 가는 사람이었다.

하지만 내가 속으로 겪고 있는 일들을 정말 이해했는지는 알 수 없었다. 나도 내 마음속의 장애물을 타고 오르고 있었다. 지금도 그렇지만 낭떠러지 끝자락에서 하루하루를 살면서, 가끔 삐딱한 마음으로 로프를 내던져버리는 것 같았다. 그리고 남들도 그런 내 행동을 모르지 않는 듯했다. 내 주치의는 잘 이해하지 못하는 것 같았지만, 이해하려고 무척 애쓰는 모습이었다.

...

"잠은 잘 주무시나요?" 주치의가 물었다.

"잘 못 자요. 새벽에 깨서 누운 채로 이런저런 생각을 하면서 불안해해요."

"무슨 생각을 하세요?"

"일이요. 전에 말씀드린 온갖 문제들이요."

"그러고 나서는요?"

"일어나서 차를 한 잔 타요."

"기력은 좀 어떠세요?"

"하나도 없어요. 잠 좀 잤으면 좋겠어요." 나는 최대한 설명해주었다. "그런데 잠이 안 와요. 매사에 의욕이 없고요. 몸무게도 빠지는 것 같아요."

그는 자기가 적은 것을 잠깐 살펴보다가, 얼굴을 들고 말했다. "그럼 항우울제 한번 복용해보시겠어요?"

"네, 그러죠."

그는 무슨 약인지 굳이 말해주지 않았다. 내가 다 안다는 것을 그도 알고 있었다. 정신과 의사로서 나 또한 환자들에게 처방해주는 약이었다. 나도 기분이 나아질 수만 있다면 뭐든 해보고 싶은 절박한 심정이었다.

　내가 그에게 말하지 않은 것도 있었다. 밤마다 베개를 땀과 눈물로 적시며 잠든다는 것, 내가 의사 일을 잘할 가망이 없고 무슨 일을 해도 잘할 것 같지가 않다는 것, 세상으로부터 고립되고 주변 모든 사람과 단절된 느낌이라는 것. 그리고 매번 꾸는 꿈 이야기도 하지 않았다. 꿈속에서 시험을 봐야 한다거나 무슨 과제를 끝내야 한다거나 하는 일이 항상 있는데, 그 일을 하려면 남들의 도움을 받아야 했다. 협조를 구할 상대는 보통 병원 동료들이었는데, 가끔은 어머니나 아버지가 등장했다. 그리고 장소는 어릴 적 살던 집의 내 방이었다. 그런데 상대가 내가 바라는 것을 절대 해주지 않았다. 나는 상대가 그 일을 반드시 해줘야 한다고 고집했으므로 말다툼이 벌어졌다. 나는 내 주장을 또박또박 진술했다. 적어도 존의 말―당신 또 잠꼬대를 논리정연하게 하더라―에 따르면 그랬다. 소리 내어 말하다가 내가 잠이 깨기도 했다. 그 꿈속 세상은 매번 처음 경험하는 듯한 느낌이라 더욱 생생했다. 무엇을 하려고 해도 뜻대로 되지 않았다. 마치 세상과 나 사이를 가로막고 있는 끈적끈적한 물질 속을 힘겹게 나아가려고 하는 기분이었다. 목표로 가기 위한 마지막 관문들이 계속 더 어려워지면서 멀리 달아나곤 했다.

　가슴을 짓누르는 무거운 쇳덩어리 이야기도 하지 않았다. 울거나 존과 이야기하면 좀 가벼워졌지만 그것도 잠깐이었다. 보이지 않는 악마가 역기의 양쪽 끝에 10킬로그램씩 추를 더 단 것처럼 다시 무게가 느껴졌다. 도저히 내 힘으로 가슴에서 그것을 들어 올릴 수가 없었다. 영어에서 '가슴의 짐을 털어낸다get it off your chest'고 하는 표현이 여기에서 유래했는지 모르지만, 나는 도저히 털어낼 수가 없었다. 상담도 이제 효과가 없었다.

...

약을 처음 먹기 시작한 지 2~3주쯤 지나자 차츰 회복이 되어갔다. 그 후로 약 3년간 시험을 보고 직장과 가정의 변화를 겪는 동안 약을 먹다가 안 먹다가 했다. 이제는 약의 효과를 경험으로 알았기에, 이번에 우울증이 다시 도진 원인은 꼭 지난 한 해 동안 있었던 일들 때문만은 아닌 게 분명했다. 상태가 심각해지기 석 달 전에 항우울제를 다시 끊었던 것이다. 그것도 직장에서 심각한 어려움을 겪을 때였다. 그 결과 우울증이 재발하고 익숙한 증상들이 모두 다시 찾아왔는데, 다만 그 강도가 그 어느 때보다 셌다. 가슴을 짓누르는 쇳덩어리가 너무 무거워 이제는 옴짝달싹도 할 수 없었다. 마치 납 성분이 핏줄과 뼛속까지 퍼져 심신의 모든 작용이 느려진 듯한 느낌이었다.

이번에는 곧바로 주치의를 찾아가지 않고 동료이자 친구인 수전에게 전화했다. 수전은 내 정신건강 상태를 솔직하고 딱 부러지게 진단해주리라고 믿을 수 있는 몇 안 되는 사람 중 하나였다. 그러자 자기가 있는 병원으로 바로 그날 오후에 찾아오라고 했다. 맨체스터 북쪽 근교의 프레스트위치 병원이었다. 그녀가 당시 심리치료 일을 하지는 않았지만 그쪽으로 수련받은 것은 알았다. 나는 아무래도 일단 약부터 다시 복용해야 하지 않을까 하는 생각도 있었지만, 내 증상뿐 아니라 내 이야기를 들어줄 사람을 갈구하고 있었다.

...

우리는 프레스트위치 병원의 오래된 관리동에 있는, 중앙 통로에 접한 작은 방에서 만났다. 내가 일하고 있던 정신병원과 첫인상이 흡사하여 흠칫 놀랐다. 우중충하고 방치된 듯한 느낌이 똑같았다. 짙은색의 문과 창틀, 닳아빠진 리놀륨 바닥, 빛바랜 놋쇠 문손잡이. 맨체스터의 매연과 비에 수십 년간 쩌들어 희미한 빛만 비쳐드는 창문. 하지만 두 병원의 비슷한 외양에도 불구하고, 이곳엔 뭔가 다른 분위기가 있었다. 이곳이 내 진정한 피난처가 될 수도 있을 듯한, 이곳에서 도움을 받을 수 있을 듯한 느낌이 들었다. 내가 믿는 친구가 미소로 나를 맞아주며 방으로 안내했다. 존은 밖에서 기다렸다.

수전은 내 병력을 청취하면서 내가 기대했던 만큼 세심하게 마음을 써주는 모습을 보였다. 하지만 우려했던 것처럼, 대화를 시작한 지 얼마 되지 않아 죽음과 관련된 질문을 꺼냈다.

"이 질문을 드려야 할 것 같은데요." 수전이 맑고 차분한 회청색 눈으로 나를 똑바로 바라보며 말했다. "기분 상태가 너무나 좋지 않아 살 이유가 없다는 생각이 들었던 때가 있었나요?"

"네." 그 이야기를 할 수 있게 되었다는 데서 안도감이 들기도 했지만, 그 고통스러운 감정을 묘사할 말을 찾기란 쉽지 않았다. 말하는 내내 흐느낌을 멈출 수 없었다. "가끔은 고속도로에서 차를 몰고 달릴 때… 핸드브레이크를 당기기만 하면 된다는 생각을 머리에서 떨칠 수가 없어요. 그러면 차가 핑 돌면서 뒤집어질 테니까요. 정말 그럴 마음은 없는 것 같은데… 하지만 도무지… 도무지 머리에서 떨칠 수가 없어요. 그 생각에서 벗어날 수가 없어요."

"지금 이야기한 게 어떤 증상인지 아시죠." 그녀가 기록하던 손을 잠깐 멈추고 나를 다시 쳐다보았다. "가끔은 강박적 사고를 하는 것으로 볼 수 있을까요?"

그녀에게 이미 남동생의 병 이야기와 아버지의 죽음을 뒤늦게 애통해한 이야기는 했다. 벗어나려고 그토록 애썼던 과거가 또다시 내 발목을 붙잡고 있었다. 나는 직장에서 겪는 문제도 이야기했다. "그럼 제가 편집증인 걸까요?"

"모르겠어요." 이렇게 대답하고, 그녀는 병원과 관련된 내 감정과 생각을 더 많이 물어보았다. 그리고 이렇게 말했다. "네, 다소 편집증적인 사고를 하고 있을 가능성이 있어요. 물론 현재 기분 상태를 생각하면 그럴 만도 해요. 아주 괴로운 일들이 없었다는 것은 아니지만, 그 일들을 실제보다 좀 과장되게 인식한 건 아닐까요?"

나는 고개를 끄덕였다. 무슨 말인지 알고 있었다. 편집증일 가능성이 있지만, 그렇다고 해서 괴로운 일들이 실제로 전혀 없는 것도 아니라는 것이다.

"제가 보기엔…." 수전이 잠깐 뜸을 들였다가 말을 이었다. "정말 상태가 안 좋으신 것 같아요. 제게 연락 주고 찾아오셔서 정말 다행이에요. 그러기가 많이 힘드셨을 텐데요."

"이렇게 바로 만나줘서 고마워요."

그녀가 나를 똑바로 쳐다보았다. "제 생각은요, 심각한 우울증 같아요. 선생님 생각은 어때요?"

나는 수전의 말에 그리 많이 놀라지는 않았다. 그렇지만 항우울제를 간헐적으로 복용해왔음에도, 나도 배울 만큼 배웠고 알 만큼 알고 있음에도, 그 진단을 받아들이기는 쉽지 않았다.

내 평소 불만 중 하나는 많은 정신과 의사들이 우울증의 주원인이 생물학적 요인이라는, 즉 '신경전달물질'이라고 하는 뇌 속 화학물질의 농도 변화 때문이라는 믿음 쪽으로 기울고 있는 것이었다. 프로작을 비롯해 '선택적 세로토닌 재흡수 억제제SSRI'라고 하는 최신형 항우울제 판매에 열을 올리는 제약회사들도 그러한 주장에 힘을 실었다. 그러나 팀 롯Tim Lott이 회고록 『말린 장미꽃 향기The Scent of Dried Roses』에서 말하 듯이, 인간 사고의 그 복잡한 특징들이 단순한 화학적 불균형으로 설명 될 수 있다는 것은 참으로 믿기 어렵다. 나는 그때도 그랬고 지금도 그렇 지만, 인간의 모든 질환 중에서 가장 주관적이면서 개인적인 정신질환의 성격과 본질이 그리 간단한 무언가로 축약될 수 있다고 믿지 않는다. 그 리고 그 치료가 뇌의 모자란 물질을 채워주는 방법으로 그렇게 간단히 되리라고 생각하지도 않는다. 나는 정신질환의 생물학적·사회적·심리적 결정 요인을 모두 고려하도록 교육받았지만 — 약도 물론 처방하긴 했으 나 — 치료는 늘 뒤의 두 방면에 중점을 두어왔다. 그럼에도 불구하고, 우 울증을 생물학적으로 설명하는 것에 긍정적인 측면이 있다는 것 역시 충분히 알고 있었다. 그러면 병원 근무를 쉬는 것을 정당화할 수 있었고 (건강이 좋지 않아 치료가 필요했으니), 내 질환에 대한 일종의 자책감도 차 츰 덜 수 있었다. 물론 우울증에 걸린 사람이 자책감에서 완전히 벗어나 기는 어려운 법이다.

· · ·

어쩌면 그보다 더 이해하기 어려운 문제는, 바로 내 환자 앨런이 말했 던 딜레마다. 문제의 원인은 외부 사건이라는 게 너무나 명백한데, 알약 을 먹는 게 무슨 도움이 되겠냐는 것이다. 이 질문에 답하기란 쉽지 않 다. 물론 우울증이 어떤 사건으로 유발되는 건 맞다. 하지만 일단 유발 되고 나면 나름의 생명을 획득한다고도 볼 수 있다. 그리고 그 생명 주기는 짧을 수도 있고 길 수도 있다. 가령 긍정적인 사건이 일어나(학자들은 이를 '새 출발 사건fresh start event'이라고도 한다) 회복을 촉진해주면 우울증이 금방 지나갈 수도 있다. 반면, 애초에 우울증을 유발했던 문제가 해결되지 않는 경우엔 굉장히 오래갈 수도 있다. "네, 매일 알약 하나를 먹는다고 어떻게 문제가 해결되는지 이해가 안 될 수 있으실 것 같아요." 나는 설명을 시도해보았다.

앨런이 고개를 끄덕였다. "그러니까요."

"말씀하시는 게 맞아요. 약을 먹는다고 문제가 사라지진 않지요. 하지만 2주 정도 복용하면 기력이 나고 잠이 더 잘 올 거예요. 그러면 다시 사고가 명확해지고 문제 해결에 나설 힘이 생길 수 있어요."

그가 의아하다는 표정으로 나를 보았다. 더 압박을 가하면 좋지 않겠다는 느낌이 강하게 들었다. 물론 약이 분명히 도움이 될 거라고 믿었고, 그의 안전이 무척 걱정스러웠다.

"그래도 지금은 먹고 싶지 않은데요." 앨런이 내 시선을 피하며 말했다.

작정하고 약을 복용시키려고 한다는 인상을 주지 않는 게 중요했다. 이제 겨우 마음이 통하기 시작했는데 지금까지 한 노력이 수포로 돌아갈지도 모른다. 나는 이렇게 말했다. "선택을 하시면 돼요. 몇 가지 방법을 같이 생각해보고, 그다음에 원하시는 쪽을 말해주시면 그렇게 하지요."

"그럼 약을 꼭 먹어야 하는 건…."

"아니에요, 원하는 대로 결정해주시면 돼요. 제가 강요할 수는 없는 거니까요. 그러고 싶지도 않고요. 저는 제 생각에 좋은 방법을 말씀드릴 뿐이고, 약을 드시면 기분이 많이 나아지실 거라고 생각은 해요. 그렇게 장기간 복용하실 필요도 없고요."

"그래요?" 그 말에 솔깃해하는 반응이었다.

"그런데 일단은 어떤 방법들이 있는지 먼저 보죠."

그렇게 그에게 선택권을 주어 그를 대화에 끌어들일 수 있었다. 앨런은 약을 먹어보기로 했고, 더딘 회복 과정을 밟기 시작했다. 인생의 어려운 결정을 돕기 위한 문제 해결 치료도 일부 병행했고, 그는 마침내 회복할 수 있었다.

• • •

수전도 몇 가지 치료 방법을 내게 설명해주었다. 내게도 항우울제가 도움이 될 거라고 했다. 문제는 내가 전에 항우울제를 복용해보고 질색했다는 것이었다.

"전에 도티에핀 복용해보셨지요. 어떠셨어요?"

대답을 생각해보았다. 일단 부작용을 견디기 힘들었다. 입이 바짝 마르고 몸무게가 늘었다. 아침에 일어나면 저혈압으로 어지러웠다. 침대가 가파른 계단 바로 위에 있어서 잠에서 깼을 때 자칫 사고가 날 수도 있었다. 내가 약을 피하고 싶었던 것은 어느 정도는 그런 부작용 때문이었다.

하지만 장점도 없지 않았다. 전에 먹었을 때 분명히 효과가 있었고, 먹는다고 성격이 변하지도 않았다. 항우울제는 끊으면 금단증상을 보이는 사람이 있지만(나도 나중에는 그랬고), 적어도 미칠 듯이 원한다거나 점점 복용량을 늘려야 한다거나 하는 의미에서의 중독성은 없다. 내 환자들에게도, 특히 우울증이 심한 환자의 경우 효과가 있었다.

나는 솔직한 생각을 말했다. "삼환계 약은 다시 복용하고 싶지 않은데요, SSRI로 해봐도 될까요?"

수전이 동의했다. "강박적 사고가 있으니까 그쪽이 권장되는 치료법이에요."

내 짐작엔 도티에핀(지금은 도술레핀으로 불린다)처럼 과용할 경우 치명적인 약은 주지 않으려는 것 같기도 했는데, 그런 말은 없었다. 이번에는 파록세틴이라는 항우울제를 복용해보기로 했다. 수전은 그뿐 아니라—나는 회의적이었지만—정식 심리치료를 다시 받아보는 게 좋겠다며 상당히 확신을 갖고 권했다. 하지만 지금 나는 생각을 논리적으로 하기 어려운 상태이니 서두를 건 없다고 했다. 자기가 의뢰할 고문의가 적당한 시간대가 빌 때까지 기다렸다가 그때 받으면 된다고 했다.

나는 새로운 약을 복용하는 게 불안했고, 처음 며칠은 속이 많이 메스꺼웠다. 아침에 특히 심했는데, 음식과 함께 먹으면 좀 견딜 만했다. 게다가 두통도 더 잦아졌다. 그런 부작용은 차츰 사라졌지만, 파록세틴 20밀리그램은 큰 도움이 되지 않는 듯했다. 초조함은 좀 가라앉았는데 암울하고 공허한 느낌은 사라지지 않았다. 앞으로 기분이 더 나아질 수 있기는 할지 의문이 들었다. 여전히 아침 늦게까지 침대에서 일어나기가 힘든 데다가, 무엇보다 책을 늘 끼고 살았던 사람으로서 책을 읽기는커녕 펴기도 힘든 것이 괴로웠다. 복용량을 40밀리그램으로 늘려도 별 차이가 없었다. 생각해보면 이상한 일은 아니었다. 지금은 심한 우울증에는 SSRI의 효과가 상대적으로 떨어진다는 것을 나도 안다. 3개월쯤 후에 이번엔 리튬을 복용하기 시작했다. 리튬은 양극성 장애의 치료약으로 잘 알려져 있지만, 항우울제가 듣지 않는 사람 중 약 절반에게는 기분을 꽤 빨리 나아지게 해주므로 우울증 치료약으로도 효과가 있다. 그러나 리튬의 단점은—심각하게는 물론 신장병에 걸릴 위험이 높아지는 것도 있지만—혈액검사를 정기적으로 받아야 하고, 내가 나중에 경험했듯이 갑상샘 저하증을 일으킬 수 있다는 것이다.

· · ·

리튬을 복용한 지 두어 주쯤 지난 어느 날 아침이었다. 나는 몸을 뒤척거리며 전날 밤 힘든 꿈을 꾸느라 또 축축히 젖은 베개에 얼굴을 파묻었다. 무엇인지조차 분명치 않은 어떤 문제를 해결하려고 이리 뛰고 저리 뛰는 꿈이었다. 그런데 침대 옆자리가 휑했다. 존이 일어나고 없었다. 몇 시나 됐을까? 얼마나 잔 걸까? 평소 잠에서 깨면 정신이 들기 전부터 꼭 느껴지기 시작하던, 가슴을 짓누르는 압박감이 느껴지지 않았다. 눈을 뜨고 주위를 둘러보았다. 커튼에 햇빛이 비치고 있었다. 풀 냄새가 산들바람에 감돌았고 새소리가 들렸다. 사라졌던 새들이 언제 다시 돌아왔을까? 아주 오랫동안 새소리를 듣지 못했었다.

그날 아침은 뭔가가 달랐다. 미묘한 변화였다. 돌이켜 보면 그때가 내가 회복하기 시작했을 때였다. 마음이 가벼워지고, 주변 세상이 다시 보이기 시작했다. 이런 변화가 매일 밤 삼켰던 알약과 정말 연관이 있는 것일까? 믿어지지가 않았다. 약을 먹으면 세상을 지각하는 방식이 변할 수 있다는 건 알았지만, 내가 안고 있던 문제의 해결 방법이 그리도 간단하다는 것을 인정하고 싶지 않았다. 하지만 사실이었다. 끔찍하던 압박감은 완전히 사라지진 않았지만 훨씬 가벼워졌고, 무언가 다른 것들이 그 횡포를 견제하고 있었다. 그것은 새소리, 풀 냄새, 화창한 햇살이었다. 세상이 내게 노래하고 있었다. 삶이 다시 찾아온 것이었다.

그때 약은 확실히 효과가 있었고, 그 뒤로도 힘든 시기가 다시 올 때마다 대개 효과가 있었다. 약이 없었더라면 그 시기를 버텨내고 봄날 아침의 청명한 아름다움에 다시 감탄하지 못했으리라. 약이 누구에게나 효과가 있는 건 아니지만, 아무리 회의론자라도 기분이 심하게 가라앉은 사람에게 약이 어느 정도 유용할 수 있다는 사실만은 부정하지 않는다.

정신과 의사 1년 차 때 어떤 환자가 기분이 좋을 때는 잔디밭에서 잔디 자라는 소리가 들린다고 한 적이 있었다. 그 말뜻이 그 순간 이해가 되었다. 나는 어린 시절 이후로 항상 남들의 기분에 극도로 민감했다. 남들이 하는 말과 행동의 미묘한 변화를 알아채고 거기에 담긴 의미를 걱정하곤 했다. 민감하게 알아차리는 사람의 안 좋은 점이다. 하지만 우울증에서 회복하기 시작하면서, 그와는 다른 면에서 민감해지는 순간을 경험했다. 세상과 다시 완전히 하나가 되는 기분이었고, 자연의 리듬과 다시 어우러지는 기분이었다. 그것은 결코 병적인 현상으로 폄하하고 싶지 않은, 마음이 바다처럼 넓어지는 순간이었다.

그럴 때면 나를 짓눌렀던 쇳덩어리가 정말 그렇게 무거웠던 게 맞나 하는 의문이 들었다. 이제는 눈 녹듯 사라져버렸다기보다, 애초에 그런 게 없었던 건 아닐까 하는 생각도 든다. 어쩌면 나는 과장하고 연기하면서, 직장과 일상에서 져야 할 책임을 피하려고 했던 게 아닐까? 남들도 다 그렇게 생각하고 있던 건 아닐까? 다 잊어버리려고 작정하면 우울증의 고통은 더는 잘 기억나지 않는다.

그러면서도 예전에 의대생 때 깨달았던 사실을 다시금 깨달았다. 사람들이 각자 마음속의 산을 오르다가, 깊은 골짜기에서 허우적대며 올라갈 길을 찾지 못하는 상황이 너무나 잘 이해가 되었다. 이번에 내 경우는, 누군가가 밧줄을 기꺼이 던져주었기에 잡고 오를 수 있었다.

항우울제는 어디까지나 우울증 치료 과정의 일부일 뿐이다. 하지만 우울증이 심하고 상담치료에 마음을 열기가 어려울 때, 시도해볼 가치가 확실히 있다고 생각한다.

과거 마주하기

가끔은 과거가 현재 속에 살아 있는 것처럼 생각될 때가 있다. 우리는 과거의 인간관계에서 어렵고 힘들었던 기억을 지금 소중한 사람들과의 관계 속에서 재연한다. 우울증을 떨치지 못하거나 거듭하여 겪는 사람이라면, 때로는 과거로 되돌아가 과거가 현재에 미치고 있는 힘을 간파하고 거기에 제동을 걸어야 할 수도 있다.

• • •

"그럼 심리치료 받으시는 게 이번이 세 번째인가요?" 나와 마주 앉은 제니가 빙긋 웃으며 말했다. 그 인삿말을 들으니 또다시 이 자리에 앉은 내 처지가 좀 덜 비관적으로 느껴지는 듯했다.

"네, 삼세판이란 말도 있으니까요." 농담을 던져보았는데 그녀는 표정 변화가 없었다. 우리는 전에 일 관계로 만난 적은 있었지만 둘이 만나는 건 처음이었다. 그녀는 목소리가 차분하고 눈빛이 예리하여 무엇 하나 놓치지 않았다. 나는 여섯 달을 기다린 끝에 그녀와 상담 시간을 잡을 수 있었다. "최근 몇 년간 있었던 일들을 좀 거리를 두고 생각해봐야 할 것 같아서요."

그곳은 잉글랜드 북쪽의 어느 도시에 있는 큰 연립주택의 휑뎅그렁한 2층 방이었다. 원래 흰색이었을 벽은 이제 거의 회색이었다. 문가의 지저분한 얼룩은, 나보다 앞서 이곳을 찾았던 사람들에게서 퇴마사가 퇴치한 악령들이 앞다투어 방을 빠져나간 흔적인 듯했다. 방 안에는 안락의자 두 개가 비스듬히 마주 보고 놓여 있었다. 한쪽 벽에는 빛바랜 붉은색 물방울 무늬 천으로 덮인 환자용 소파가 놓여 있었는데, 사설이 아닌 국립보건원 소속 심리치료사의 치료실에서 그런 것을 본 건 처음이었다. 방 안 공기는 따뜻했고, 오래된 향수의 꽃 향기가 희미하게 느껴졌다.

"그럼 지금도 약을 복용하시나요?" 제니가 수전이 써준 의뢰서를 넘기며 물었다.

"네. 그리고 직장에도 복귀했어요. 여섯 달 만에요. 얼마 전에 결혼도 했고요." 나는 병원에 복귀한 후 곧 존과 결혼식을 올렸다.

"아 그렇군요, 축하해요!" 그녀가 웃으며 말했다. "직장에서 문제가 좀 있었던 것 같네요. 무슨 일이 있었나요?"

"병원 경영진과 갈등이 좀 있었어요. 그래서 기분이 많이 가라앉았고… 편집증도 좀 나타났어요. 뭔가 음모가 있다고 생각했거든요. 실제로 그런 건 없었지만… 지금도 경영진과 사이가 좋지 않아요."

경영진은 내 복귀를 원했다기보다 마지못해 허락한 것이었다. 나에 대해 비공개 민원이 몇 건 들어왔다고 했다.

제니가 말했다. "그리고 수전에게 들었는데, 전에 치료받으셨던 E에게 무슨 일이 있었다고…"

"네, 선생님도 아시는 분이었나요?" 주저하며 물었다. 만난 지 얼마 안 된 사람 앞에서 E의 얘기는 그다지 하고 싶지 않았다.

"이름은 아는데 만난 적은 없었던 것 같아요."

딱히 거짓말을 하는 것 같진 않았는데, 그래도 E의 일을 좀 알고 있지 않을까 궁금했다. 정신역동 심리치료 업계는 워낙 바닥이 좁아 한 다리만 건너도 다 아는 사이다.

"그 선생님이 저한테 가장 도움이 많이 됐던 것 같아요." 나는 그렇게 빠르게 말하면서, 아래에 두었던 시선을 들어 그녀를 보았다. 그녀는 이 주제를 더 얘기할지 망설이는 내 마음을 눈치챈 표정이었다. 나를 가만히 보며 내 다음 말을 기다렸다.

"그다음 치료사는 제 마음에 전혀 안 들었어요. 그분도 아마 제가 마음에 안 들었을 거예요." 나는 급히 화제를 바꾸었다.

"마음에 드는 게 본인에게 중요한 거죠?"

"네, 아주 중요해요."

"지금은 심리치료에 대해 어떻게 생각하세요?" 그녀가 나지막한 목소리로 물었다.

좋은 질문이었다. "여전히 좋게 생각해요. 아니면 여기 안 왔겠지요."

"E에게 상담받을 때는 어떤 게 가장 도움이 됐나요?"

"아버지의 죽음을 애통해할 수 있게 도와줬어요." 나는 하나씩 차례로 이야기했다. 아버지가 돌아가셨던 그 겨울의 사건들, 결혼 생활이 파경을 맞은 일, E의 치료를 통해 내가 아버지를 비롯해 힘 있는 남자들과 계속 어려운 관계를 맺어왔다는 사실을 깨닫게 된 것. 제니는 장시간 내 이야기에 귀를 기울였다. 말을 잠깐 멈추고 그녀를 보니, 눈빛에서 염려와 따스함이 느껴졌다.

"어머니 이야기는 안 하셨네요."

"네, 안 한 것 같네요."

"해주시겠어요?"

"어머니와는 그리 친했던 적이 없는 것 같아요."

"왜 그렇게 생각하세요?"

"저한테 항상 뭐라고 하셨거든요. 시작은 항상 똑같았어요. 제가 숙제를 해야 한다거나 친구들과 놀러 나가야 한다거나 하면서 집안일을 잘 안 돕는다고 해서 말다툼이 붙곤 했지요. 제가 뭘 어떻게 해도 어머니는 절대 만족하는 법이 없었어요."

. . .

아픈 기억은 사라지지 않는다. 의식의 전면에 다시 떠오를 기회를 호시탐탐 노리고 있을 뿐이다.

나와 어머니의 관계라고 하면 오래전 어느 여름이 늘 떠오른다. 내가 세상에 혼자뿐인 기분을 처음 확실히 느낀 때였다.

"우리는 온종일 뼈 빠지게 일하는데, 너는 순 네 걱정뿐이지. 내가 낳은 자식한테 할 소리는 아니지만 넌 참 이기적인 애야." 엄마가 말했다.

"억울해. 나도 일하고 있다고." 내가 대꾸했다. 나는 여름 내내 대입 자격 시험 모의고사 공부를 하느라 바빴다.

"일? 네가 일이 뭔지는 아니? 엄마는 열다섯 살 때부터 밖에서 일했어. 됐다, 말해서 뭐 하겠니. 나는 네 나이 때 내 앞가림 알아서 했다고. 제발 철 좀 들어." 엄마는 그러면서 방을 박차고 나갔다.

나는 지지 않고 엄마를 뒤따라갔다. "엄마는 항상 나만 갖고 뭐라고 그래. 공부하라며! 그럼 공부할 시간을 줘야 할 거 아냐. 남자애들한테는 생전 일 하나 안 시키면서!"

나는 토요일마다 할인마트에서 종일 일했다. 후덥지근해 땀이 차는 체크무늬 나일론 유니폼을 입고, 식품 계산대에 앉아 일하거나 진열대에 빵과 케이크를 채웠다. 옷은 모두 내가 번 돈으로 샀다. 공부에 열심이어서 가끔은 밤늦게까지 책상에 앉아 있었다. 엄마에게 내 앞가림을 하라는 말을 듣고 나서부터는 옷은 내가 빨고 다렸다. 그래도 엄마는 나를 마음에 들지 않아 했다. 나는 늘 실수를 했고, 거기엔 늘 대가가 따랐다. 우리 집에서는 아이가 실수를 저질러 부모를 힘들게 하는 건 용서할 수 없는 죄로 취급됐다. 누구나 성장하면서 흔히 치르는 갈등이었다는 걸 지금은 모르지 않는다. 그러나 부모님은 내 행동을 사랑과 이해 그리고 때로는 엄한 통제로 다스려 나를 보다 성숙하게 자라게 해주기는커녕, 내게 분노를 쏟아내고 매몰찬 소외감을 안겨 내 정서 발달이 저해되는 것을 넘어 꽤 오랫동안 정체되게 했다. 나는 50대가 된 지금도 가끔은, 언제까지나 분노와 반항심에 찬 10대 소녀로 살 것 같은 생각이 든다.

. . .

"어머니 말고도 10대 때 집에 힘든 일이 많았어요."

"어땠는데요?" 제니가 물었다.

"우선 동생의 강박 장애 때문에 집 안에 늘 긴장된 분위기가 있었어요. 그때는 무슨 병인지도 몰랐고 식구들이 다 그것 때문에 진을 뺐어요. 아버지가 동생 행동을 고치려고 애를 썼는데⋯."

"그런데요?"

"어떤 행동을 꼭 해야 한다는 사람에게 그럴 필요가 없다고 설득하는 건 쉽지 않더라고요. 매번 난리도 아니었어요⋯. 다들 많이 힘들었어요."

앨런이 자기만 알고 있는 머릿속 악마와 혼자 싸우는 고통은 다른 사람으로서는 상상하기조차 어려웠다. 그렇지만 우리 가족은 울음과 난리법석과 낙담이 예삿일이 되어버린 묘한 일상에 차츰 익숙해져갔다. 마치 계속되는 자연재해 속에서 사는 기분이었다. 이제 모든 것에 무감각해져 더 충격받을 일도 없었다. 동생의 정신질환은, 물론 죽음이나 파멸 같은 인생의 큰 사건에 비할 바는 아니었다. 하지만 그것은 매일 반복되는 일상 속의 비극으로서, 동생 본인뿐아니라 우리 모두의 꿈과 희망을 소리 없이 서서히 앗아갔다.

"그리고 제가 열다섯 살이던 그해 여름이었어요. 엄마가 제 방을 정리하다가 뭐가 나왔다는 거예요. 엄마가 평소에 제 방 정리 같은 건 하지를 않았는데 이상했죠. 어쨌든 제 일기장을 봤다는 거예요."

일기장은 평소 내 방 화장대 밑 커튼 뒤에 숨겨두었다. 커튼은 내가 초록색과 파란색 무늬로 된 자투리 천으로 만들어 달았다. 일기장은 A4 크기의 노트였고, 단풍잎이 그려진 쓰고 남은 포장지로 커버를 만들어 씌웠다. 일기장에 쓴 내용은 내가 본 영화들, 내가 가본 곳들(몇 곳 없었다), 가보고 싶은 곳들(아주 많았다), 학급에서 호감 있는 남자아이들 이야기 등 10대 소녀가 전형적으로 품을 만한 생각과 감정, 소원 따위였다.

"어디에 뒀는데요?" 제니가 물었다.

"항상 안 보이는 데 숨겨뒀어요. 그러니 엄마가 제 물건을 뒤진 게 틀림없었죠."

"엄마가 뭐라고 하시던가요?"

나는 제니의 얼굴을 보며 그녀의 반응을 살폈다.

"'어떻게 그런 나쁘고 끔찍한 말을 할 수 있니?'라고 하시더라고요. 제가 그때 일기장에 뭐라고 썼는지는 기억이 안 나요. 일기장은 없어진 지 이미 오래됐고요."

아마 아이다운 유치한 분노를 여러 페이지에 대문짝만 하게 표출해 놓았을 것이다. 대문자로 쓰고 색연필로 밑줄을 두 줄 그어가면서. 그런 식으로 나는 글자를 많이 썼다. 짜증이 나면 극적으로 과장하는 버릇이 있었고, 지금도 그렇다.

"집에서 저는 항상 뭔가 잘못을 저지르는 아이였어요."

...

"아빠가 너랑 얘기 좀 하재." 엄마는 그렇게 말하곤 했다.

"엄마가 너 때문에 속이 잔뜩 상했어. 가서 사과해." 아빠는 그렇게 나를 나무랐다.

나는 아빠가 내게 화가 나면 늘 바로 알아차렸다. 엄마를 흉보면 아빠의 화를 더 돋굴 뿐이라는 것도 잘 알았다.

나는 엄마에게 우물거리며 사과하곤 했다. "미안해."

엄마는 나를 바라보며, 진홍색으로 칠한 입술에 흡족한 미소를 띠었다. 거기에는 아빠에게 보이려는 상처받은 표정과 내게 짓는 쌀쌀맞은 표정이 묘하게 섞여 있었다. "말로만 그러지 말고 행동도 좀 그렇게 하지 그러니?" 엄마는 화해의 제스처를 보이는 법이 없었다.

일기장 사건이 있고 나서는 뉘우치는 시늉을 할 기회조차 없었다.

엄마와 아빠는 판사석의 판사들처럼 거실에 나란히 앉아 있었다. 공동으로 합의한 판결이라도 내릴 듯한 모습이었다.

"너희 엄마가 지금 마음이 얼마나 상했는지 알아?"

"너희 아빠가 속이 얼마나 뒤집어졌는지 몰라. 네 일기장 보여줬더니 아주 깜짝 놀라더라."

'그럼 나는 어떻고? 엄마는 항상 내 마음을 상하게 하잖아.' 그렇게 말하고 싶었다. 나는 한 번도 엄마의 사랑이나 관심을 느껴본 적도, 엄마에게 위로를 받아본 적도 없었다. 엄마는 기껏해야 나라는 인간이 존재하는 것을 용납할 뿐이었다. 하지만 그런 말을 하지는 못했다. 그런 걸 말로 표현할 방법을 몰랐다. 나이를 먹은 지금에서야 그 쓰라린 원망을 문장으로 또박또박 표현할 수 있게 되었다.

. . .

"어쨌든 지금도 마음에 상처로 남았겠네요." 제니가 말했다.

"네, 계속 남을 것 같아요." 나는 잠깐 말을 멈추고 또 다른 기억을 떠올렸다. "한번은 집에서 열일곱 살 생일 파티를 했어요. 아무 문제 없이 잘 놀고 있었어요. 시끄럽다고 뭐라고 하는 사람도 없었고요. 그런데 제 남자 친구가 앞마당에서 토를 했어요. 걔 동생이 자기 형 맥주잔에 주방용 세제를 넣었던 거예요. 엄마 아빠가 별 문제 없나 둘러보러 지나가다가 밖으로 뛰쳐나가는 남자 친구와 마주쳤고, 남자 친구는 쥐똥나무 울타리 뒤 꽃밭에 대고 토했어요." 나는 그때 일을 떠올리면서 인상을 썼다가 곧 웃음이 나왔다. 다시 생각하니 우스웠다. 하지만 그때는 우습지 않았고, 부모님도 전혀 웃지 않았음은 물론이다.

"또 어떤 일이 있었나요?"

"열여덟 살 생일 파티 때 지갑을 도둑맞았어요. 시내 음식점에서요. 결국 새벽 두 시에 집안 식구들을 깨워 문을 열어달라고 했어요."

"그 정도는 별일 아닌 것 같은데요." 제니가 말했다. 그녀에게 10대 자녀가 있는지도 모른다는 생각이 들었다.

"제 생각에도 그래요." 내가 빙긋 웃었다. "그리고 제 방 바닥에 책이 워낙 많이 놓여 있어서 문에서 침대로 한번에 점프하는 기술을 연습했어요. 제 딴에는 참 기발하다고 생각하면서요!" 나는 잊고 있었던 엉뚱한 자부심을 떠올리며 큭큭 웃었다. "저는 10대 때 임신이나 임신중절을 한 적도 없고, 경찰에게 경고받은 적도 없고, 마약을 한 적도 가출한 적도 없어요. 그런저런 일들을 해본 친구들은 있었지만요."

내가 벌인 일탈이라 해봤자 사실 10대들이 피우는 말썽 치고 사소한 것들이었다. 하지만 우리 집에서는 그것들을 하나하나 모으고 일일이 따져서 내가 '용납이 안되는 행동'을 점점 일삼고 있다는 증거로 삼았다.

"부모님이 꾸중하시면 저는 항상 대꾸했어요."

제니가 내 목소리에서 뭔가를 눈치챘다. "그러면 어떻게 하시던가요?"

눈에 눈물이 고이는 게 느껴졌다. "아빠가 아주 세게 손바닥으로 때렸어요. 한번은 팔다리에 난 아빠 손자국이 몇 시간을 갔고 많이 쓰라렸어요. 제 방에서 밤새도록 앉아 울었어요."

"그러고 나서는 어떤 기분이었어요?"

"너무 부끄러웠어요… 죄책감도 들었고요. 아빠를 그렇게 화나게 한

게요.”

“왜 그런 기분을 느꼈어요?”

“아빠가 절 싫어하지 않기를 바랐거든요! 그런데… 엄마가 저를 두고 하시던 말이 저도 이제 맞는 느낌인 거예요.” 나는 걷잡을 수 없이 흐느끼기 시작했다. 그 끔찍했던 날의 기억이 생생했다. 아무도 내 방에 와서 나를 들여다보지 않았다. 세상에 철저히 나 혼자뿐인 기분이었다.

그때는 몰랐지만, 내가 나라는 사람이어서 ─ 용납이 안 되는, 고마워할 줄 모르는 딸이어서 ─ 느끼는 끔찍한 죄책감이 한층 커진 것은 그 무렵부터였다. 나는 그 후 아버지가 돌아가시기 전까지 가족과의 관계를 바로잡아 보려고 애썼지만 실패했고, 죄책감은 계속 눈덩이처럼 커져만 갔다.

“마음에 상처가 깊네요.” 제니가 말했다. 그녀는 안경을 벗어 옆의 탁자에 올려놓았다.

“엄마와는 연락도 안 해요….”

제니의 눈빛에서 의문이 느껴져, 설명을 덧붙였다. “엄마가 지난주에 전화해서 자동응답기에 메시지를 남겼더라고요. 그래도 저는 전화 안 했어요.”

“하실 거예요?”

“아니요. 연락 안 하는 게 편해요. 제 나름의 생존 방법인 것 같아요.”

“생존 방법이요?”

“엄마 때문에 머리가 돌아버릴 일만 없으면, 그래도 평상심을 유지할 수 있어요.”

“표현이 세네요.”

"감정이 세니까요."

"엄마에게 화가 많이 나 있는 것 같아요."

"맞아요. 저는 화가 많은 사람인 것 같아요."

. . .

제니에게 상담받고 며칠 후, 나는 병원의 내 진료실에 앉아 메리라는 환자의 이야기를 듣고 있었다.

최근에 내가 심한 우울증을 치료했던 환자였다. 환자의 안전이 심각하게 우려된 적도 몇 번 있었지만 증세는 상당히 호전되었다. 그런데 불의의 사건으로 상태가 도로 악화될 위기였다. 부모님이 휴가 중에 버스 여행을 하다 교통사고로 크게 다친 것이었다. 두 분 다 70대였고 회복이 더뎠다. 아버지는 몸을 다친 것보다 정신적으로 더 큰 충격을 받았다.

"퇴원하신 후로 매일 집에 가보고 있어요." 메리가 말했다.

"힘들지 않으세요?"

"해야 하는 일이잖아요? 엄마니까…." 그녀는 목소리가 점점 사그라지더니 시선을 바닥으로 떨구었다.

"그렇죠."

"엄마가 저한테 엄마처럼 대했던 적은 없지만요. 남동생은 돌볼 가족이 있고 직장도 나가야 해서, 제가 엄마를 보살펴야 해요. 그리고 아빠는 보고 싶어요." 아빠 이야기를 할 때 메리의 목소리는 여려졌다.

엄마를 '보살핀다'는 것은 낮 동안 거의 종일 부모님 집에 머물면서 침대에서 일으켜드리고, 옷 입고 식사하고 화장실 가는 것을 도와드리고, 밤에 다시 들러서 잠자리를 봐드리는 것들을 의미했다. "동생은 저녁 때 가끔 와요.”

“오면 좀 도와주나요?”

“별로 돕는 건 없지만 엄마는 동생만 오면 그렇게 반가워해요. 어젯밤엔 새 컵을 사갖고 왔어요. 엄마가 좋아하는 컵을 제가 깼거든요.”

“그래요?”

“설거지하고 물기를 닦다가 실수로 손에서 미끄러뜨렸어요. 엄마가 빨리 오라고 소리를 질러서 깜짝 놀랐거든요. 가봤더니 TV 채널 바꿔달라고 부른 거였어요.”

내가 메리처럼 어린 시절부터 어머니에게 그 모진 일들을 당했다면 그 컵을 진작에 깨버렸을 것 같았지만, 아무 말 하지 않았다.

“컵 깬 것에 대해 뭐라고 하시던가요?” 내가 물었다.

“저보고 아무짝에도 쓸모없는 게으른 녀석이고 집안의 수치라고 했어요.”

“어머니는 늘 그런 식이었나요?”

“네.” 메리가 시선을 떨구었다. “그럴 때마다 제 속에서 얼마나 화가 나는지, 최근에 선생님이 물어보시기 전엔 몰랐어요. 엄마는 저한테 항상 그런 식으로 말했어요. 동생한테는 그런 적이 없고요. 동생은 늘 완벽한 아들이었으니까요. 걔가 막내예요.” 그녀는 잠시 말을 멈췄다가 이었다. “저는 동생한테도 늘 화가 나 있었던 것 같아요. 어릴 때 동생 장난감을 숨기곤 했어요. 한번은 부셔버리기도 했고요. 동생을 울게 만들고 싶었던 것 같아요.” 그녀가 나를 바라보았다. 오래전에 있었던 뭔가 중요한 사건을 기억해내려고 하는 듯했다. 우리는 잠시 말없이 앉아 있었다.

“어릴 때 엄마가 늘 저는 멍청하고 동생은 똑똑하다고 했어요.”

“그래서 동생한테 복수하고 싶었나요?”

"동생과 엄마한테요. 엄마한테도 정말 상처 주고 싶었어요. 엄마는 제 첫 남자 친구를 좋아하지 않았어요. 아빠도 마찬가지였고요. 그래서 둘이 도망갔어요." 그녀가 나를 바라보는 표정은, 그 중요한 결정을 자기가 어떻게 내리게 됐는지 생전 처음 깨닫고 있기라도 하는 듯 보였다. 인생을 크게 바꿔놓은 결정이었다. 뒤이어 임신과 급한 결혼을 했고, 남편에게 훨씬 심한 학대를 받았다. "그때는 무엇보다 엄마를 짜증나게 할 생각이었던 것 같아요. 이제는 알겠네요… 지금도 도망치고 싶어요. 그런데 이제는 도망칠 수도 없어요."

사람은 자기도 모르게 남들의 기대에 맞춰 살기 마련이다.

· · ·

아버지는 내가 열심히 노력해 우등생이 되기를 기대했고, 나는 아버지의 기대를 충족해주었다. 하지만 내가 집을 나와서 살려고 할 무렵에는 아버지가 여전히 내게 그런 것을 바라고 기대하는 게 맞는 일인지 잘 알 수 없었다. 아버지는 나를 어른으로 대하기가 쉽지 않았던 듯하다. 공부는 안 하고 영 미덥잖은 남자 친구들과 쏘다니는 등 당신 마음에 들지 않는 결정도 할 수 있는 독립된 인격으로서 나를 받아들이기 어려웠던 것 같다.

한편, 어머니는 내게 그런 것을 전혀 바라지 않았던 것 같다. 지금 생각해보면, 어머니의 나에 대한 기대는 훨씬 낮은 수준이었다. 아마 내가 결혼해서 어디 근처에 살면서 손주를 안겨주고 토요일 낮에 함께 쇼핑하러 다니는 정도만을 기대했을 것이다. 어머니는 여러 모로 내가 자기 바람을 충족해주지 않아 많이 실망했던 것 같다. 하지만 무엇보다도, 내가 자신과 맞먹거나 막강한 경쟁 상대로 떠오르지 않으리라는 믿음을 품었던 것 같다―외모에서나, 인생 경험에서나, 아버지에게 받는 애정과 관심에 있어서나. 나는 어머니의 기대를 저버렸다. 물론 그때는 내가 뭘 잘못해서 어머니의 심기를 그리 불편하게 한 건지 알 수 없었지만. 자기 딸을 시기하는 어머니를 감당하기란 어려운 일이다. 나는 어머니의 바람을 충족해주지 못했고, 어머니는 나에 대해 실망감만 키워갈 뿐이었다.

• • •

메리가 상담 중 어머니 이야기를 할 때는 나도 내 어머니 생각을 좀처럼 떨칠 수 없었다.

"아버지는 어땠어요?" 내가 물었다.

"아빠는 어땠냐고요?" 그녀가 한숨을 쉬었다. "아빠는 뭐든 꾹 참고 엄마 하자는 대로 했어요. 항상 그랬어요. 그래야 조용히 지낼 수 있으니까."

"어릴 때 무슨 문제만 생기면 늘 메리 씨가 희생양이 됐다고 했잖아요. 그럴 때 아버지는 아무 말 안 하시던가요?"

그녀는 큰 회색 눈으로 내 얼굴을 잠시 뜯어보다가, 시선을 창문으로 돌려 병원 앞마당을 내다보았다. "전 아빠를 사랑해요." 사그라든 목소리로 그렇게 속삭였다. 창문을 때리는 비바람 소리에 목소리가 묻혀 들릴락 말락 했다. "궂은 날씨네요. 버스 정류장까지 가려면 다 젖겠어요."

"아빠를 사랑한다고 하셨죠." 내가 메리의 말을 받아서 반복했다.

"제가 보기에도 그런 것 같네요."

"평생 참 힘들게 사신 분이에요."

"메리 씨도 그렇고요."

"아빠는 엄마한테 마음이 여리기만 해요."

"사랑하시는 거겠죠."

"누군가는 그래야죠."

"아버지가 어떻게 보면 메리 씨와 좀 비슷하지 않나요?"

"네, 저는 아빠와 항상 공통점이 많아요."

"오빠는 뭐라고 하나요?" 메리의 오빠는 기회가 되자마자 일찌감치 집을 나와 독립했다.

"최근엔 연락이 없어요."

"그래요? 그럼 마지막으로 대화했을 때 뭐라고 하던가요?"

"저보고 바보래요. 부모님 돌보는 일은 '황제 폐하'에게 맡기라면서요. 막냇동생 말하는 거예요. 그런데 자기는 여기 안 살잖아요. 자기는 부모님 볼 일이 없으니 그렇게 말하긴 쉽죠."

속으로 생각했다. 나도 어머니를 볼 일이 없는 사람이다. 나도 메리의 오빠와 똑같은 입장에 서서 메리에게 어머니와 동생에게 욕 한 바가지 퍼붓고 손 털라고 말하기는 쉬운 일이다. 하지만 그럴 수는 없었다. 메리가 지금 이 상황을 변화시킬 마음이 없다면, 내가 할 일은 상황을 감당할 수 있게끔 돕는 것이었다. 메리는 아직 최근에 일어난 사건들로 불안정한 상태였다. 물론 과거와 현재의 인간관계가 지금 그녀를 더 힘들게하고 있는 것은 맞았다. 하지만 심리치료로 그녀의 불안한 방어기제를 뒤흔들면 그녀는 지금보다 더 취약해질 수도 있고, 그런 게 꼭 도움이 된다고는 장담할 수 없었다. 그녀에게는 당면한 위기를 헤쳐 나가는 데 힘이 될 이해와 인정과 지지가 필요했다. 과거를 되돌아보고 끔찍했던 사건을—가령 어머니에게 심하게 체벌을 받아 몸을 다쳤던 사건을—되새기는 것은 차후에 본인의 의향을 물어보고 나서 해도 늦지 않다.

"지금 어머니에 대해서는 어떤 감정이세요?" 내가 물었다.

"제 어머니예요, 그러니까 물론 사랑하지요…" 그녀는 그렇게 말하고는 잠시 생각하더니 입을 열었다. "하지만 밉기도 해요. 정말, 진짜 미워요." 그리고 나를 보며 얼굴을 살짝 붉혔다. "제가 어떻게 그런 나쁜 말을… 신부님에게 고해성사해야 할 것 같아요."

"아니요, 전혀 나쁜 말 같지 않은데요. 본인의 감정인 걸요. 이제 그 감정을 안고 살아갈 방법을 찾아봐야죠."

...

제니는 내가 어머니를 지금도 얼마나 미워하는지 말했을 때 놀라지 않았다. "아버지에게 느끼는 감정과는 다른 감정이시죠?"

"아버지가 돌아가신 게 너무 화가 났어요. 서로를 다시 알아갈 기회도 없어요. 아버지가 저를 뿌듯하게 여기시길 원했는데…"

"틀림없이 그렇게 생각하셨을 거예요."

"하지만 알 수가 없잖아요?"

"정말 모르세요?" 그녀가 되물었다.

...

나는 여성이 사회에서 성공하려면 아버지와의 관계가 어떠한지가 매우 중요하다고 믿는다. 아버지는 나를 격려하고 채근했다. 하지만 아버지는 내가 자기만큼이나 감정 기복이 심하고 진지하고 신경질적인―그리고 어떻게 보면 자기만큼 창의적이고 다정한―성인으로 커가고 있다는 현실을 받아들이지 못했다.

부녀간의 갈등을 풀어주기는커녕 둘 사이를 더 틀어지게 만들고 영원히 갈라놓은 사람은 어머니였다. 하지만 어머니가 지금 이 자리에 앉았다면, 내가 생생히 기억하는 옛날 일들을 대부분 기억하지 못하거나 철저히 부인할 게 틀림없다. 어머니는 자기 나름대로 세상을 사는 방식이 있고, 자기 나름의 진실이 있기에 그 힘으로 살아간다. 자기 생각에 맞장구쳐주는 친구들도 있고 친척들도 있다. 그들은 내가 아는 엄마의 모습을 전혀 모른다.

제니의 도움으로 차츰 깨달았는데, '성질 까다롭고' 화를 잘 내는 사람으로 살아간다는 것은 부정적인 면도 있고 긍정적인 면도 있었다.

병원 경영진과 싸운 것도 내가 옳다고 생각하는 일을 위해 뜻을 굽히지 않은 행동이었다.

"저는 그렇게 생겨 먹은 사람이에요. 자제할 수가 없어요."

"그런 성격인 건 부끄러워할 일이 아니에요. 하지만 가끔은 자제할 필요도 있을 것 같아요. 무조건 머릿속 생각을 가감 없이 말하는 게 능사는 아니니까요." 제니의 조언이었다.

맞는 말이었지만, 나는 그때 아직 그런 노력을 할 마음의 준비가 되지 않았다. 불의에 예민하고 화를 잘 내는 지금 성격과 오래전 어머니에게 느꼈던 감정이 연관이 있다는 건 알았지만, 아직 나라는 사람의 모든 면을 돌아보고 바꿀 준비가 되지 않았다.

세상에 단일한 진실이란 없다. 저마다 몇 개의 안경 너머로 각자의 삶을 바라보는 다양한 관점이 있을 뿐이다. 남들의 기억과 인식과 가치관을 자기 것으로 삼아야 할 이유는 없다. 사람은 자기 필요에 맞는 진실을 만들어간다. 좋건 나쁘건 본인이 생각하는 자신의 모습과 자신의 스토리에 부합되는 방향으로 친구들과 이야기하면서, 일기를 쓰면서, 심리치료를 받으면서 만들어간다. 그러면서 우리는 과거를 조금씩 되돌아볼 수 있고, 과거가 어떻게 지금의 우리를 만들었는지 차츰 이해할 수 있다. 그리고 마침내는, 지금도 우리를 이리저리 휘두르는 과거의 횡포에 맞서 그 힘을 무력화할 수 있다.

전이

인간관계 문제 가운데 참 힘든 경우가 당사자가 이미 세상에 없어서 갈등을 해결할 방법이 없어 보일 때다. 우울증을 겪는 사람 중에는 과거 누군가의 망령에서 벗어나지 못하는 사람이 많다.

제니에게 받던 심리치료를 18개월 만에 종결할 무렵에는, 내가 딸로서 부족했던 점에 대해 예전만큼 큰 죄책감이 들지 않았다. 그러나 여전히 어떤 망령들이 나를 괴롭혔다. 한동안은 그것을 마음속 어두컴컴한 지하실에 가두어놓으려고 애썼지만, 혼령이란 원래 어디든 자유롭게 돌아다니는 법이다. 잊을 만하면 벽을 스르르 뚫고 나와 의식 속에 등장해서는, 엄습하는 암울한 감정으로 나를 몹시 괴롭혔다.

그리고 내 불안한 마음의 평정을 흐뜨리는 사건이 어김없이 또 일어났다.

. . .

수전에게 전화해 예정된 상담 시간을 앞당겨서 만났다.

"어디서부터 말해야 할지 모르겠어요." 내가 말했다. "E에 관한 일이에요."

"아." 수전이 숨을 깊이 들이마셨다.

나는 제니에게 심리치료를 받으면서도 죽, 그리고 종결된 후에도 수전과 연락을 유지하고 있었다. 수전은 내 담당 의사로서 투약 지도를 해주었을 뿐 아니라, 누군가가 나를 계속 보살펴준다는 위안을 주었다. 그건 내게 아주 중요한 부분이었다. 제니와의 관계보다 더 중요했다.

나는 수전의 진료실에 앉아, 그녀 등 뒤 선반에 놓인 액자들을 바라보았다. 한 사진에는 딸인 듯한 여성이 승마복 차림으로 조랑말 옆에 서 있었고, 그 옆에서 다른 기수가 말을 타고 장애물을 넘고 있었다. 그 여성은 마른 체형에 귀티 나는 이목구비, 밝은색 머리카락이 엄마와 닮은 모습이었다. 수전 같은 엄마의 딸로 사는 기분은 어떨까 궁금했다.

"말씀해보세요." 그녀가 들을 준비가 되었음을 알렸다.

"E에 대해서 나쁜 이야기를 들었어요. 왜 해고됐는지 알았어요."

수전은 왠지 내 말을 예상하고 있었던 것 같았지만, 그런 말은 하지 않았다. 이렇게만 말했다. "그 얘기를 해볼까요?"

나는 E에게 느끼는 애통한 감정을 애써 억눌러왔다는 것을 깨달았다. 또 그가 별안간 설명 없이 내 삶에서 사라지고 급기야 스스로 목숨을 끊은 후로, 제니에게는 말하지 않았지만 내가 일종의 어정쩡한 불안 상태에서 벗어나지 못하고 있다는 것도 깨달았다. 그리고 E가 떠나간 후로는 아버지와의 관계에 대한 진실을 조금씩 파헤쳐가던 작업도 이어갈 수 없었다. 그 작업은 그동안 내가 E와 상담하며 이룬 진전과 떼어서 생각할 수 없었다.

"E를 아셨나요?" 내가 수전에게 물었다.

그녀는 고개를 끄덕였지만 그 이상 아무 말도, 아무 표정도 내비치지 않았다. 숙련된 심리치료사로서 감정을 드러내지 않아야 하는 것이겠지, 나는 속으로 생각했다. 물론 수전은 그 원칙을 종종 어겼다. 그리고 그랬기에 내게 다가와 도움을 줄 수 있었다. E가 그랬던 것처럼. E도 인간이었다. 어쩌면 너무나 인간적이었는지도 모른다.

"그 사람 얼굴이 잘 생각이 안 나요. 이상해요. 꼬박 3년을 매주 만났는데도요." 내가 말했다.

E와 관련해 가장 뚜렷이 기억나는 것은 그의 치료실이었다. 철거 예정인 병원 건물의 하얗게 회칠한 1층 복도에 있는 방이었는데, 좁고 어수선했으며 곳곳에 책이 높다랗게 쌓여 있었다. 대기실에는 나무 의자 대여섯 개가 놓여 있었고, 벽에는 만화가 히스 로빈슨Heath Robinson의 그림 〈심령술사의 무도회The Psychic's Ball〉의 빛바랜 복제본이 걸려 있었다. 나는 3년 동안 그 대기실에 앉아 E가 복도를 걸어와 문으로 얼굴을 빼꼼 내밀기를 기다렸기에, 그 그림에 등장하는 모든 인물을 훤히 알았다. 연미복을 입은 남자가 보이지 않는 상대와 춤을 추고, 웨이터가 보이지 않는 손님에게 음료를 서빙하고, 남자와 여자가 역시 보이지 않는 누군가와 대화에 열중하는 모습. 심리치료 대기실에 그런 그림이 걸려 있다는 데서 묘한 유머가 느껴졌다. 사람들이 그곳을 찾는 이유가 바로 보이지 않는 악마를 마음에서 몰아내고, 과거를 똑바로 바라봄으로써 여전히 우리를 휘두르는 과거의 위력을 잠재우려는 것이었으니까.

"3년이면 긴 시간인데요. E를 생각하면 뭐가 떠오르세요?" 수전이 물었다.

그는 외모가 매력적인 남자는 아니었다. 키는 딱히 큰 편이 아니었고,

턱수염을 길렀고 뱃살이 불룩했다. 하지만 사람의 눈길을 붙잡는 뭔가가 있었다. 바로 반짝거리는 총명함이었다. 종잡을 수 없고, 장난기 가득하고, 예상을 깨는 반전이 항상 있었다. E는 나를 겁내지 않았다.

그리고 그 순간 내가 할 수 있었던 말은—그동안 있었던 그 모든 일에도 불구하고—이것뿐이었다. "그를 사랑했어요."

나는 그의 목소리를 사랑했다. 그 방의 안락의자 냄새, 그의 무신경한 외모와 웃음소리를 사랑했다. 딱 한 번 나를 친구처럼 포옹해주었을 때 느꼈던—친구 같은 포옹을 바란 건 아니었지만—그 억센 손아귀를 사랑했다.

상담하러 가는 길에는 고속도로 나들목 부근에서 담쟁이덩굴로 뒤덮인 붉은 벽돌 호텔을 늘 지나쳤다. 그러면서 이런 생각을 하곤 했다. 오늘 상담을 마치고 저곳에서 만나면 어떨까? 바에서 술 한잔을 하면 어떨까? 포옹이 그저 다정한 위로의 표현이 아니라 한 시간쯤의 감각적 쾌락으로 이어지는 전주곡이 될 수는 없을까? 우리가 만나서 보내는 한 시간은 말싸움과 눈물이 난무했고 때로는 마음이 하나로 이어지는 잊지 못할 순간들도 있었지만, 몸이 만나는 일은 전혀 없었다.

그러나 만약 E가 마음이 약해져 내 바람을 들어주었더라면, 그는 나를 도와줄 힘을 잃었을 것이다. 나는 그에 대한 존경심을 잃었을 것이고, 그가 내 안의 모든 분노를 억제하고 용납해줄 사람이라는 믿음도 잃었을 것이다.

"지금 무슨 생각해요?" E는 묻곤 했다.

나는 말할 생각이 없어 손톱을 뜯으며 가만히 앉아 있곤 했다. 그런가 하면 어떤 때는 그가 내 마음을 그대로 읽는 듯 느껴졌다. 몇 번은 내가 치료실에 들어서자마자 눈물을 왈칵 쏟으며, 세상을 저주하고 세상

속의 남자들을 저주했다.

"저도 남자인데, 저는 어때요? 마찬가지인가요?" E는 그렇게 묻고는, 또 이렇게 말했다. "그런데 제 감정이 어떤지는 물어보지도 않네요. 여기 오면 자기 인생에 대해 불평하는 것밖에 할 줄 모르죠. 지금 여기 당신 혼자만 있는 게 아니에요… 눈에 보일지 모르겠지만."

...

가끔 나는 E 때문에 화가 머리끝까지 치밀어 엄청난 과속으로 차를 몰며 집으로 달리기도 했다. 어느 날은 맨체스터 운하를 건너는 혼잡한 다리 위에서 화물차를 무모하게 추월하려고 시도했는데, 내 뒤에서 다른 차가 동시에 차선을 넘어오는 것을 보지 못했다. 찢어지는 경적 소리에 가까스로 충돌을 피해 원래 차선으로 돌아갔다. 가슴이 조여들고 미니의 가느다란 운전대를 쥔 손에는 땀이 흥건했다. 차가운 저녁 공기를 쐬려고 차창을 여니, 자동차 매연과 다리 밑 하수처리장에서 풍겨오는 악취에 숨이 턱 막혔다.

E는 내 성질을 긁다가 나를 혼내다가 했는데, 다 일부러 그랬던 것 같다. 분노가 무감정보다 낫다는 것을 알았을 것이다. 지금 생각하면, 너무나도 잘 알았던 것 같다.

그가 내 환상을 만족시켜주지 않은 덕분에, 나는 그를 비롯해 내 삶 속에서 과거부터 지금까지 나를 힘들게 해온 주요 인물들이 왜 내게 그리도 강한 감정을 불러일으키는지 조금씩 이해할 수 있게 되었다. '전이'란 과거의 어떤 사람에게 느꼈던 감정을 현재의 누군가에게 다시 느끼는 현상을 뜻한다. 나는 남자들, 특히 아버지에 대한 혼란스러운 감정을 E에게 전이하고 있었다.

돌이켜보면 내가 점점 강해져가던 그 무렵 언젠가부터, E는 몸도 마음도 약해지고 있었다는 생각이 든다. 입에서 풍기는 술 냄새에서 처음 눈치를 챘을까? 아니다, 그건 더 나중이었다. 이상했던 첫 신호는 그의 거무스름해진 눈 주변, 전과 달라진 몸가짐이었다. 대기실에서 치료실로 앞장서 걸어가는 모습이 전처럼 당당하지 않았다. 그리고 전날 밤 집에 들어가지 않고 치료실에서 자기라도 했는지, 의자 위에 구겨진 옷이 내던져져 있었다. 그런 흔적을 굳이 숨기려고 하지도 않았다. 마치 자기의 연약한 면을 내게 대놓고 말할 수는 없지만, 드러내고 싶기라도 한 것처럼.

. . .

"그래서 결국 E에게 무슨 문제가 있다는 생각이 들던가요?" 수전이 말했다.

"네, 맞아요. 그랬어요. 그렇게 놀랍지 않았어요. 마음 한구석에 계속 눌러놓았던 생각이었으니까요. 인정하고 싶지 않았지만, 징후는 뚜렷했어요."

E는 갑자기 병이 나서 장 쪽에 큰 수술을 받았다. 몸을 회복한 후 돌아왔지만, 뭔가가 예전 같지 않았다. 그리고 몇 달 후 종적을 감췄다.

"그다음은 전에 말씀드린 대로예요. 직장을 그만뒀다고 했어요. 그리고 우울증에 걸렸다는 소식을 들었어요." 내가 말했다.

"그 뒤로는 못 만났나요?" 수전이 물었다.

내가 아는 이야기를 다 할 필요는 없었다. E에게 있었던 일에 대해서는 그녀가 나보다 훨씬 많이 아는 듯했다. 하지만 그녀에게 어떻게 아느냐고 묻지는 않았다. 그녀의 애인이 심리치료사이면서 E의 동료였다는 것을 나도 알고 있었다.

방 안의 그림자가 길어지고 있었다. 상담 시간이 끝나가고 있었다. 수전은 내 말을 귀 기울여 들어주었다. 그녀는 세심하고 노련하게 내게서 말을 이끌어냈고, 나는 그녀를 믿었다.

"그 뒤로 딱 한 번 봤어요." 나는 결국 이야기하면서, 그날의 기억을 머릿속에 떠올렸다. "1년쯤 지났을 때, 맨체스터 어느 병원의 심리치료과 대기실에서요. 살이 빠져서 하마터면 못 알아볼 뻔했어요. 그가 고개를 들어 저와 눈을 마주쳤고, 우리는 슬픈 미소와 몇 마디 말을 주고받았어요."

. . .

그는 구석 자리에 기운 없이 앉아 있었다. 내 기억보다 훨씬 키가 작아 보여서, 처음에는 알아보지 못했다. 그는 대기실에 들어오는 사람들과 눈을 마주치고 싶지 않은 듯했다. 아는 사람이 한둘이 아니었을 것이다.

"잘 지내세요?" 내가 물었다. 마음속에선 '보고 싶었어요'라고 말하고 싶었다.

"요즘 여기 교수님에게 치료받고 있어요." 그가 말했다. "도움을 많이 받고 있어요."

눈빛이 사실을 말하는 것 같지 않았다. 그 교수는 E와 마음이 통할 사람이 전혀 아니었다. 나는 너무 어색해서 그 자리에 있을 수가 없었다. 긴 이야기를 나누지 않고, 회의가 있는 위층으로 급히 떠났다. 대기실의 묵직한 문을 철컹 닫고 뒤도 돌아보지 않고 나갔다. 한 시간 뒤에 다시 내려와 보니 그는 가고 없었다.

그게 생전에 마지막으로 본 E의 모습이었다.

며칠 후에 그에게 짤막한 편지를 써 보냈다. 존과 안정적으로 행복하게 만나고 있다고 말해주었다. 답장으로 카드가 왔는데, 앞면에는 색이 화려한 동양풍의 추상적 디자인이 그려져 있었다. 흰 내지에는 굵은 글씨로 이렇게 쓰여 있었다. "그분이 중요한 사람인 줄 알고 있었습니다. 늘 부인하셨지만요. 정말 잘됐고 행복하시길 빕니다."

. . .

"그 카드 두 주 전에 찢어서 버렸어요." 내가 수전에게 말했다.

"왜요?"

"그 사람이 무슨 짓을 했는지… 왜 정직당했는지 드디어 알게 됐거든요."

침묵이 흘렀다. 수전은 내가 말을 잇기를 기다렸다.

"환자 두어 명이 불만을 제기했나 보더라고요. 심리치료만으론 안 되고, 문제를 완전히 고치려면 자기와 사귀어야 한다고 했다고요."

"그 소식 듣고 화가 많이 나셨나요?"

"충격받았죠. 네, 분노가 끓어올랐어요." 가슴에 손을 얹고 생각하면, 비록 인정하기 싫고 도저히 내 입으로 말할 수 없었지만, 내가 화가 났던 이유 가운데는 그가 나와는 사귀고 싶어 하지 않았던 것도 있었다. 내가 자기를 얼마나 절절히 원했는데.

어쨌든 그가 심리치료의 선을 넘어 다른 환자들의 삶을 망가뜨린 것은 부인할 수 없는 사실이었고, 나는 그를 생각하기만 하면—이제는 그럴 수도 없지만—만나서 얼굴에 대고 소리 지르고 욕하고 싶은 마음이었다. 어떻게 그렇게 바보같이 재능을 낭비하고, 그렇게 큰 피해를 사람들에게—가족에게, 자신을 치료사로서 신뢰해주었던 환자들에게, 그리고 나에게—끼칠 수 있을까?

"하지만 그 사람을 미워할 수 없었어요." 내가 말했다. 나는 그가 한 짓과 그의 추락한 모습을 혐오할 뿐이었다.

"미워할 수 없다면… 미워할 수 없는 이유가 있으신가 보네요."

"네." 말을 멈추자 나도 모를 눈물이 뺨을 타고 흘렀다. "제 목숨을 구해준 사람이거든요."

. . .

한밤중이었다. 새로 세낸 아파트에서 나는, 실연의 고통 속에 앉아 있었다. 내 앞 탁자에는 뚜껑 열린 해열진통제 병이 놓여 있었다. 한번에 삼킬까 생각 중이었다. 수화기 너머에서 짜증 섞인 목소리가 정적을 깼다.

"이 시간에 전화하시면 제대로 된 상담 못 해드립니다." E가 말했다.

"살 힘이 없어요. 살아야 할 이유도 없고요."

"그래서 전화했군요." 그의 목소리는 이제 짜증스럽다기보다는 초조한 쪽이었다.

"그래서… 당신 목소리가 듣고 싶었어요. 얘기하고 싶었어요."

"얘기하세요. 오늘 무슨 일이 있었나요?"

"별다른 일은 없었어요. 그냥… 그냥 너무나 철저히 혼자인 기분이에요. 더 견딜 수가 없어요. 이 방에서 그냥 죽어버려도 저를 보고 싶어 하는 사람은 아무도 없을 거예요."

"제가 보고 싶어 할 거예요. 아주 많이요." 어둠 속에 선명히 울리는 그의 진심이 내 영혼에 와닿았다. "제가 말릴 방법은 없지만, 그러지 말았으면 좋겠어요."

그렇다. E는 규칙을 깼다. 하지만 역설적이게도, 내가 살 수 있었던 건 그가 규칙을 일부 무시했기 때문이었다. 그럼으로써 그는 나로 하여금 내 목숨을 구하게 할 수 있었다. 그의 도움 없이는 불가능한 일이었다. 나는 누군가와의 이별을 애통해한다는 것은 '나쁜 일뿐 아니라 좋은 일까지 기억'하는 일임을 잘 안다. 하지만 이를 실천한다는 것은, 또 실제 겪은 일들에 얽힌 생생한 감정을 마주한다는 것은 쉽지 않은 일이다.

· · ·

"E에게 처음 상담받을 때, 아버지와 마지막으로 함께 살았던 몇 년 동안 겪은 끔찍한 일들을 모두 얘기했어요. 아버지가 욱하면 제게 손찌검을 했던 일도요. 그리고 돌아가셨을 때 묘한 안도감이 들었다는 것도요. 아버지는 이미 저와 말이 안 통했거든요. 얼마나 태도가 고압적이었는지, 제게 늘 어떤 감정을 유발했는지도 얘기했어요."

수전이 다 안다는 듯한 청회색 눈으로 나를 바라보았다. "분노의 감정이었겠죠…."

"네. 싸늘하고 공허하면서, 참담한 분노였어요."

"지금도 조금은 그런 감정인 거고요."

나는 숨을 크게 들이마셨다. 이렇게 급박한 심정으로 말하고 싶은 것은 몇 달 만에 처음이었다. 끓어오르는 감정을 틀어막는 밸브를 열어 김을 좀 빼고 싶었다. 하지만 예전에 그랬던 것처럼 자제력을 완전히 잃어버릴까 봐 겁이 났다.

"E에게 그렇게 강한 감정을 갖고 있는 것도 놀랍지 않아요. 본인에게 아주 중요한 사람이었으니까요. 부모님에게서, 특히 어머니에게서 한번도 받지 못했던 무언가를 준 사람이고요. 하지만 제 생각엔 아버지에게서도 뭔가 중요한 것을 받으신 것 같아요. 그리고 그것이 E와의 관계 속에서 생생하게 드러나고 재발견된 게 아닌가 싶어요."

"그도 저를 믿었고, 저도 그를 믿었어요… 그런데…."

"그가 실망을 안겼죠. 아버지가 그랬던 것처럼요?"

정적이 흘렀다. 나는 여러 해 전, 고속도로 근처 병원의 흰색 복도에 있던 그 방에서 나눈 대화를 기억해내려고 애썼다.

"E와 나눴던 어떤 대화가 기억나요. 그가 종적을 감추기 얼마 전이었어요. 오랫동안 까맣게 잊고 있었는데…." 기억이 물밀듯이 갑자기 밀려왔다.

· · ·

"제가 한동안 의문이 좀 있었어요. 혹시 아버지와의 관계에 학대적인 면이 있지는 않았나…." E가 말했다.

나는 경악했다. 도저히 믿을 수 없다는 표정으로 그를 쳐다보았다.

"어떻게 그런 생각을 할 수 있죠? 그래요, 때린 건 맞아요. 하지만 생각하시는 것 같은 그런 학대는 아니었어요."

그가 한 손을 들었다. "네, 지금은 저도 그런 게 아니었던 걸 알아요. 그렇지만 고통스럽고 복잡한 관계였지요." 그의 눈빛에서 연민의 정과 깊은 슬픔이 읽혔다. "지금 제 생각은, 아버지가 당신을 많이 사랑했던 것 같아요… 그렇지만 아버지는 그 말을 절대 할 수 없었을 거예요."

...

"막바지에는 회의에 빠졌어요. 이런 일을 저지르고 이런 꼴로 추락한 자기 같은 사람이 누구에게 도움이 되었겠느냐며…" 세월이 많이 흐른 후에 용기를 내어 수전의 애인에게 E에 대해 물었더니, 그런 이야기를 해주었다. "하지만 린다 씨와 했던 작업은 정말로 뭔가 중요한 의미가 있다고 생각했어요. 그리고 작업한 보람이 있기를 바랐어요."

20년이 넘게 흐른 지금 나는 안다. E가 내게 준 가장 중요한 선물은 그가 해줬던 말 속에 있었다는 것을. 그 선물은, 툭하면 화내고 때로는 상심하던 내 아버지가 나를 사랑해주었던 기억이다. 그 사랑은 순탄치 않았지만, 무척 자상했다.

우리는 전이 관계를 통해, 그리고 곁을 떠난 누군가에게 품었던 감정을 무의식적으로 치료사에게서 느끼는 우리 모습을 거울 삼아, 이제 세상에 없지만 여전히 꿈속에 나타나는 사람들과의 힘들었던 관계를 조금씩 들춰내고 풀어나갈 수 있다.

소통

이야기를 하면 병이 낫는 효과가 있다는 것은 거의 누구나 인정한다. 하지만 이야기한다는 것이 쉽지만은 않다. 기회를 놓쳐서 꼭 해야 할 말을 못 하기도 하고, 바라거나 목표했던 뜻을 생각만큼 잘 전달하지 못할 때도 있다. 긴 시간을 기다려 겨우 말을 꺼냈는데 중요한 내용은 말하지 못해 답답해하기도 한다. 정말 마음속에 있는 이야기를 꺼내려고 하면 혹시나 걷잡을 수 없는 감정에 휩싸여 울음이라도 터져 나올까 봐 걱정이 앞서기도 한다.

가끔씩 나는 어쩌다 커뮤니케이션 기술 가르치는 일을 전문으로 하게 되었나 생각해보곤 한다. 어릴 적 우리 집 식구들은 하나같이 서로 마음속에 있는 이야기를 꺼내지도 못했고 상대방이 하고 싶은 말을 잘 들어주지도 못했다. 나는 그런 환경에서 자랐다. 그래서 내가 나라는 개인이 안고 있는 어떤 문제를 해결하려는 일에 평생을 바친 것인지도 모른다. 일전에 한 친구에게서 들은 이야기가 있다. 친구는 어느 심리학 교수가 주차 구역 안에 차를 정확히 세우느라 한참 애를 먹는 모습을 봤다고 했다. 후진과 전진을 여러 차례 반복하더라고. 그 교수의 전문 분야는 강박 장애였다. 양극성 장애 전문가인 케이 레드필드 재미슨은 본인이 직접 겪은 경험을 『조울병, 나는 이렇게 극복했다 An Unquiet Mind』라는 제목의 책으로 써내기도 했다. 내가 평생을 바친 또 하나의 작업은 우울증 연구인데, 그쪽도 나름대로 겪을 만큼 겪어 보았다고 생각한다.

나는 어릴 때부터 집 안에 흐르는 '감정의 온도'를 남달리 민감하게 판별하는 능력을 몸에 익혔다. 아버지가 지금 기분이 어떤지, 말을 붙이기에 좋은 때가 언제인지, 눈에 띄지 않게 내 방에 숨어 있어야 할 때가 언제인지 기민하게 눈치챘다. 대개는 충돌을 피해 조용히 지냈지만, 불행히도 항상 그러지는 못했다. 안 좋은 소리를 들을 때는 가만히 있지 못했으니까. 하지만 그렇게 내가 살기 위해 말 한마디, 곁눈질 하나를 놓치지 않고 포착하는 능력을 키운 덕분에, 나는 감정의 언어를 남들에게 더 잘 가르칠 수 있게 되었다.

...

나는 잊었던 옛날 일들을 점점 더 많이 기억해냈다. 이따금씩 새로운 기억이 떠올라, 나를 10대 시절로 되돌아가게 하곤 했다. 떠오르는 것은 주로 아버지와 대화하던 장면이었다. 서로 솔직한 마음을 나누려고 애쓰면서도, 어째서인지 좀처럼 그러지 못했던 모습들.

...

우리는 거실 안쪽의 가스 벽난로 앞에 앉아 있었다. 나는 집을 나오기 전 몇 해 동안 그 자리에 아버지와 밤늦게까지 자주 앉아 있곤 했다. 아버지는 기름때 묻은 커다란 손에 난롯불을 쬐었다. 우리는 종종 정치 이야기를 했다. 남아공의 아파르트헤이트 정책*에 대해 이야기했고, 아버지는 예전에 자기가 읽었던 샤프빌 학살 사건** 이야기를 했다. 아버지는 모든 형태의 파시즘을 혐오한다고 했고, 불만에 찼던 군 복무 시절 이야기도 들려주었다. 2차 세계대전 직후에 징집되어 뭔가 열심히 해보려고 했는데 웨일스 북부의 안개 속에서 2년 동안 불발탄 폭파 처리하는 일만 했다고. 아버지는 사회적 불의에 대한 강한 반감이라든지 미래에 대한 생각 같은 것을 들려주어 내게도 영향을 끼쳤다.

가족 중에서 나름의 국제관계 방침을 갖고 있던 것은 우리 두 사람뿐이었던 것 같다.

"오렌지 좀 사다줄래?" 아버지가 어머니에게 부탁했다. 어머니는 길 건너 청과물 가게에 가서 '아웃스팬'이라는 상표가 찍혀 있는 오렌지를 사왔다. 그 상표는 남아공 오렌지였다. 아버지가 혐오하는 인종차별 정권에서 생산한 오렌지였다.

"나 그거 안 먹어." 아버지는 그렇게 말했다가, 어머니가 부아가 나서 울 것 같은 표정이 되자 마음을 바꿨다. "알았어, 이번만이야. 다음엔 꼭 자파로 사와야 돼." 자파는 이스라엘 오렌지였지만, 우리의 방침은 남아공보다 이스라엘 쪽에 후했다.

- 20세기 후반 남아프리카공화국에서 실행된 백인 우위의 인종차별정책.
- 1960년 요하네스버그 근교의 샤프빌에서 인종차별 반대를 외치던 시위자들을 경찰이 학살한 사건.

"그거나 그거나 무슨 차이야?" 어머니가 말했다.

아버지는 어디서부터 말해야 할지 모르겠다는 듯 어깨를 으쓱했다.

내가 열 살 때 아버지가 지도책을 사주었다. 파란색과 흰색으로 된 표지였고, 펴낸 곳은 퍼거먼 출판사였다. 가족끼리 브리스틀에 놀러 갔을 때 샀는데, 내 애장품이 되어서 닳고 해질 때까지 보았다. 중화인민공화국 지도를 습자지에 대고 그린 다음 학교 연습장에 옮겨 그렸던 기억이 난다.

"중국이 언젠가는 강대국이 될 거야. 아무도 내 말 안 믿는데 두고 봐, 틀림없어." 아버지가 말했다.

기억이 새록새록 떠오르는 그날 저녁, 우리는 다가오는 선거에 대해 한참 이야기했다. 탄광 노동자들이 파업을 벌인 후에 보수당 현직 총리가 노동당 후보에게 패배했던 선거였다. 우리는 집 창문에 노동당 포스터를 붙여놓았다. 이웃에 늘 자기 집을 보수당 선거 사무실로 빌려주는 집이 있어서, 그들을 약 올리려고 일부러 그런 것이었다. 우리는 그 이야기를 하면서 웃다가, 이내 침묵에 빠져들었다.

"아빠." 내가 마침내 입을 열었다. "나 겁이 나."

"뭐가?"

다시 침묵이 흘렀다.

"뭐 때문에?" 아버지가 다시 물었다.

"아빠는 내가 혹시… 대학 안 가도 상관없어?"

"글쎄다. 난 상관없지. 내가 왜 상관하겠어." 아빠는 긴 한숨을 내쉬었다.

"정말로?"

"왜, 가기 싫어?"

"그런 건 아닌데." 꼭 가기 싫은 건 아니었다. "너무 겁이 나. 항상 마음이 불안해."

"마음을 편하게 먹는 습관을 들여야지."

"그게 안 돼. 너무 긴장돼."

"아빠는 네가 대학 안 간다고 너한테 실망하거나 하지 않아."

"나도 알아." 화가 치밀어 올랐다. 아빠가 신경을 썼으면 했다. 속으로 내가 시험에 합격하기를 바라는 줄 알았는데, 아니라고? 나는 가끔 나를 위해 공부하는 건지 아빠를 위해 공부하는 건지 알 수 없었다. 내가 아무리 화장을 하고 남자 친구를 사귀고 아빠 마음에 들지 않는 옷을 입고 세련된 척 폼을 잡아도, 본바탕은 여전히 총명한 어린 딸이라는 것을 보여주고 싶어서, 그래서 공부하는 건지도 몰랐다. 그런데 아빠는 왜 내게 격려의 말도, 도움되는 말도 해주지 않는 걸까?

"난 어떻게 해야 할지 모르겠어." 그 말을 하면서 눈물이 날 것 같았다.

"그놈의 대학, 가든 말든 난 상관이 없다니까! 나한테 무슨 말을 듣고 싶은 거야?"

난 울기 시작했다.

"야, 그런다고 울면 어떡해…."

아빠는 내가 우는 걸 질색했다. 나도 알고 있었다. 눈물을 지우려고 손가락으로 눈가가 쓰리도록 연신 문질렀다.

"여보, 지금 몇 시인지 알아?" 엄마가 거실 문으로 고개를 내밀고 말했다.

"금방 갈게."

엄마가 문을 꽝 닫았고 아빠는 다시 나를 보았다.

우리는 둘 다 아무 일도 없었다는 듯이 행동했다. 아빠는 일어나서 자러 갈 생각을 전혀 하지 않았다.

"린다, 차 한 잔 더 타다오."

나는 일어나서 차를 탔고, 아빠는 난롯불을 계속 바라보았다.

차를 타온 다음 우리는 다시 정치 이야기를 했다. 서로 예민한 감정을 건드릴 일이 없는, 더 안전한 주제였다. 하지만 내 머릿속에 계속 맴도는 것은 아빠가 했던 말, 아니 아빠가 하지 않았던 말이었다.

...

나는 어김없이 또 딴생각을 하고 있었다. 청중 중 한 명이 중국어로 말하고 있었지만 금방 끝날 것 같지 않았다. 때는 2002년 겨울, 아버지와 난롯가에서 대화했던 그 시절로부터 30년 가까운 세월이 흘렀을 무렵이었다. 그곳은 베이징 정신건강연구소의 춥디추운 강당이었다. 나는 의사들을 대상으로 한 강연을 위해 그곳에 있었다. 주제는 우울증을 겪을 가능성이 있는 환자와 대화하는 방법이었다. 나는 그 무렵 세계 여러 나라를 다니면서 그런 강연을 많이 했고, 지금도 마찬가지다. 아버지가 지도책을 사주었을 때부터 품었던 세계 여행의 꿈을 결국 실현한 셈이었다.

런던에서 12시간 비행기를 타고 와 시차 적응이 되지 않은 데다 전혀 알아듣지 못하는 언어를 듣고 있다 보니 집중하기가 힘들었다. 강당 측면에 앉은 내 동료를 흘깃 보니 졸고 있었다. 먼지 낀 창문 밖으로 잿빛 건물들의 어슴푸레한 윤곽이 눈에 들어왔다. 새로 연 상점과 음식점의 노랗고 빨간 현수막이 획일적인 도시 풍경을 간간이 수놓았다.

"저 사람은 당 기관원이에요." 통역사 첸리가 내 왼쪽 귀에 대고 귓속말로 알려주었다. 뒤쪽 자리에서 또 다른 사람이 일어나 말을 하고 있었다.

"뭐래요?" 내가 물었다.

우리는 방금 우울증을 주제로 발표를 마친 후였다. 청중들은 대화식으로 진행되는 강연에 익숙하지 않았기에 질문을 좀처럼 하지 않았다. 그 자리에 모인 사람들은 크게 나누어 세 부류였다. 앞쪽에는 강연에 열의와 관심을 보이는 젊은 의사들이 앉았고, 중간에는 나이가 좀 있고 더 보수적인 교수들, 그리고 맨 뒤쪽에는 당 기관원들이 좌중을 감시하며 앉았다. 그 주변 사람들이 공손하게 고개를 끄덕거리고 있는 것으로 보아, 일어나서 말하고 있는 기관원은 질문이 아니라 뭔가 중요한 언급을 하고 있는 듯했다.

내 통역사가 다시 귓속말을 했다. "이런 얘기예요. '그렇다, 우울증은 정말 끔찍하다고 나도 생각한다. 하지만 잊지 말아야 할 것은, 공산당이 인민들에게 큰 위안과 지지, 도움을 제공할 수 있다는 사실이다. 의사는 환자가 그 사실을 잊지 않게 해주어야 하고….'"

"그리고요?"

"아, 굳이 더 통역해드릴 것도 없어요. 그러니까…." 그는 조금 더 듣더니, 앞줄에 앉은 '젊은' 그룹 중 비교적 나이 많은 이와 눈길을 주고받았다. 그러고는 반항기 어린 눈빛으로 나를 보더니 귀에 대고 말했다. "다 쓸데없는 소리예요. 전혀 모르셔도 돼요. 제가 장담할게요!"

중국이 강성해지리라는 아버지 말은 옳았지만, 아버지 생각과는 달리 사회주의를 발전시켜서 그리 된 것이 아니라 자본주의를 받아들여서 그리 되었다. 아버지가 살아 계셨으면 이에 대해 뭐라고 했을까 궁금했다.

첫 시간이 끝난 후 나는 녹차 한잔의 온기에 차가운 손을 녹였다.

"이제 다음에는 뭘 하나요?" 첸리가 물었다.

"제가 하는 말을 통역해주실래요?" 통역을 통해 말한다는 것은 더딘 과정이었다. 첸리는 내가 하는 어떤 말은 굉장히 짧게 통역했고, 또 어떤 말은 훨씬 더 길게 통역했다. 가끔 청중 중에서 누가 말을 끊고 뭐라고 물으면 자기가 대답하기도 했는데, 그럴 때는 무슨 질문이었냐고 내가 물어봐야 했다. 첸리는 전문 통역사가 아니라 의사였다. 젊고 태도가 당당했는데, 당 기관원이 말할 때 보인 반응으로 미루어볼 때 자기 나름의 해석을 많이 가미해 통역하는 듯했다. 우리는 청중을 마주 보고 섰다.

"역할극을 해보려고 하는데요, 우선 본인의 환자 역할을 해주실 지원자 한 분이 필요합니다. 해보면 굉장히 유익한 연습이 될 거예요. 환자 입장에서 의사와 대화하는 경험을 직접 해볼 수 있거든요."

첸리가 뭐라고 말하는지는 알 수 없었지만, 두 팔을 바쁘게 휘젓는 모양이 사람들에게 지원하라고 열심히 꼬드기는 듯했다.

"제가 할게요." 젊은 여성이 영어로 말했다. 수줍은 미소를 띤 그녀의 이름은 순린이었다. 그녀는 소심한 영어에 중국어를 섞어서 대학병원 혈액내과에서 일한다고 했다. 자기 환자 중 백혈병에 걸린 젊은 여성의 역할을 맡아보겠다고 했다.

"환자가 상담을 받고는 아주 심란해했대요." 첸리가 통역해주었다.

"저는 치료가 어렵다고 말했어요." 순린이 영어로 부연 설명했다.

"자, 그럼 의사 역할을 맡아주실 지원자 있나요?"

나이가 약간 있는 매력적인 외모의 여성이 손을 들었다. 머리는 서구

스타일로 갈색빛이 돌게 염색했고 붉은색 립스틱을 윤이 나게 바른 모습이었다. 앞서 이미 영어로 질문을 한두 번 하기도 했다. 자기 이름은 미셸이라고 했다.

다른 참가자들이 차를 마시며 쉬는 동안, 우리는 강당 뒤쪽 작은 방에 있는 스튜디오에 들어갔다. 그곳에서 두 지원자의 상담 장면을 녹화했다. 작업을 도와준 기술자는 무뚝뚝한 사람이었다. 컴컴한 조정실 안이 자기 집인 듯 편해 보였다. 나는 조그만 전기 히터를 앞에 두고 조정실 안에 앉아서 상담이 진행되는 모습을 모니터로 지켜보았다.

순린이 역할을 맡은 환자는 26세의 대학 강사로, 결혼했고 귀한 외동아들이 있었다. 순린은 자기가 바로 전날 보았던 그 환자의 역할에 쉽게 몰입하는 듯했다. 미셸의 임무는 환자에게 백혈병이 재발했으며 이제 어떤 치료도 효과를 기대하기 어렵다는 소식을 전하는 것이었다. 모든 방법을 써보았고 더 이상 해볼 수 있는 게 없는 상황이었다.

첫 순간부터 상담이 그리 잘 되고 있지 않다는 것이 중국어를 전혀 못하는 내게도 확연히 보였다. 미셸은 달변을 쏟아내고 있었다. 많은 말을 하면서 순린에게는 말할 기회를 전혀 주지 않는 듯했다. 첸리가 내 왼쪽 귀에 대고 동시통역을 해주었다.

"이런 얘기예요. 그래서 그렇게 예상된다. 유감이지만 우리가 할 수 있는 일이 아무것도 없다. 지금까지 써본 방법들을 말씀드리면, 화학요법 그리고⋯."

미셸은 항목을 열거하는 것을 무척 좋아했다. 자기가 아는 것에 대해 확신도 넘쳤다. 그러나 그녀는 말로도 행동으로도, 무언가를 전혀 보여주지 못하고 있었다. 자신이 환자가 느낄 감정을 조금이라도 공감하고 있는지, 아니 환자의 말에 귀를 기울이고 있는지 같은 건 알 수 없었다.

갑자기 순린이 벌컥 화를 냈다. "아니 왜 말을 그렇게 해요? 지금 제가 가망이 전혀 없다는 거잖아요!" 그녀가 의자 팔걸이를 움켜잡으면서 외쳤다.

"알겠습니다, 다시 설명을 드릴게요…." 미셸은 그러더니 더 자세한 정보를 늘어놓고는, 마지막으로 이렇게 물었다. "혹시 더 궁금하신 게 있나요?"

"없어요, 됐어요."

순린은 두 손으로 얼굴을 감싸고 맥이 풀린 모습으로 의자에 앉아 있었다.

나는 스튜디오 문을 열었다.

"됐습니다. 역할극은 이걸로 마칠게요." 내가 두 사람에게 말했다.

"감사합니다." 미셸이 자신감 넘치는 미소를 지었다.

순린은 여전히 울 것 같은 표정이었다.

"괜찮아요?" 내가 물었다.

"네." 그녀가 손수건을 꺼내 코를 풀었다.

"다른 참가자들을 만나기 전에, 상담이 어땠는지 두 분이 서로 먼저 이야기를 나눴으면 해요. 미셸 씨는 어떤 부분이 잘된 것 같고, 어떤 부분이 아쉬웠나요? 또 순린 씨는 의사가 어떤 부분을 잘한 것 같고, 어떤 부분이 아쉬웠나요?"

첸리가 두 사람에게 할 일을 설명해주었고, 나는 스튜디오 문을 다시 닫았다. "두 분끼리만 이야기하게 하는 게 좋겠어요."

이제 녹화한 역할극 영상을 교재 삼아 바람직한 의사소통 기술에 대해 강연할 차례였다. 몇 명은 강연을 더 잘 들으려고 아예 맨 앞에 모여 앉았다. 앞쪽의 젊은 참가자들은 강연에 관심 있게 호응했지만, 뒤쪽의 나이 든 참가자들은 따분한 표정을 짓기 시작했다. 그중 한 명은 강연을 시작하자 바로 일어나 자리를 떴다. 앞 시간에 일어나서 '연설'을 한참 했던 남자였다. 그는 무표정한 얼굴로 내게 고개 숙여 인사했고, 나도 예의에 어긋나지 않게 그에게 고개를 숙였다.

"본인이 상담하는 모습을 영상으로 찍어서 보는 건 처음이신가요?" 내가 미셸에게 물었다.

"네." 그녀가 대답했다. 순린은 미셸과 강당에 함께 들어왔지만 멀리 떨어진 쪽에 앉았다. 나는 숨을 깊이 들이쉬었다. 내가 가진 외교적 역량을 모조리 발휘해야 할 상황이었다. 게다가 통역을 끼고 해야 하니 평소보다 배는 더 어려운 강연이 될 듯했다. 강당 측면에 앉은 내 동료가 내게 다 안다는 듯한 미소를 지어 보였다. 이제 나 혼자 알아서 부딪쳐나가야 한다.

"이제 동료분들이 애써서 만들어주신 영상을 교재 삼아 뭔가를 배워보려고 해요. 힘들어하는 사람과 어떻게 소통할 것인가 하는 문제에 정답은 없어요. 여러 가지 방법이 있을 수 있고, 그중엔 유익한 방법도 있고, 그리 유익하지 않은 방법도 있지요. 그래서 서로 이야기해보면서 과연 어떤 대안들이 있는지 생각해보려고 해요. 이해가 되시나요?"

첸리가 통역을 마치기도 전에 몇 명이 고개를 끄덕였다. 참가자들의 영어 실력은 내 중국어 실력보다 나았다.

"우리 목표는 상담을 잘했는지 못했는지 평가하는 게 아니에요. 다만 중요한 순간에 어떻게 했더라면 대화가 좀 다른 방향으로 전개될 수 있었을지 생각해보는 거죠. 여러분이라면 말이나 행동을 어떻게 다르게 할 수 있었을까요? 어떤 단어를 썼을까요? 제가 비디오를 가끔씩 멈추고 물어볼 텐데요, 여러분도 아무 때나 말을 해주시면 영상을 멈출 거예요. 미셸, 우리가 영상을 보면서 혹시 유념하거나 참고해야 할 건 없나요?" 내가 물었다.

"아니요, 저는 아주 만족스럽게 했어요." 그녀가 영어로 쌀쌀맞게 대답했다. 목소리에서 짜증이 살짝 느껴졌다.

그로부터 40여 분 동안, 나는 젊은 참가자들 중에서도 유달리 요란하게 비판을 퍼붓는 몇 명으로부터 미셸을 보호하느라 진땀을 빼야 했다.

"아니에요, 보세요, 전혀 안 듣고 있잖아요!" 순린의 옆자리에 앉은 남자가 불같이 고함을 쳤다. 남자는 마치 순린의 보호자 역할이라도 자청한 듯했다. 순린이 그걸 원했는지는 모르겠지만.

"좋아요, 그럼 지금 이 장면에서 본인이라면 뭐라고 하셨을까요?" 내가 물었다.

그가 잠깐 생각하더니 이렇게 말했다. "저라면 이랬을 것 같아요. '지금 많이 힘들고 걱정스러워 보여ㅌ요….'"

순린이 그의 얼굴을 보고 미소 지었다.

그도 미소로 화답했다.

"네, 그것도 한 방법일 것 같아요. 좋습니다." 내가 의견을 말했다. "환자가 힘들어하는 걸 내가 아는 것만으로는 충분치 않고, 내가 안다는 걸 환자가 알아야 해요. 그럼 그렇게 말해주는 것도 좋지요. 또 다른 의견은 없나요?"

"환자가 '무섭다'라는 말을 했는데, 저라면 그 말의 뜻을 묻고 싶을 것 같아요. 지금 속으로 어떤 감정을 느끼고 있는지." 첸리가 영어로 내게 말했다.

"좋아요. 이해 못 한 분들도 있을 테니 중국어로 다시 말해주시겠어요?"

이런 식으로 한 단계씩 진행해나갔다. 통역을 끼고 무언가를 가르친다는 것은 쉽지 않았지만, 상황이 아무리 좋아도 의사소통을 효과적으로 하기란 참 어려울 때가 많다. 가끔은 영어로도 머릿속의 생각을 표현할 말이 떠오르지 않으니까. 우리는 모든 사람이 잘 이해할 수 있게 최선을 다했고, 강연이 진행되어감에 따라 순린의 표정이 차츰 누그러지는 것이 보였다. 순린은 아무 의견도 말하지 않았지만, 동료들이 자신의 고통을 알아주었을 뿐 아니라 그 고통에 적절히 반응할 줄 안다는 것을 보여주어 안심하는 듯했다.

"자, 그럼 지금까지 배운 걸 정리해볼까요? 순린 씨, 이 환자는 실제 본인의 환자였지요. 이 상황을 재연해보면서 깨달으신 게 있나요?"

그녀가 잠깐 머뭇거리더니, 살짝 떨리면서도 크고 분명한 목소리로 열변을 토했다. 처음 지원자로 나섰을 때의 수줍은 모습은 찾아볼 수 없었다.

"제 말을 남이 들어주지 않을 때 어떤 느낌인지 알게 됐어요. 그 느낌이 너무나 강하게 와닿았어요. 저도 제 환자의 말을 들어주지 않았다는 걸 깨달았거든요." 그녀는 미셸 쪽을 보았고, 참가자들은 고개를 돌려 순린을 보았다. 사람들의 눈빛에서 공감과 존경의 마음이 읽혔다.

"전 그 환자의 말을 귀 기울여 듣지 않았던 것 같아요. 제가 아는 정보를, 환자가 알아야 할 정보를 그냥 알려주기만 했어요. 심지어 더 알고 싶은 게 있느냐고 물어보지도 않았어요. 저는 사형선고를 내리고는, 선고를 받는 사람이 어떤 기분일지 생각해보지 않았어요. 그냥 말만 계속했어요. 이제 그럴 때 어떻게 해야 하는지 조금은 알겠어요."

참가자들은 새로운 대화법을 배우고 있다기보다 인간다움을 되찾는 법을 배우고 있었다. 환자에게 할 말을 연습해보기도 하고, 그 말이 들는 사람 입장에서 어떻게 들리는지 확인해보기도 하고, 뭔가 다른 내용이나 다른 방식으로 소통하는 실험도 해보았다. 순린에게 그 학습 과정은 퍽 고통스러웠지만 가슴에 깊이 와닿은 만큼 더 큰 깨달음을 주었다. 나는 그녀가 아픔과 절망과 분노의 감정을 실제로 겪으면서 결과적으로 좋은 경험을 했기를 기원했다. 또 참가자들에게서 마음을 치유하고 감정을 어루만지며 힘이 되어줄 수 있는 대화의 아이디어를 얻었기를, 그리하여 자신의 환자들에게도 그런 도움을 줄 수 있게 되기를 기원했다.

이제 참가자들 모두에게 긍정적 메시지를 전하며 강연을 마무리할 차례였다. 특히 자신이 환자와 상담하는 모습을 보여주는 쉽지 않은 일을 해준 미셸에게 꼭 그런 메시지를 주어야 했다.

"미셸, 이번 시간에 많이 힘들었을 텐데, 그래도 아주 잘해주셨어요." 내가 말했다.

"아니에요." 그녀가 어깨를 으쓱했다. "그런데 말씀드리고 싶은 게, 저는 실제로는 그렇게 안 해요. 그래도 그렇게 해야 다들 뭔가 배울 수 있으니까요."

나는 그 말의 진위가 대단히 의심스러웠다. 하지만 아무도 뭐라고 말하는 사람은 없었다.

나도 뭔가 배운 게 있었다. 아시아 문화에서는, 적어도 공개적인 자리에서는, 잘못을 인정하기보다는 체면을 지키는 것이 중요하다는 것.

그러나 비단 아시아 문화에서만 그런 건 아니었다.

. . .

아버지와 나는 둘 다 하나같이 고집도 세고 자존심도 셌다. 그래서 아무리 사적인 자리에서도 절대 못 하는 일이 있었다. 그건 바로 실수나 약점을 상대방에게 인정하는 것, 그리고 대화로 의견 차이를 해소하는 것이었다. 우리는 의견이 다른 주제를 놓고 의사소통을 전혀 제대로 하지 못했다. 아버지와 나는 체면을 목숨처럼 지켰다. 베이징 방문을 회상하면서 이런 생각을 했다. 나처럼 정서적으로 억압된 가정에서 성장한 경험은, 그때 만난 교육생들처럼 억압적인 국가에서 성장한 경험과 뭔가 유사점이 있지 않을까.

자유롭게 대화하고, 상대방의 의견을 듣고, 의견 차이를 조율할 수 있는 능력이야말로 인간관계의 필수 요소다. 우울증의 근원은 가까운 사람들과 의견 차이를 해결하지 못하는 데서부터 시작되는 경우가 많다. 그것이 원인은 아니라 해도 회복을 더디게 하거나 지체시킬 수 있다. 의사소통이란 마음처럼 잘 되지 않을 때도 있지만, 그렇다고 시도를 포기해서는 안 된다. 비록 완벽하지 못한 의사소통이라 해도 여전히 귀중하며 반드시 필요하다.

애도

　　지크문트 프로이트는 「애도와 멜랑콜리아Trauer und Melancholia」라는 글에서 우울증과 애통함의 관계에 대해 다음과 같은 가설을 제시했다. 누군가의 죽음에 대한 애통함을 해소하지 못하면, 망자의 심상이 우리 자신의 '자아'와 융합되어버린다. 그리고 분노가 내면화되어 이 새롭게 변화된 '자아'를 향하게 되면 우울증이 찾아온다고 했다.

　우리가 애통해하지 못하고 넘기는 것은 비단 누군가의 죽음뿐만이 아니다. 우리에게 중요한 사람, 관념, 믿음, 희망 등을 잃고 나서 이를 받아들이지 못할 때도 비슷한 과정이 진행된다. 치료에는 어려움이 따를 수 있는데, 애통해하려는 단계에서 치료사가 우리에게 유일하게 남은 무언가를 빼앗아가려고 하는 것처럼 느껴질 수 있기 때문이다. 그것은 바로, 우리 마음속 어딘가에 안전하게 꼭꼭 숨겨놓은 밝고 생생한 기억이다. 정신분석가 대리언 리더Darian Leader는, 애도는 누군가의 죽음을 애통해하는 것이지만, 우울증은 그 사람과 함께 죽는 것이라고 말했다.

...

"애도에 대해 알아봅시다." 무더위로 푹푹 찌는 강의실에서 내가 젊은 의사들에게 말했다. 창문은 거무죽죽한 그을음 사이로 간간이 빗자국이 나 있었고, 창문 틈으로는 근처 음식점에서 만드는 카레 냄새가 솔솔 풍겨왔다. 건물 일층의 좁은 강의실 안에는 서른 명 이상이 부대끼며 앉아 있었다. 2004년 맨체스터의 늦여름은 때아닌 늦더위가 기승을 부렸고, 강의실에 냉방은 되지 않았다. 그래도 양고기 카레와 노란 필라프에 시원한 맥주 한잔까지 하면 딱 좋을 것 같았다.

그 학기 수강생들은 출신이 무척 다양했다. 내 왼쪽 테이블에는 젊은 파키스탄 남자들 몇 명이 앉아 자기들끼리 웃고 떠들고 있었다. 오른쪽에는 늘 그 자리에 앉는 긴 매부리코의 잘생긴 스페인 남자가 있었다. 옷 입은 모양새가 리넨 재킷에 소매를 접은 것이 나만큼은 나이가 있는 듯했다. 그의 왼쪽에는 젊고 날씬한 포르투갈 여자가, 오른쪽에는 수수한 외모의 북부 출신 여자가 앉아 있었다. 뒤쪽 자리에는 진녹색 천으로 온몸을 덮은 젊은 여자 두 명이 앉아 있었고, 불안한 표정을 지으며, 서로에게 정신적으로 의지하는 듯했다. 하필 바로 근처에는 립글로스를 윤기 나게 바른 미녀가 풍만한 가슴골을 드러낸 채, 금발의 키 큰 독일 남자와 노닥거리고 있었다. 이 학생들의 한 가지 공통점이라면, 잉글랜드에서 일반진료의가 되려고 준비 중이라는 것이었다.

"자, 애도의 단계는 어떻게 될까요?" 나는 이렇게 묻고, 초록색 마커를 들고 플립 차트 옆에 서서 적을 준비를 했다.

뒤쪽에 앉은 독일 학생이 악센트가 심한 말씨로 읊조리듯 말했다. "부인, 분노, 타협, 우울, 수용이요."

"그렇게 보는 의견이 있지요. 하지만 그 다섯 단계를 너무 문자 그대로 이해해서는 안 된다고 생각해요. 누구나 그 단계를 다 거치는 것도 아니고, 또 꼭 그 순서로 겪는 것도 아니에요. 저는 대략 세 단계로 보는 게 좋은 것 같아요."

나는 항상 셋으로 나누는 게 간단해서 좋다.

"첫 단계는 멍한 충격 상태예요. 누군가가 죽은 것은 알지만 아직 받아들이지 못하는 거죠." 어떤 느낌인지 나도 잘 안다. 에든버러에서 아버지가 돌아가셨다는 소식을 듣고 첫 이틀간 느꼈던 기분을 생생하게 기억한다. "그다음은 한동안 극심한 애통함을 느끼는 단계예요. 절절한 그리움과 괴로움뿐 아니라 일반적으로 우울증으로 간주되는 각종 증상을 겪게 돼요. 그래서 그냥 우울증처럼 보일 수도 있지만, 사람에 따라서는 고인의 목소리가 들리거나 심지어 모습이 보이는 듯한 착각을 일으키기도 해요. 그렇지만 모두 정상적인 현상이에요."

"얼마나 오래 지속되나요?" 한 여자 수강생이 물었다.

"경우에 따라 달라요. 보통 석 달 이상이지만, 길면 여섯 달까지도 지속될 수 있어요. 그러다가 결국 세 번째 단계가 찾아오죠. 다시 삶을 살아가고 앞으로 나아가면서, 과거의 추억에만 사로잡히지 않고 현재 속에 살면서 새 추억을 만들어가는 거예요. 이게 '수용'이라고 하는 단계예요."

"여섯 달? 그보다 훨씬 오래 걸릴 수도 있어요." 누군가가 뒤쪽 자리에서 나지막하게 말했는데, 누군지는 알 수 없었다.

"맞아요." 내가 동의했다. "상실을 겪고 애통해하는 것은 극히 정상적인 반응이에요. 애통함은 대개 시간이 지나면서 해소되지만 그렇지 않은 사람도 있어요. 정상적인 애통함과 비정상적인 애통함의 차이는 뭘까요?"

"교착 상태에 빠져 앞으로 나아가지 못하는 것, 그리고 자살 충동?" 누군가가 의견을 말했다.

"주변에서 애통해하지 못하는 사람을 본 경험을 이야기해주실 분 있을까요?"

아무도 말이 없었다.

"네, 그럼 제 환자 중에서 애통해하지 못한 분의 이야기를 해볼게요."

나는 한 테이블에 걸터앉아, 나도 모르게 자꾸 떠오르는 시원한 맥주 생각을 누르려고 애쓰며 이야기를 시작했다. "끔찍한 사고로 아들을 잃은 부부였어요. 아들이 죽는 장면을 직접 목격했다고 했어요. 분노와 고통이 확연하게 느껴졌어요. 아무 말도 건넬 수가 없었지요. 도저히 상상하기 힘든 끔찍한 일이었거든요. 참 가혹한 일이었지요." 나는 허리가 아파 잠깐 일어났다가 다시 앉았다. 늘 그렇지만 이야기를 들려주니 다들 집중하는 게 느껴졌다.

"그런데 지금도 잊히지 않는 게, 아버지가 아들 이야기만 하면 가슴에 통증이 온다는 거예요. 눈물은 흘리지 않았어요. 목소리가 심란하지도 않았고요. 더없이 침착한 상태였어요. 그런데 괴로운 이야기를 할 때면 주먹을 가슴에 갖다 대고 손을 꽉 쥐었어요."

그 말을 하면서 나도 모르게 내 손을 가슴에 갖다 댔다.

"철저한 교착 상태였어요. 감정은 가슴속에 깊이 묻어두었고, 가슴 통증은 아들이 죽은 그날 이후로 조금도 잦아들지 않은 거죠. 아무것도 변하는 게 없었어요. 나아지기는커녕, 오히려 더 나빠지고 있었어요."

"사고가 난 시점이 얼마나 전이었는데요?" 스페인 학생이 물었다.

"제가 진료한 시점에서 4~5년 정도 전이었어요. 정확히는 기억이 안 나네요."

"그 뒤로 좀 좋아졌나요?" 그가 궁금해했다.

"그랬으면 좋겠는데, 저도 몰라요. 환자분이 제 치료가 도움이 되지 않는다고 생각하고 얼마 나오다가 더 나오지 않았어요. 제가 자신에게서 아들의 기억을 빼앗아가려 한다고 생각했어요."

...

누군가의 죽음을 받아들이는 데 평생이 걸릴 수도 있다는 건 참 묘한 일이다. 마음의 스크린 위에 깜빡거리는 영상을 평생 바라보고 있는 것이다. 어디를 가든 늘 가지고 다니는 그 영상 속에는 곁을 떠나간 소중한 이의 모습이 담겨 있다. 그 모습들마저 놓아버린다는 건 도저히 있을 수 없는 일처럼 느껴진다. 괴로웠건 즐거웠건 그 사람의 마지막 기억까지 소멸되어버리는 것이니까.

나는 아버지가 돌아가실 때 곁에 있지 않았다. 직접 내 눈으로 임종을 보지 못했다. 아들이 끔찍하게 죽어가는 모습을 본 사람도 있으니, 나처럼 안 본 게 낫다고, 그게 더 잊기 쉽다고 생각해보려 애쓴다. 나는 아버지가 고통에 가슴을 움켜잡는 모습도, 괴로워 절규하는 모습도, 쓰러지는 모습도 보지 못했다. 하지만 아버지가 어떻게 돌아가셨을지에 대한 상상을 머릿속으로 워낙 수없이 그려보았기에 왠지 나도 그곳에 있었던 것만 같다.

이런 식이다.

이곳은 우리 집. 내가 태어나 열여덟 살 때까지 자란 옛날 그 집이다. 내가 있는 곳은 주방, 언제나 기억 속에 내 인생 최초의 주방으로 남아 있는 공간이다. 넓게 트인 그 공간에는 각양각색의 가구가 놓여 있다. 1960년대 스타일의 밝은색 커튼, 먼지 쌓인 블라인드, 코팅된 싸구려 가구와 원목 테이블. 진청색 벽지를 붙인, 평소에 거실처럼 쓰던 귀퉁이도 보인다.

이 공간을 실제로 본 지 25년이 넘었다. 지금도 그대로 있겠지. 내가 자란 동네 스케그네스에. 하지만 훨씬 가까운 곳에도 있다. 시간 속에 표류하며 내 마음속 어디엔가 살아 있다. 그리고 내가 어디를 가든, 어느 시공간으로 달아나든 나를 항상 쫓아올 것이다.

바로 이 공간에서, 우리가 밤늦게까지 앉아 정치 이야기를 나누던 가스 벽난로 앞에서, 아빠가 옷을 입고 있다. 30년 전 쌀쌀한 1월의 어느 날 아침이다. 주위는 고요한 가운데 전기 벽시계에서 나는 윙 소리, 가스레인지 위에 올린 주전자의 쉭쉭 소리만 들린다. 아빠는 일주일 만에 면도를 말끔히 했다. 집 뒤의 낡은 식료품 창고를 직접 개조해 만든 춥디추운 욕실에서 면도를 했을 것이다. 셔츠와 헐렁한 흰색 속바지 차림으로 서서, 벽난로 위에 걸린 볼록거울을 보며 넥타이를 맨다. 평소 넥타이 차림을 질색하는 아빠라, 엄마 없이 혼자 매느라 애를 먹는다. 동작을 잠시 멈추고는 거울에 비친 자기 모습을 눈을 가늘게 뜨고 본다. 시력검사 따위는 자존심 때문에 받지 않는 아빠다. 근거리용 안경 하나 맞추면 좋을 텐데 맞추지 않고 신문 읽을 때는 엄마 안경을 꼭 빌려 쓴다. '조잡스러운' 장식 때문에 자기가 쓰면 우스꽝스럽다는 걸 알면서도. 오랜 세월 밖에서 일한 탓에 피부는 여전히 구릿빛이지만, 검었던 머리는 언제부턴가 흰머리로 변해 나이가 쉰두 살치고 더 들어 보인다.

　겨울 아침의 어스름 속에, 아빠 옆에 있는 빛바랜 파란색 소파에 놓인 무언가가 보인다. 엄마가 출근하기 전에 꺼내놓고 간 아빠 웃옷과 바지다. 아빠는 이상한 고집이 있다. 아무리 몸이 아파도 의사를 만나려면 꼭 옷을 제대로 챙겨 입고 가야 한다. 엄마가 출근하러 나갈 때까지만 해도 아빠는 침대에 누워 있었다. 지난주 내내 거의 누워 있었다. 어깨 뒤쪽에 통증이 워낙 심해 때로 숨 쉬기가 어려웠다. 하지만 의사에게는 그런 말을 하지 않았다. 의사는 여기저기 눌러보더니 심장병 이력이 있는 걸 알면서도 디스크일 거라고 했다. 의사가 쉬라고 해서 아빠는 일주일간 쉬었다. 그러다가 오늘은 겨우 일어나 병원에 진단서를 떼러 갈 참이다. 옷을 다 입고 나니, 마지막 차 한 잔을 탈 주전자 물이 끓고 있다.

　벽난로 앞 바닥에 쓰러져 있는 아빠를 사람들이 발견했을 때, 주전자 물은 이미 다 졸아 없어진 지 오래였다.

. . .

　아버지가 돌아가신 후 나는 처음엔 끔찍한 죄책감에 휩싸였다. 아버지에게 가봤어야 했다. 그랬다면 아버지를 살릴 수 있었다. 아버지는 옷을 입고 병원에 갈 준비를 하다가 심장마비로 쓰러졌다. 나는 의사가 되려고 5년을 공부했지만 결국 내 아버지도 살리지 못했다. 지금까지 공부한 게 다 무슨 소용인가? 나라는 인간은 무슨 쓸모가 있나? 그러나 끔찍한 죄책감도 가슴 찢어지는 애통함도, 그리 오래가지 않왔다. 내가 떨쳐버렸다. 가슴 깊숙이 어딘가에 꾹꾹 눌러 담고 묻어버렸다. 나는 제대로 애통해하지 못했다. 그것도 아주 오랫동안.

스케그네스에서 가장 가까운 소도시 보스턴까지는 37킬로미터 거리다. 땅은 평평한데 길은 꼬부랑길이다. 중세 시대 술 취한 농부가 한밤중에 집을 찾아가느라 비틀거리면서 간 길이 그대로 길이 됐나 싶다. 1월의 쌀쌀한 아침, 영구차도 그 길을 따라 스케그네스의 장의사에서 보스턴 화장장으로 향했다. 화장장은 현대식 콘크리트 건물로 개성도 역사도 없어 보였다. 그곳의 형편에 맞는 짤막한 장례식만 치르고 아버지를 화염 속으로 보내드렸다. 화장이나 장례식은 고인과 작별하는 중요한 의식이며, 애도의 과정이 시작되는 출발점이다. 그러나 우리가 치른 장례는 공허하고 삭막하기만 할 뿐, 내게 그런 역할을 전혀 해주지 못했다.

．．．

"아빠는 이런 거 싫어했을 텐데." 성공회 목사의 따분한 연설을 들으며 내가 엄마에게 말했다. "이 바보 같은 목사는 아빠를 알지도 못했으면서 참 좋은 사람이었다고? 아빠는 더군다나 무신론자였는데."

하지만 엄마는 내 말을 듣고 있지 않았다. 고개를 돌려 장례실 뒤쪽에 모인 조문객들의 면면을 살펴보더니 내게 말했다. "저 사람들 다 누구야?" 엄마는 우느라 눈이 벌겋게 퉁퉁 부어 앞을 잘 보지 못했다.

"직장 사람들인가 봐." 내가 말했다. 아빠가 최근까지 다니던 공장의 직원들인 것 같았다. "아빠는 정시에 출근하는 법도 없었고 직장 사람들을 좋게 말한 적이 한 번도 없었는데. 하나같이 다 아첨꾼이고 상사에게 알랑거리기만 한다면서. 그런데도 다들 여기 왔어."

"존경했던 것 같네." 존 삼촌이 말했다.

그 말은 어떤 면에서 진실인 듯 보였다. 한 사람 한 사람이 다 아빠에게 뭔가 빚진 게 있으리라. 아빠는 일하는 요령에 밝아서 사람들을 많이 도와주었다. 손재간이 엄청나게 좋았다. 차고가 각종 공구로 가득했다. 하지만 자기가 재능이 뛰어난 만큼, 남들의 결점을 용납하지 못했다. 나에 대해서도 마찬가지였다.

아빠 직장에 팀이라는 작업반장이 있었는데 원형톱 작업을 하다가 손가락을 잃고 말았다. 하지만 아빠는 도대체 어떻게 하면 그럴 수가 있냐며 그를 통 이해 못 했다. 그게 말도 안 되게 우습고 어이없는 일이라고 생각했다.

팀도 그 자리에 와 있었다. 모자를 양손에 들고 아버지 가는 마지막 길에 조의를 표했다. 그가 한 손을 들어 우리에게 인사했다. 왼손의 두 손가락 끝마디가 없었다. 아빠가 이 장면을 보았으면 얼마나 재미있어했을까.

. . .

"사람들이 제대로 애통해하지 못하는 이유는 뭔가요? 무슨 문제 때문이에요?"

젊은 의사들을 가르칠 때는 늘 질문이 많아서 좋다. 한 가지도 쉽게 넘어가지 않는다. 알고자 하는 욕구가 넘친다.

"이유는 다양해요. 우선 갑작스럽거나 충격적인 죽음인 경우에 그럴 수 있어요. 또 가령 시신이 발견되지 않은 경우라든지, 가장 흔하게는 고인과의 관계가 복잡했던 경우에 그럴 수 있지요.”

물론 나와 아버지의 관계는 그냥 복잡하다는 말만으로는 설명할 수 없었다.

“그 사람이 죽었다는 사실을 받아들이지 못해 애통해하지 못하는 사람이 있는가 하면, 극심한 우울 단계에 갇혀서 점점 더 괴로워하는 사람도 있어요. 심지어 죽은 사람을 따라가고 싶어 하기도 하지요. 또 한편으로는 죽은 사람을 이상화하거나, 살려내지 못한 의사에게 극심한 분노를 느끼는 단계에 갇혀 있는 사람도 있어요.” 나는 거기까지 말하고 혹시 특별히 공감하는 반응이 있는지 보려고 학생들을 둘러보았다. “그런가 하면 애통해하다 말고, 자기 감정을 도저히 마주하지 못해서 가슴속에 묻어버리는 사람도 있어요.”

내 경우가 그랬다. 아주 오랫동안 그렇게 했다.

강의 시간이 끝나고 나는 소비아와 눈을 마주쳤다. 소비아는 뒷자리에 앉아 있던 젊은 아시아 여성이었다. 강의가 끝나고 이야기를 좀 나눌 수 있겠냐고 내게 물었다. 세련된 단발머리에 콧방울에는 작은 다이아몬드 피어싱을 하고 있었다. 아까 내가 일반적으로 애통함이 지속되는 기간에 대해 말했을 때 의문을 제기했던 학생이 그녀였던 듯도 했다.

“이야기할 게 있다고 했죠? 제 방으로 갈까요? 이 복도에 바로 있어요.” 내가 강의실 문을 향해 손짓했다. 마음속으로 고대하던 시원한 맥주가 한 발 더 멀어지고 있었다.

소비아는 내 시선을 피해 여름 햇살이 눈부신 창밖을 바라보았다. 눈에 눈물이 반짝거렸다. 그러더니 나를 보고는 애써 웃음을 지었다.

“누군가를 잃는다는 게 어떤 건지 저도 알아요. 제 가족은 파키스탄에 있는데, 소식이 끊겼어요.” 그녀가 말했다.

"그래요? 저런…."

"가족들이 제 남편과의 결혼을 허락하지 않았어요." 그녀가 말을 멈추고 손으로 눈물을 훔쳤다. "가족들은 저를 사촌과 결혼시키려고 했어요. 그래서 저와 남자 친구는 가출해서 나라 밖으로 도망쳤어요… 가족들 소식을 못 듣다가 언니와 연락이 닿았는데, 어머니가 돌아가셨다고 했어요… 너무 괴로웠어요. 그 자리에 있지 못했던 게 너무 죄스러워요. 3년이 지났지만 아버지는 제 편지에 답장을 하지 않으세요. 저는 가족이 있어도 없는 것과 똑같아요. 가족들도 저를 죽은 사람으로 생각하고 있고요."

"많이 힘들겠네요."

그녀는 두 손으로 얼굴을 감싸고 흐느끼기 시작했다. 우리는 잠시 말없이 앉아 있었다. 그러다가 그녀가 다시 입을 떼고는 속삭이듯 말했다. "가족 생각만 하면 너무 힘들어요. 어떻게 살아야 할지 모르겠어요. 우울증이 심해요. 저는 가족들에게 죽은 사람이나 마찬가지예요." 그녀는 그 괴로운 생각을 떠올릴 때마다 몸을 움찔했다. 그 모습은 스스로를 때리는 것 같기도 했고, 보이지 않는 누군가에게 벌을 받고 있는 것 같기도 했다.

"혹시 그간의 모든 상황 때문에, 어머니의 죽음을 애통해할 기회가 없었던 건 아닐까요." 내 생각을 말해보았다.

소비아는 어머니만 잃은 것이 아니라 가족 안에서 자신의 자리를 잃은 것이 분명해 보였다. 이는 이중의 상실이었으니, 받아들이기가 더욱 힘들 수밖에 없었다.

소비아는 이를 악물고 일에서 성공할 생각이라고 했다. 대학 연구원인 남편도 힘이 되어주고 있다고 했다. 하지만 가족에게 거부당한 현실은 받아들이기가 좀처럼 힘들었다. 과거 일을 생각하면 너무 괴로웠다. 그 역시 충분히 이해할 수 있었다.

"주치의 선생님이 그러시는데, 그런 문제를 이야기해야 한다고…."

"맞아요. 이야기하는 게 중요해요. 기억 속의 사진을 꺼내 보고 옛날 일들을 상기하는 거예요. 좋은 일이든 나쁜 일이든, 즐거웠던 기억이든 슬펐던 기억이든 말이죠. 하지만 그게 쉬운 일만은 아니에요."

"전 어린 시절을 행복하게 보냈어요… 엄마를 아주 많이 좋아했어요. 너무 보고 싶어요. 꼭 다시 만날 거라고 생각했는데, 날마다 점점 더 힘들어져요. 이제 저도 아이를 갖고 싶거든요. 하지만 엄마가 없는 사람이 엄마가 된다는 게 도저히 엄두가 나지 않아요… 저한테 엄마 사진도 있어요." 그녀는 눈물을 닦으면서 핸드백에서 꼬깃꼬깃한 사진을 꺼냈다. 파키스탄 전통의상을 입은 사진 속 여성은 소비아와 많이 닮은 모습이었다. 소비아와 누가 봐도 모녀지간 같았다. 나는 평소 이런 상황일 때 하는 말을 할 수밖에 없었다. 내가 내 학생의 치료에 관여하는 건 적절하지 않다는 말이었다.

"이야기를 하는 게 꼭 필요할 것 같아요. 그러려면 도와주고 힘이 되어줄 사람이 필요해요. 적절한 상대를 찾아서 이야기해보는 게 어때요? 상담사라든지요. 먼저 주치의 선생님과 이야기해보는 것도 좋을 것 같고요."

그녀는 나를 보며 속삭이듯 말했다. "그래야 될 것 같아요. 이렇게 계속 지낼 순 없어요."

. . .

소비아와 달리 나는 돌아갈 고향이 있었다. 하지만 여러 해 동안 일부러 돌아가지 않았다. 그때는 의식하지 못했지만, 내가 상실을 버텨낸 방법은 절대로 돌아보지 않는 것이었다. 작별 인사도 하지 않았다. 그러면서 더 많은 것을 잃었다. 기억하기 싫은 일들뿐 아니라 간간이 끼어 있는 좋은 추억까지도 모두 잃었다. 그 결과 나는 과거가 없다시피 한 사람이 되었다.

어느 가을 오후, 나는 존과 함께 마침내 차를 타고 옛 고향에 찾아갔다. 내 안의 기억들을 다시 한번 되돌아볼 마음의 준비가 되었다고 느꼈다. 예상은 했지만 동네 모습이 많이 바뀌어 있었다. 하숙집과 민박집들은 꾀죄죄한 공동주택으로 바뀌어 있었다. 시내는 쇠락의 기운이 완연해 마치 영원한 잠에 빠져드는 듯했다. 나는 그곳에 있고 싶지 않았다. 곳곳에 출몰하는 수많은 유령을 만날 마음의 준비가 되어 있지 않았다. 유령들은 옛 동네 길의 가로수 사이사이에서 재잘거리며 내가 지나갈 때마다 속삭였다. '너 진짜로 돌아올 준비가 된 거야?' 우리는 발길을 돌렸다. 나는 옛날 살던 집을, 그 죽음의 기운을 도저히 마주할 수 없었다. 아직은 일렀다. 마음을 열 준비가 되지 않았다.

· · ·

내가 가장 좋아했던 곳은 늘 따로 있었다. 시내에서 남쪽으로 몇 킬로미터 내려가면, 북해 어귀의 워시만灣을 둘러싼 습지가 눈앞에 널따랗게 펼쳐졌다. 그곳에선 저 멀리 수평선 너머 지구의 곡면까지 보일 듯했다. 나는 존과 함께 차도를 따라 그 천연보호구역을 향해 걸어갔다. 우리는 풀이 덮인 둑길 위에서 굽이굽이 유유히 흐르는 흙갈색 강물을 내려다보았다. 강물은 외로운 감시탑이 딸린 낡은 해안경비대 초소를 지나, 저 멀리 아득한 바다를 향해 흘러갔다. 포플러 나무들이 담장처럼 서서 세찬 강바람을 막아주는 들판 위로는 조그만 농가들이 점점이 흩어져 있었다. 직선으로 기다랗게 낸 배수로들이 인공적인 형태로 풍경을 가르고 있었다. 땅을 빼면 온통 하늘이었다. 눈부신 하늘이 온 세상을 뒤덮고 있었다.

10대 때 아빠와 같이 이곳에 온 적이 있었다. 나는 호수 물을 담으려고 커다란 유리병을 가지고 왔다. 성큼성큼 앞장서서 걸어가던 아빠의 뒷모습이 눈에 선하다. 아빠는 두 팔을 거의 내젓지 않고 특유의 팔자걸음으로 걸었다. 걷다 보니 길이 끝나는 곳에 천연보호구역이라고 써있는 표지판이 나왔고, 호수가 있었다. 아빠는 물가에 내려가 유리병을 반쯤 채웠다. 별 대단할 게 없는 물이었다. 색은 연한 찻물 비슷했고 수초 썩는 고약한 냄새가 풍겼다. 하지만 나중에 한 방울을 현미경에 놓고 보니 수많은 생물체들이 돌아다니는 엄청나게 복잡한 세상이 눈앞에 펼쳐졌다. 그건 또 하나의 우주였다.

"이거 어디에 필요한 거야?" 아빠가 물었다.

"생물 과제야."

"직장 사람들이 가끔 나한테 물어보더라고. 너 학교에서 공부 잘하냐고." 아빠가 그렇게 묻더니 땅을 내려다보았다. "하지만 난 아무 말 안 해."

나는 아빠에게 그 이유를 한 번도 물은 적 없다. 어쩌면 물어봤어야 했는지도 모른다. 아빠는 내가 학교에서 공부 잘하는 것을 만족스러워하면서도 웬지 남에게 말하는 것을 철저히 꺼렸다. 물어보면 그 이유를 어느 정도 알 수 있었을까. 어쩌면 아빠는, 비록 철저한 사회주

의자에 무신론자이긴 했지만 감리교 집안에서 크면서 배운 극도의 겸손함이 뼛속까지 박혀 있었는지도 모른다. 아니면, 정당히 얻어낸 성취에 자부심을 과감히 느껴보려 할 때마다 낮은 자존감 때문에 내면에서 끊임없이 들려오는 질책의 목소리에 위축되곤 하는, 그런 복잡한 심리적 갈등을 겪고 있었는지도 모른다. 나도 그 갈등을 아빠에게 물려받아 평생 극복하느라 애를 먹고 있으니까.

30년이 넘는 세월이 흐른 후 존과 함께 다시 찾은 그곳은, 회청색 갈매나무와 가시금작화 수풀 사이로 새로 깔린 판잣길이 모래언덕까지 이어져 있었다. 마침내 깨끗한 모래사장에 파도가 부서지는 해변에 이르자, 나는 워시만의 바닷물에 발을 담갔다. 차갑지만 상쾌했다. 어찌 보면 모질고 변덕스러운 바다였지만 나는 이곳에 오면 늘 기분이 새로웠다. 아이 때도 10대 때도 여름날 저녁이면 아빠와 함께 자주 와서, 바다에서 수영하는 아빠를 지켜보았던 바로 그곳이었다. 그때의 장면들이 새록새록 떠올랐다.

"아빠가 항상 저 모래언덕에 앉았어." 내가 존에게 외쳤다. "아빠가 여기를 정말 좋아했어. 수영을 워낙 잘했거든."

힘차게 바다로 헤엄쳐가던 아빠의 검게 탄 어깨가 떠올랐다. 그때는 아빠와 함께 있으면 무척 안전하게 느껴졌다. 아빠가 너무 좋았다. 잠시 아빠의 모습이 보였다. 아빠는 바다 저쪽, 아빠가 좋아했던 그 자리에 앉아 있었다. 힘찬 모습으로 살아서, 검게 탄 긴 팔을 석양에 번들거리며 나를 향해 흔들고 있었다. 그러고는 다시 물에 들어가더니 거센 물살을 헤치며 나를 향해 헤엄쳐왔다.

• • •

나는 아버지가 돌아가신 후 오랫동안 아버지를 잃었다는 사실을 받아들이지 못했다. 그리고 언제까지나 아버지를 그리워할 것이다. 애통해한다는 것은, 놓아주고 앞으로 나아가는 것이다. 애통해할 수 있게 되면 잃어버린 사람을 그 사람 그대로 기억할 수 있게 된다. 이상화된 성자도, 분노와 실망을 쏟아부을 표적도 아닌, 복잡하고 현실적이면서 매우 인간적인 존재로.

내가 가진 아빠 사진은 한 장뿐이다. 내가 집을 떠나 대학에 가기 얼마 전에 찍은 사진이다. 아빠는 구겨진 셔츠 차림으로 서서 한 팔을 엄마 어깨에 두르고 있고, 엄마는 아빠 손을 꼭 잡아 허리에 붙인 모습이다. 나는 아빠 왼쪽으로 살짝 뒤에 서서 해를 쏘아보고 있고, 동생 이언은 우리 앞에 서 있다. 앨런은 아마 카메라를 들고 있었을 것이다. 아빠는 마치 우리가 모르고 있는 비밀을 알고 있기라도 한듯 묘한 미소를 엷게 짓고 있다. 엄마는 방금 전까지 다들 싸우기라도 한 듯 억지스러운 미소를 활짝 짓고 있다. 세월이 흐르면서 사진도 점점 빛이 바래 흑백에 가까워져가고, 내 애통한 마음도 흐릿해져간다. 지금은 알 수 있다. 나라는 사람은 결국 아빠가 아니면 아무것도 아니었다는 것을. 아빠는 말로는 표현하지 않았지만 행동으로 내게 변치 않는 사랑의 힘을 가르쳐주었고, 내가 지금 모습이 될 수 있게 도와주었다.

• • •

소비아는 그해 여름 동안 강의에 계속 출석했다. 마지막 강의가 끝난 날, 뒤에 남아서 나와 잠깐 이야기를 나눴다.

"전문가에게 도움 받아보라고 말해주신 것 감사하다고 말씀드리려고요." 그녀는 입으로만 어색하게 웃어 보였다. 얼굴에는 슬픔이 아직 가시지 않았지만, 목소리에는 그전에 없던 희망이 깃들어 있었다. "저 심리치료 받고 있어요. 언니한테 편지해서 답장도 받고 있고요. 그전 같은 상태로는 살기 힘들었을 거예요. 아버지와 오빠한테서는 영영 연락이 없을지도 모르지만, 언니는 제가 보고 싶대요. 언니도 가족 뜻을 어기고 싶지는 않지만⋯ 그래도 계속 연락하겠대요."

"정말 좋은 소식이네요." 내가 반가워했다.

그녀가 나를 바라보며 말했다. "괴로운 마음이 전보다는 그래도 조금 덜해요⋯ 아주 조금이지만요."

⋯

중요한 건 애통한 마음의 변화라고 생각한다. 예컨대 상실의 기억을 떠올릴 때 15년 전이나 지금이나 똑같이 괴롭고 아픔이 생생하다면 진전이 없는 것이다. 감정이 잦아들지 않고 점점 커진다면 그 역시 심각한 신호다. 애도가 제대로 이루어지지 못하면 우울증이 된다. 애통한 마음의 크기를 1에서 10까지의 숫자로 생각해볼 때 그날그날 아주 미미하게라도 줄어들고 있다면, 앞으로 나아가고 있다는 신호다. 조금씩 다시 일상을 마주하고 앞날을 바라보고 있는 것이다. 지나간 일을 조금씩 손에서 놓아가는 것이다.

현재에 살기

[*][*]

시기에 따라 우울증을 치료하는 방법은 다를 수 있다. 정신역동치료를 통해 과거를 수용하는 노력이 필요할 때도 있지만, 일상생활에 잘 대처하는 방법을 찾도록 도와주는 인지행동치료 CBT가 필요할 때도 있다.

• • •

애나라는 환자는 사설 심리치료를 2년 정도 받다가 나에게 의뢰되어 왔다.

"이제 저와 부모님의 관계가 훨씬 이해가 잘 돼요. 남편과도 사이가 많이 편해졌고요. 제가 기분이 왜 처지는지 이제 알겠어요." 애나가 말했다.

"그런데요?"

그녀가 물어뜯은 손톱을 만지작거리던 동작을 멈추었다. 그녀는 손톱만 제외하면 단정한 외모였다. 두어 달 전보다 자기 몸을 훨씬 잘 돌보는 듯했다. "그리고… 미래에 대한 절망감도 많이 줄었어요. 뭔가 이해가 되는 느낌이에요. 지금의 제 모습이 부모님과의 관계에서 많이 비롯되었다는 걸 이제 알아요. 심리치료가 도움이 많이 됐어요."

"잘됐네요."

"약을 바꾼 뒤로는 잠도 더 잘 자요. 그런데 아직도, 하루하루를 꾸려나가는 게 너무 힘들어요… 회사 사람들이 하는 말이 신경 쓰이고, 상사를 대하기도 힘들고 상사가 하는 말도 신경 쓰여요… 그리고 가끔은 기분이 또 점점 가라앉는 느낌이에요."

애나는 우울증이 꽤 심했었고, 지금은 많이 회복되었지만 예전의 활력을 되찾지는 못한 듯했다. 그럼에도 겉으로는 당당하고 능력 있는 관리자 역할을 하고 있었다.

"이제 현재 상황을 돌아보고, 접근 방법을 한번 바꿔볼 때인 것 같네요. 인지행동치료를 받아보면 어떨까요?" 내가 말했다.

인지행동치료의 '행동' 부분은 우울증을 겪는 사람의 기분을 더 낫게 하고 세상 속으로 다시 들어갈 수 있게 하는 데 큰 도움을 줄 수 있다. 1장에 나왔던 환자 리처드도 그런 경우였다. 그리고 '인지' 부분은 우울증을 겪는 사람이 잔뜩 가지기 쉬운, 자기 자신과 세상과 미래에 대한 해로운 생각들이 과연 옳은지 따져보는 것이다. 그런 생각들은 우울한 기분을 유발할 뿐 아니라 지속시키는 데도 기여한다.

• • •

나는 남들과 나눈 대화와 반응을 머릿속에서 곱씹고 되새기면서 계속 반추하는 버릇이 있었다. V 선생이라는 새로 만난 정신과 의사가 나를 상담심리사에게 의뢰하겠다는 뜻을 밝혔다. 목적은 구체적으로, 내 반추 사고를 감소시키는 것이었다. 나는 그 필요성을 처음엔 납득하지 못했다.

"또 새 치료사를 꼭 봐야 할까요? 치료는 그동안 많이 받았는데요."

"인지치료는 안 받아보시지 않았나요?"

"그건 그렇죠."

한 번쯤 해봐도 괜찮겠다 싶었다. 해봐서 나쁠 건 없을 테니.

치료사가 있는 사설 병원에 찾아갔다. 치료실은 미색으로 벽을 칠한 휑한 방이었다. 카펫은 연분홍색이었고, 창문 밖으로 잘 손질된 나무들이 보였다. 나는 패브릭 의자에 앉았고, 치료사는 책상에 앉아 내게 이것저것 물으면서 메모를 했다. 내가 전에 한 번도 경험해보지 못한, 전혀 다른 방식의 치료였다. 치료사 C는 E와 공통점이 거의 없었다. 처음부터 다정하고 친근하게 대했고, 부담을 전혀 주지 않았다. 내 방어기제를 뚫고 들어가 내면의 겁먹은 자아와 맞닥뜨리려는 생각은 없어 보였다. 내 자아를 '수다나 떨자'면서 밖으로 불러내려고 한다고 할까. 나를 돕고 싶어 했다.

· · ·

두 번째 시간에는 숙제를 해서 갔다.

"자, 저번 시간에 봤던 데이비드 번스의 책에서 규칙 두 개를 고르셨네요…." C가 말했다.

『기분 좋아지기 핸드북Feeling Good Handbook』은 내가 잘 아는 책이었다. 남들에게 추천하기까지 했다. 하지만 사실 읽어본 적은 없었다. 까칠한 구석이 있는 나로서는 이렇게 티없이 명랑한 제목의 책을 교재로 삼아 작업을 한다는 게 영 탐탁지 않았지만, 아무 말 하지 않았다.

"네, 하나는 '남들을 만족시키기 위해서는 내 이익을 포기하는 것이 최선이다'인데… 그건 중간으로 답했고요, 또 하나는 '누군가를 비판하면 비판받은 사람은 틀림없이 기분이 상할 것이다'인데… 그건 강하게 동의한다고 답했어요."

머릿속으로 그 문장들을 되뇌어보았다. 내가 정말 그렇게 생각하는 게 맞나?

"지키기가 참 힘든 규칙들이죠…." C가 나를 보았다.

나는 시선을 내렸다. 그와 눈을 마주칠 수 없었다. 소리 내어 읽고 나니 너무 바보 같은 규칙들인 것 같았다. 하지만 또 어떻게 보면 정확히 맞는 얘기 같았다.

"그럼 두 번째 규칙을 가지고 생각해보죠. 그 규칙을 믿었을 때의 장점은 뭐라고 적으셨나요?"

나는 숨을 한 번 쉬고 소리 내어 읽었다. "이렇게 적었네요. '내가 사람들 기분을 상하게 하지 않으니 사람들이 나를 좋아할 것이다. 나는 사람들이 함께 있고 싶어 하는 사람이 될 것이다. 내가 다른 사람을 불쾌하게 하는 일은 없을 것이다….'" 내가 종이의 왼쪽 난에 적은 답을 모두 읽었다.

"그럼 단점은요?"

내가 강하게 동의한다고 했던 문장인데, 놀랍게도 단점이 장점보다 많았다. 특히 하나가 눈에 띄었다. '상대방이 내 말을 비판으로 오해할 수도 있을 것 같다. 그래서 내가 한 말에 비판적으로 들리는 부분이 있을까 걱정하느라 시간을 많이 쓴다.' 사실 나는 그 걱정을 쉴 새 없이 했다.

"그래요, 이것 때문에 사는 게 많이 힘드시겠네요. 남들 기분이 상할까 봐 늘 걱정한다면요. 하지만 평생 아무도 불쾌하게 만들지 않기란 불가능하겠죠."

"이런 것도 있네요. '내가 하는 말을 하나하나 검열하느라 힘이 많이 든다… 게다가 내 유머 감각은 상당히 까칠하다.'" 난 정말 그렇다. 그런데 남들을 불쾌하게 하기는 싫으니 문제였다. "또 이런 것도 있고요. '남들은 나를 거세게 비판할 때도 있으니 무척 불공평하게 느껴지고 상처가 된다.'"

"좋아요, 생각을 많이 해보셨네요. 그런데 이런 규칙들을 지키며 산다는 건 많이 힘들 것 같아요. 인생 중 그렇게 많은 시간을 이런 원대한 목표를 이루려는 데 꼭 써야 할까요?" 그는 이제 문제를 제기했지만, 거기에 옳다 그르다는 판단은 전혀 들어가 있지 않았다. 내 심기를 살살 건드릴 뿐이었다.

"그러느라고 시간을 참 많이 썼지요. 평생 그 고민을 달고 살았으니까요." 내 안에서 어떤 목소리가 들렸다. '난 도대체 시간과 노력을 얼마나 허비한 거야.'

우리는 마주 보고 같은 생각을 하며 웃었다. 평생의 습관이란 고치기가 쉽지 않다.

"반추한다는 것은 문제를 해결하려는 거예요. 이런저런 일들을 계속 살펴보면서 해결책을 찾는 거죠. 하지만 아무리 찾아도 해결책은 나오지 않아요. 나올 수가 없어요. 헛수고지요."

나는 고개를 끄덕였다. 맞는 말이었다.

그가 넌지시 나를 떠보았다. "이제 뭔가 좀 바꿔볼 때가 되지 않았을까요?"

나는 C가 점점 좋아졌다. 그와 있으면 안심이 되었다. 우리는 공통의 지인을 여럿 두고 있었지만, 내가 그와 상담받는다는 것을 누구에게도 절대 발설하지 않으리라는 믿음이 갔다.

...

몇 주 후, 나는 회의 시간에 겪는 문제를 C에게 이야기했다.

"제가 감정이 꽤 격해지곤 해서 주장을 강하게 내세우다 보니 사람들이 겁을 먹는 것 같아요. 그러고 나면 회의가 끝나고도 그 생각을 떨칠 수가 없어요."

"가끔 자존심 센 교수들을 상대해야 할 때가 있지요." 그가 다 안다는 듯이 미소를 지었다. 그도 한때 교수였다. 하지만 그는 내 문제를 그냥 넘기지 않았다. "이해가 가요. 주장을 정말 끝까지 밀어붙이려고 하면 상당히 도전적으로 보일 수도 있죠. 아, 오해는 마시고요… 물론 열정적인 의견이 있다는 건 좋은 거죠. 다만 안 좋은 점도 있다는 거예요. 어떻게 하면 좀 다른 식으로 대처할 수 있을까요?"

나는 동료와의 힘든 회의를 앞두고 있었다. 그 회의를 준비하는 자세를 C와 함께 점검해보았다. 그는 내가 회의를 통해 이루려는 목표가 무엇인지 생각해보고, 그것만을 목표로 삼아보라고 권했다.

"그럼 남은 이틀 동안은 어떻게 하실 건가요? 계속 그 생각이 나면 어떻게 대처하실 거예요?" 그가 물었다.

"모르겠어요. 일부러 생각을 안 하려고 하면 오히려 더 힘들어져요."

나를 늘 두렵게 하는 것은 집요하게 끊임없이, 시도 때도 없이 끼어드는 내 반추 사고 패턴이었다. 어쩌면 내 뇌가 애초에 기능장애가 있어 동생 앨런처럼 강박 사고를 할 수밖에 없는 것은 아닌가 하는 생각도 들었다.

C는 과거 이야기에는 별 관심이 없었다. 내가 과거에 대한 언급을 해도 그리 깊이는 더 묻지 않았다. 하지만 내가 스스로 만들어놓고 지키려고 애쓰고 있는 그 바보 같은 규칙들을 곰곰이 생각해보면, 그런 것이 다 어린 시절에서 비롯되었다는 것을 깨닫기는 어렵지 않았다. 생각해보면 아버지도 그와 별반 다르지 않은 가치관을 가졌고, 그런 것들을 지키느라 애를 먹었다. 모두 전에는 전혀 생각지 못했던 사실이었다.

C는 내가 이전에 받은 치료를 통해 내 문제의 근원을 어느 정도 파악하고 있다는 사실에 흡족해하는 듯했다. 그 후로도 인지치료사를 몇 명 더 만나보았지만 모두 C와 같지는 않았다. 심지어 한 치료사는 와인 몇 잔을 마시고 단호히 주장하기를, '무의식'이란 게 정말 존재하는지도 의심스럽다고 했으니까. 하지만 C는 내가 이전에 했던 작업들의 가치를 기꺼이 인정했다. 특히 아버지에 대한 애통함을 해소한 부분을 중요하게 보았다.

"사람에 따라서는 지금 우리가 하는 이런 작업을 할 준비가 되어 있지 않은 경우도 있어요. 아직 위기를 겪고 있거나 뭔가 큰 문제를 해결하려고 하는 상황일 때가 그렇죠." C가 말해주었다.

"믿으실지 모르지만 저는 몇 년 전에 비하면 지금은 기분이 훨씬 안정적이에요."

"그럼 지금이 적절한 때인 것 같네요."

그는 내가 항우울제를 끊거나 복용하는 것도 상관하지 않았다.

"그건 본인과 담당 의사가 어떻게 생각하느냐에 달려 있지요. 하지만 계속 복용하고 싶을 수 있어요. 충분히 이해합니다."

계속 복용하고 싶은 게 맞았다. 적어도 당분간은 그러고 싶었다.

. . .

그러나 동생 앨런에 대한 생각과 두려움은 계속 사라지지 않고 나를 괴롭혔다. 나는 결국 C에게 앨런 이야기를 했다. 동생이 평생 앓은 병 이야기를 일부 했고, 그는 가만히 들어주었다. 내가 근심과 두려움을 털어놓을 필요가 있음을 그는 알았던 것 같다.

동생의 어린 시절 처음 나타났던 문제들을 이야기했고, 세월이 흘러도 전혀 개선이 없었다는 이야기도 했다. 앨런은 어릴 때부터 죽 매일같이, 씻고 옷 입고 벗는 일에 어려움을 겪었다.

"동생분이 무슨 치료를 받았나요?" C가 물었다.

"한동안 병원에 입원했어요. 10대 때 꽤 오랫동안이요. 하지만 무슨 치료를 받았는지는 저도 몰라요." 나중에 알게 되었지만, 받은 치료는 거의 없었던 것 같다.

동생이 몇 달을 입원한 정신병원은 잉글랜드 동쪽 링컨셔 습지에 위치한, 빅토리아 시대에 지어진 붉은 벽돌 건물이었다. 병원이 자리한 곳은 지도에서 등고선을 찾기 어려울 정도로 평평한 땅으로, 널따란 배수로를 따라 자로 그린 듯 반듯하게 낸 도로들이 링컨셔 고원과 워시만을 잇고 있었다. 에든버러 의대 시절 동생을 보러 그곳에 한 번 찾아간 적이 있었다. 열차가 역에 서자 승객들이 모두 나를 흘긋 쳐다보았다. 그 역에서 내리면 갈 데가 뻔했다. 끝이 보이지 않는 감자밭으로 둘러싸인 병원 시설 말고는 아무것도 없었다. 그러니 정신병 환자 아니면 뭔가 정신병 기운이 있는 사람이 틀림없다고 생각하는 듯했다.

앨런은 그 병원에서 나온 후 집으로 오지 않고 한동안 '부적응 청소년'을 위한 보호시설에서 지냈다. 그때 아버지가 돌아가셨는데 사회복지사가 장례식에 가는 것을 말려서 동생은 오지 않았다. 지금 생각하면 무척 잘못된 결정이었다. 정신질환자라고 해도 고인과 '작별인사'를 못 하게 할 정도로 장례식 참석으로 인한 문제 가능성을 우려해야 하는 경우는 드물다. 현재 망상이나 환각을 경험하는 정신병psycho-sis 증세를 겪고 있어서 주변 상황을 정확히 인지하지 못하는 사람이라면 모를까.

"이혼한 후에 제가 동생에게 같이 살자고 했어요." C에게 말했다. "그런데 거의 참사가 났어요. 이틀쯤은 별 문제 없었는데, 그때부터 자기 방에서 나오지를 않는 거예요. 휴지를 잔뜩 넣어 변기를 막히게 해놓고요. 입을 꽉 닫고, 그냥 방에만 처박혀 있었어요." 그날 아침 일을 다시 떠올리니 불안감이 엄습했다.

그다음 있었던 일은 너무 부끄러워서 C에게 도저히 말하지 못했다.

···

"왜 그러는데? 왜 못 일어나?"
대답이 없다.
"너 지금 3일째 안 나오고 있어."
나는 방문을 밀고 들어갔다. 안쪽에서 의자로 막아놓아 들어가기가 쉽지 않았다. 희미한 겨울 아침 햇살이 얇은 커튼으로 비쳐 들었고, 동생은 이불 속에서 팔꿈치를 짚고 엎드려 있었다. 방 안에선 돼지우리 냄새가 났다. 침대 옆 바닥에는 옷가지가 널려 있었는데, 갈기갈기 찢긴 채였다.

"나 못 일어나. 그 일을 다 치를 엄두가 안 나." 목소리에 기운이 없었지만 나는 동정심이 들지 않았다. 오직 분노만 느껴졌다. 그런 감정은 처음이었다. 수많은 옛일들, 숱한 기억들이 일시에 떠오르며 사고가 정지되는 바람에 도저히 이성적으로 대처할 수 없었다.

"앨런, 제발."

"싫어, 꺼져. 나 좀 가만 놔두라고!"

"이런 꼴 더는 못 봐."

그다음 벌어진 사건을 생각하면 지금도 모골이 오싹하다. 나는 화가 머리끝까지 나서 방구석에 있는 스툴을 집어 들고 이불 덮은 동생의 몸 위로 내리쳤다. 두 번이나. 다쳤을 것 같진 않지만, 마음은 정말 다치게 할 작정이었다.

"제발 이 집에서 나가, 당장!"

곧 동생은 침대에서 일어나, 남은 옷을 빠르게 챙겨 입고 떠났다. 침대는 엉망으로 더럽혀져 있었다. 나는 시트를 벗겨내 마당 쓰레기통에 던져 넣고, 매트리스는 사람을 불러 쓰레기장으로 수거시켰다. 소변으로 속까지 푹 젖어 쓸 수가 없었다.

그렇게 소동이 끝났다.

$\cdots$

"결국 나중에 제가 요크셔의 어느 정신과 병동에 있는 교수에게 진료를 받게 했어요." 나는 C에게 그렇게만 말했다. "지금은 없어진 병원이에요."

"도움이 됐나요?" C가 물었다.

"아니요, 솔직히 별 도움이 안 됐어요. 그때는 제대로 된 치료를 받으려고 해도 이미 너무 늦었던 것 같아요."

동생은 어릴 때 인지행동치료를 받았어야 했다. 문제가 만성화되기 전에 치료했다면 효과가 있었을 것이다. 하지만 그때는 인지행동치료라는 게 일반적이지 않았고, 인지행동치료를 권장받았을 때는 이미 문제가 너무 오래되어 고치기 어려웠다. 치료가 도움이 되지를 않았다. 적절한 도움 없이 문제를 오래 방치한 사람일수록 바뀌기는 어렵다.

앨런은 고집도 무척 셌다.

이렇게 나한테 말하기도 했다. "내가 알아서 고칠 수 있어. 나 간호사도 사회복지사도 필요 없고 약도 먹기 싫어."

그럴 때는 아버지를 보는 것 같았다. 독불장군처럼 혼자 힘으로 다 하려는 고집이 똑같았다.

"동생을 돕고 싶었어요. 그런데 그러지 못했어요⋯ 지금도 못 하고요. 저와 같이 살고 싶다고 했는데, 제가 감당할 자신이 없었어요. 동생이 있으면 늘 깜짝깜짝 놀라요. 동생이 낫는 데 도움도 전혀 주지 못하고, 제대로 감당하지도 못한 게 너무 마음에 걸려요."

"참 슬픈 일이네요⋯."

"그리고 지금도 걱정돼요. 어쩌면 내 문제도, 내 이런 사고 패턴도⋯ 사실 동생과 똑같은 것 아닌가 하고요. 동생의 병이 제게도 일어날 수 있다는 걱정을 항상 안고 살았어요."

앨런과 나는 여러 모로 닮은 점이 많았다. 둘 다 아버지에게서 강한 의지력을 물려받았다. 하지만 앨런이 건강과 질병에 대한 아빠의 생각을 철저히 따르는 모습이나 아빠처럼 남들 입장을 이해하려고 하지 않는 모습을 보면, 앨런은 아빠가 아직 살아 있다는 생각으로 저러는 것일까 싶기도 했다. 나는 동생을 도와주지 못한 죄책감을 언제까지나 느낄 것 같았다. 하지만 동생의 문제에 내가 내놓을 수 있는 해결책이 없다는 것도 분명했다. 내가 동생의 짐을 지려고 하면, 심연 속으로 다시 가라앉아 버릴 것 같았다. 동생과 이야기할 때마다 그런 생각을 떨칠 수 없었다.

"동생분이 보이는 증상은 심한 장애 수준인 것 같아요." C가 생각을 말했다. "린다 씨가 겪고 있는 문제와는 달라요. 물론 닮은 점도 좀 있지만, 똑같진 않아요."

나도 마음속으로는 그 말이 옳다는 걸 알고 있었다. 그렇다, 닮은 점은 분명히 있었다. 둘 다 똑같이 뇌의 회로에 심각한 문제가 있는 게 아닌가 싶기도 했다. 실제로 나는 가끔 일상생활을 하면서도 머릿속이 너무나 아프게 울려 두 손으로 머리를 붙잡을 때가 있었다. 꽉 붙잡아서 생명의 진동을 가라앉히고 생각을 잠재우고 싶은 마음이었다. 나는 강박 사고도 경험했다. 자동차 사고를 내는 상상을 했던 것은, 원하지 않는 생각이 반복적이고 충동적으로 떠올랐다는 점에서 분명히 강박 사고적인 면이 있었다. 우울증이 있으면 강박 사고가 나타날 수 있고, 또 강박 문제가 있으면 자연히 우울증이 생길 수 있다. 하지만 내가 주로 하는 경험은, 최근의 대화와 사건을 머릿속에서 다시 돌려보면서 뭔가 문제를 이해해보려고 부질없는 시도를 벌이는 것이었다. 그리고 나는 동생이 늘 보였던 것과 같은 강박적인 행동은 하지 않았다.

···

    몇 주가 지나자 C는 내게 반추가 일어날 때 그런 생각을 다스릴 수 있는 구체적인 방법들을 가르쳐주기 시작했다. 이미 그전에 실험을 통해 뭔가를 가르쳐준 적이 있었다. 좋지도 나쁘지도 않은 중립적인 단어들을 하나씩 불러주면서 그와 연관된 생각이나 심상을 머리에 떠올려보라고 했다. 부정적인 기억이나 심상을 떠올리고 그에 대해 골똘히 생각하다 보면 내 기분이 확연히 바뀌는 게 느껴졌다. C의 지시로 더 긍정적인 생각을 떠올릴 때와는 기분에 큰 차이가 있었다.

    "어땠어요? 어떤 느낌이었나요?" C가 물었다.

    "상당히 기분이 처지고 허무해지는 느낌이었어요."

    이제 다음 단계는 그런 부정적인 생각을 상대하지 않으려고 해보는 것이었다.

    "마음챙김에 관한 연구를 좀 읽어보신 적 있으세요?"

    나는 그렇다고 했다. 마음챙김의 개념을 처음 접한 것은 우울증을 다스리는 불교식 방법에 대한 글을 통해서였는데, 최근 점점 관심이 생기고 있었다. C는 내게 어떤 연습을 시켰다. 걱정스러운 생각이나 심상에 대해, 그것들이 존재한다는 것을 인정하되 상대하지 않는 것이었다.

    "뭔가가 떠다니고 있어도, 그걸 꼭 붙잡아서 거기에 대해 생각할 필요는 없어요." 그가 말했다.

    예전에도 명상을 시도한 적이 있었는데 불안을 다스리는 데 도움이 되었다. 하지만 살면서 바쁘다 보니 미루고 안 하게 되었다. '시간이 없어서' 못 한다는 핑계였다. 하지만 시간이란 본래 고무줄처럼 늘었다 줄었다 하는 것이니, 정말 하고 싶은 마음이 있었다면 시간은 얼마든지 낼 수 있었을 것이다. 나는 C가 하는 말의 요지가 어렵지 않게 이해가 되었다.

그 후 한 주 동안은 반추가 일어날 때마다 고민되는 문젯거리를 놓아버리려고 노력했다. 쉬운 일은 아니었다. 워낙 오래된 습관이라 나도 모르는 사이에 반추를 하고 있었다. 그러다가 좋은 생각이 떠올랐다. 마음속에 어떤 공간을 마련해 문젯거리를 보관해두는 것이다. 이런 식의 상상을 했다. 근심거리를 모두 상자에 담아 내 서재에 딸린 수납방의 제일 꼭대기 선반 위에 올려놓는 것이다. 평소 그 방에 들어가는 일은 거의 없지만, 존은 항상 내게 물건을 좀 정리해서 공간을 비워달라고 한다. 수납방을 정리하면 존도 좋아할 것이고, 꼭대기 선반에 내 근심거리를 차곡차곡 모아둘 수도 있겠다 싶었다.

...

내 환자 애나는 인지치료사에게 치료를 받기 시작했고, 몇 주 후에는 더 자신감을 갖고 일상에 임할 수 있게 되었다.

"부정적인 생각에 제동을 거는 법을 배우고 있어요." 그녀가 말했다.

심리학자들은 '부정적인 자동사고', 즉 자동으로 떠오르는 부정적인 생각이라는 말을 사용하는데, 보통은 그런 생각을 일으키는 방아쇠 역할을 하는 상황이 있기 마련이다. 애나의 경우 그 방아쇠는 보통 직장에서 상사나 동료들을 상대할 때 발생했다.

"치료가 도움이 됐나요?"

"네, 도움이 됐어요. 예전 같으면 그런 작업을 할 마음의 여유가 없었을 것 같아요. 가족과 관련된 온갖 문제를 헤쳐나가느라 바빴으니까요.

그때는 너무나 혼란스러웠거든요. 그런데 지금은 하루하루가 조금씩 더 편해지고 있어요. 가끔은 어떻게 대처해야 할까 굳이 생각하지 않고 행동하기도 해요. 그냥 다른 사람들처럼 하루 일을 처리해요. 우울증에 빠지기 전에 제가 그랬던 것처럼요."

"'재발 예방' 작업도 하셨나요?"

우울증은 도질 위험이 항상 있다. 하지만 재발 가능성에 대비하고 그 전조 증상을 감지할 수 있으면, 심각해지기 전에 손을 쓸 수 있다. 전조 증상으로는 부정적 사고의 증가라든지 보다 심각한 상태를 예고하는 몇 가지 증상을 꼽을 수 있다. 내 경우는 잠이 오지 않거나 밤중에 배가 아파 깨는 것이 지금도 여전히 전조 증상이 된다. 인지치료가 우울증 재발을 예방하는 데 도움이 될 수 있다는 증거가 있다.

애나가 핸드백에서 노트를 꺼냈다. "네, 저는 과거 병력으로 봐서 재발 가능성이 있지만, 대처할 준비가 되어 있어요. 여기 다 적어놨어요. 필요하다 싶으면 이걸 잠깐 꺼내서 배운 것들을 죽 다시 읽어보곤 해요."

• • •

나는 C를 2주나 3주에 한 번씩 1년 정도 보았다. 마지막에는 그간의 성과를 점검해보았다. 1년 동안 우울증이 재발한 적은 없었지만, 가끔씩 기분이 가라앉을 때는 있었다.

나는 C에게 이렇게 말했다. "이제는 현재 속에서, 일상생활에서 나 자신을 다스리는 법을 많이 알게 됐어요. 같이 받은 다른 치료도 도움이 됐지만, 이건 완전히 다른 경험이었어요."

또 하나 반가웠던 것은 내 생각이 어떻게 흘러가는지 정확하게 이해하는 사람을 만난 것이었다.

C와 작별 인사를 나누고, 주차장으로 가서 차에 잠깐 앉았다. 내 일기장을 꺼내 거기에 적힌 글을 읽어보았다. 생각이 걷잡을 수 없이 날뛰거나 직장에서 회의 중 불안감이 높아질 때 읽어볼 수 있게 C가 내게 적어보라고 한 글이었다.

나는 지금 내가 있고 싶지 않은 곳에 있다.
주위엔 나를 불편하게 하는 사람들,
나를 좋아하지 않는 듯한 사람들뿐이다.
나도 그중 몇 사람은 정말 싫다.
야심만만하고 당당한, 저마다 저의를 감추고
뭔가 벼르고 있는 사람들.

잠깐 멈추자.
숨을 크게 쉬자.
내가 왜 여기 있고,
무엇을 얻으려고 하는지 생각하자.
내 목표가 무엇인지 생각하자.
그런 것들을 이루려면,
사람들과 한자리에서 시간을 보내야 한다.
하지만 그렇다고 그들을 좋아할 필요도,
그들이 나를 좋아할 필요도,
그들과 비슷해 보이려고 애쓸 필요도 없다.

현재에 살기

내 고양이를 무릎 위에 앉히고
귀를 쓰다듬고 있다고 생각하자.
말할 기회를 가만히 기다리다가,
숨을 다시 크게 쉬고,
최소한의 말로 내 요지를 전하자.
그리고 입 닫고 있자.

에필로그

나는 평생 우울증에 대해 많은 것을 배웠다. 이제는 그 원인과 결과에 대해 예전보다 훨씬 많이 알고 있고, 우울증을 겪는 사람들을 도와줄 수 있다.

나는 지난 10년간 약 2년마다 우울증 재발을 겪었다. 그리고 지금까지 20년 이상 항우울제를 지속적으로 복용해왔다. 부작용도 경험했지만 대개는 적응할 만한 수준이다. 기분이 침체되었던 시기는 그 정도가 경미할 때도 있었고 때로는 치료법을 바꿔야 할 만큼 심각할 때도 있었는데, 거의 예외 없이 일과 관련된 사건을 계기로 유발되었다. 나는 아직도 너무 예민하고 쉽게 상처받는다. 그리고 여전히 내가 엉터리 사기꾼임이 드러날까 봐 끊임없는 두려움 속에 산다. 불안할 때가 잦다. 하루하루 사는 게 힘겨울 때도 있다. 그러나 이렇게 우울증을 겪으면서도, 직업적으로 많은 일을 이루어냈고, 두 번째 결혼 생활을 아주 행복하게 지속 중이다. 둘 다 어느 정도는 지속적으로 심리치료를 받고 약을 복용한 덕분이라고 생각한다. 두 치료법 모두 중요한 역할을 했다.

나는 우울증이란 단순히 미국정신의학회의 정신장애진단통계편람 DSM이나 세계보건기구의 국제질병분류ICD에 제시된 증상들의 모음이 아니라고 확신한다. 거기에 나오는 것은 '우울증'이란 것에 대한 근사치이자 구성개념이자 추측에 지나지 않는다. 학자들의 연구와 임상 실무에는 유용하지만, 그 자체를 근본적 사실로 간주해서는 안 된다. 그러나 안타깝게도 세계 모든 곳에서 일상적으로 그렇게 취급하고 있는 게 현실이다. 나는 우울증이란 DSM에서 제시하듯 단일한 병이 아니라, 서로 공통점도 있지만 매우 다른 점도 있는 복합적이며 다양한 병이라고 생각한다.

괴로워하는 사람들, 세상과의 단절감에 시달리는 사람들, 인생의 가치를 느끼지 못해 스스로 목숨을 끊는 사람들은 주위 어디에나 있다. 이들이 겪는 괴로움에는 공통점도 많아서 의사들이 달달 외워 환자들에게 항상 묻는 각종 우울증 증상이 다 포함되지만, 사람마다 고통받는 사연이 다 다르고 우울증을 앓게 된 이유도 다 다르다. 이 책에서도 그런 점을 전하려고 애썼지만, 이들이 안고 있는 문제는 단순하지 않고 매우 복잡하다. 인간으로 살면서 피할 수 없는 여러 현실들이 복잡하게 함께 얽혀 있다. 이를테면 취약성, 두려움, 상실, 상처, 사랑받고자 하는 욕구, 외로움, 남을 신뢰하지 못하는 문제, 과거에 겪었던 문제, 해소되지 못한 애통함 등이다. 이렇게 저마다 안고 있는 경험들을 인정하고 다루지 않고서는 우울증이 낫도록 도울 수 없다. 약 복용만으로는 결코 답이 될 수 없는 이유다.

물론 나는 생물학적인 부분도 우울증의 기전과 원인을 설명하는 중요한 요소라고 믿는다. 나는 최근 몇 년에 걸쳐 일부 우울증 환자의 뇌에서 관찰되는 생물학적 변화에 대해 배운 바 있다. 우리는 부모로부터 물려받은 유전자로 인해 우울증에 취약해질 수 있다. 그리고 많은 우울증 환자는 신체적으로도 엄청나게 힘든 증상을 겪는다. 의사들이 이른바 '정신운동지연'이라고 부르는 극도의 무기력 증상은 그저 정신적인 현상만은 아니다. 뭔지는 아직 정확히 모르지만 어떤 작용이 우리 뇌 속에서 일어났을 때 그 결과로 일어나는 '부수 현상'이 바로 기분 침체, 의욕 저하, 기력 저하, 사고력 감퇴, 절망감 같은 우울증 증상인 것이다. 이런 증상들은 약을 복용함으로써 적어도 어느 정도는 개선할 수 있지만, 심한 우울증을 만성적으로 겪는 사람의 경우에는 뇌에 구조적 변화가 일어나는 것이 관찰된다. 예컨대 힘든 사건으로 인해 심한 우울증이 한 차례 유발된 경우 이것이 일종의 불쏘시개 역할을 하는 이른바 '점화현상'이 뇌 속에서 일어나고, 이후 증상이 또 나타나기가 더 쉬워지는 것으로 보인다. 이런 사실들을 믿는다고 하여 내가 병의 원인을 생물학적으로만 설명하는 게 가능하다고 믿는 생물학적 환원주의자는 아니다. 나는 그런 입장과는 거리가 멀다. 내 뇌가 과연 '염증'으로 인해 구조적 변화를 일으켰는지(염증 이론은 우울증을 생물학적으로 설명하는 여러 이론 중 가장 최신 이론이다), 내 뇌 속에서 전기신호를 전달하는 신경전달물질이 건강한 상태인지(컨디션이 최상이 아닐 때는 신경전달물질의 건강이 어쩐지 의심되긴 하지만), 나는 그런 것을 감지할 능력이 없다.

심한 우울증을 앓는 경험은 무척이나 끔찍한 일이다. 사람의 생기가 고갈되고, 하루가 평생처럼 느껴진다. 우울증을 그저 개인사적 사건을 치르면서 겪는 '당연한 괴로움' 정도에 불과하다고 설명하는 사람들은, 그들 역시 일종의 환원주의자라는 비판에서 자유로울 수 없다고 생각한다. MRI^{자기공명영상} 사진을 파고드는 신경과학자나 모든 것이 '부정적 사고'로 이루어져 있다고 분석하여 환자가 더 '긍정적'으로 생각하지 못하는 자신을 책망하게 만드는 심리학자들과 다를 바가 없다. 우울증은 위에 말한 모든 요인들과 다 연관되어 있다. 그리고 그중 어느 한 요인도 정답이 아니다. 생물적 요인, 심리적 요인, 개인사적 사건, 각종 어려움(가령 애통함, 신체 질환, 사회적 고립) 등 우울증을 촉발하고 지속시키는 여러 측면 가운데 무엇이 얼마나 크게 작용하고 있는가 하는 양상은 사람마다 모두 다르다.

우울증은 대단히 개인적인 병이다. 벌레가 사과 속을 파고들듯 우리 영혼 속을 파고들어 자아정체감을 좀먹고, 살아갈 이유를 빼앗아 간다. 우울증의 해악을 다스릴 방법은 우리 각자가 나름대로 찾아내야 한다. 그리고 분명히 찾을 수 있다는 것을 나는 경험으로 안다.

나는 종교가 없지만 어떤 사람들에게는 신앙이 우울증 극복에 큰 힘이 된다는 것을 안다. 그런 면에서 성직자야말로 우리 영혼을 살찌우게 해줄 수 있는 유일한 사람인지도 모르겠지만, 나는 꼭 그리 생각하지는 않는다. 나는 일생의 대부분을 사람들이 자기 영혼의 상처를 깁고 다시 살아갈 수 있도록 도와주고, 또 남들에게 도움을 받아 내 영혼의 망가진 곳을 수선하며 살았다.

누가 뭐라고 말하든, 도움의 손길을 청하고 받는다는 것은 결코 부끄러워할 일이 아니다. 자신의 감정을 애써 숨겨 문제를 악화시키는 게 아니라, 뭔가 개선하려고 행동하고 있다는 표시이다. 안타깝게도 세상에는 그런 정직한 용기를 아직 포용할 준비가 되어 있지 않은 사회가 많고 우리 사회도 예외가 아니지만, 나는 내 우울증을 부끄러워할 이유도 없고, 부끄러워하지도 않는다.

나는 내 우울한 기분과 연관된 여러 문제를 극복하려면 진정으로 누군가와 마음을 나눈다는 것이 얼마나 중요한지 체감했다. 누군가와 진솔하고 의미 있는 대화를 나눈다는 것은, 내게 의사 초년생 시절 심리치료를 지도해주었던 로버트 홉슨Robert Hobson 교수가 『감정의 형태 Forms of Feeling』라는 책에서 말했듯이, 자신의 문제에 대처하는 방법을 연구하고 배우고 바꾸는 데 더없이 중요하다. 특히 소중한 사람과의 관계에 얽힌 문제일수록 더욱 그렇다. 내가 그저 의사 일을 통해서가 아니라 개인적으로 우울증을 헤쳐나간 여정에서 깨우친 교훈이다.

나는 이제 내 영혼이 망가졌을 때 수선하는 것에 그치지 않고, 영혼을 살찌움으로써 우울증 재발을 예방해야 할 필요성을 깨닫고 있다. 나는 무사히 살아냈다. 게다가 내가 선택한 직업에서도 성공을 거두었다. 내 아버지도 살아 계셨으면 나를 자랑스러워하셨을 것이다. 물론 그런 말을 내게 직접 하시지는 못했겠지만.

이 글을 쓰는 지금, 나는 또다시 스코틀랜드에 와 있다. 책상에 앉아 창밖으로 오크니섬의 황야를 내다보며, 앞날을 계획하고 있다. 이제 마침내 일을 손에서 놓을 때가 왔다. 내 자신을, 내 몸과 마음을, 내게 소중한 사람들을 더 잘 돌봐줄 방법을 찾아봐야 할 때다. 그것이 내 다음 과제이자, 우리 모두가 우울증 극복을 위해 할 수 있는 일이다.

용어 설명

감별진단differential diagnosis 여러 질환의 가능성을 서로 비교해서 환자의 증상을 가장 잘 설명할 수 있는 질환을 감별하는 작업. 정신과에서는 가능한 다른 진단들을 검토하고 배제하는 작업을 뜻한다.

강박 사고obsession 원하지 않는데도 어떤 생각이나 심상이 거듭하여 떠오르는 것. 강박 사고 자체뿐만 아니라 그것을 떠올리지 않으려는 노력 때문에 불안이 가중된다.

강박 장애OCD: obsessive compulsive disorder 강박 사고와 강박 행동을 보이는 정신질환.

강박 행동compulsion 강박 사고로 인한 불안을 해소하거나 회피하기 위해 어떤 행동이나 생각을 되풀이하는 것.

망상delusion 이치에 맞지 않고 증거에 부합되지 않음에도 품고 있는 잘못된 믿음으로, 그 사람의 문화적 · 종교적 배경으로도 설명되지 않는 것.

병인aetiology 특정한 질환의 원인. 정신과에서 병인을 찾는다고 하면 현재 환자가 겪고 있는 문제를 유발하고 지속시키는 취약 요인, 사건, 경험 등을 살펴보는 것을 뜻한다.

사회공포증social phobia 사회적 상황에 대한 강하고 지속적인 공포.

공포의 대상은 가게에서 물건 사기, 낯선 사람과의 만남, 사람들과 함께 식사하기 등이 될 수 있다. 단순히 수줍음을 타는 것보다 행동 부분에서 훨씬 큰 장애를 겪는다.

선택적 세로토닌 재흡수 억제제SSRI: selective serotonin reuptake inhibitor 항우울제의 일종. 신경전달물질 세로토닌의 활동을 증가시킨다고 알려져 있다. (그 작용 기전은 아직 불확실한 점이 있다.)

신경전달물질neurotransmitter 신경세포 사이의 공간(시냅스)을 통해 신호를 전달하는 매개체 역할을 하는 물질.

신체이형장애body dysmorphic disorder 자신의 외모에 대해 왜곡된 믿음을 갖는 불안 장애의 일종. 남들의 위안과 관계없이 외모에 대한 걱정에 사로잡혀 인간관계와 일상생활에 방해가 될 정도로 많은 시간을 보낸다.

양극성 장애bipolar disorder(예전 이름은 조울증manic-depressive illness) 우울증과 조증(들뜬 기분, 과다 활동)이 모두 나타나는 병으로, 기분이 양극단 사이를 오간다. 정신병 증상(망상과 환각)이 함께 나타나기도 한다. 정신병 증상이 없는 경미한 조증은 경조증이라고 한다.

인지행동치료CBT: cognitive behavioural therapy 심리치료의 일종. 사고와 행동을 바꾸는 것에 중점을 두며, 과거를 탐구하기보다는 현재의 문제를 다룬다.

전기경련요법ETC: electroconvulsive therapy 전신마취한 환자의 뇌에

전류를 흘려보냄으로써 심각한 정신질환(보통 우울증)을 치료하는 방법. 매우 논란이 많은 치료법으로, 생명을 살릴 수도 있으나 장기 기억에 문제를 일으킬 수 있다.

전담 간호specialing 정신건강 간호 분야에서, 입원 환자 한 명의 곁을 계속 지키면서 환자 본인이나 타인에게 상해를 입히는 것을 막고 환자의 행동을 관찰하는 것을 뜻한다.

정신병psychosis 망상이나 환각 또는 둘 다를 겪고 있는 상태.

정신역동 심리치료psychodynamic psychotherapy 심리치료의 일종으로 과거에 겪었던 일이 어떻게 현재 생활에 영향을 주고 있는지 깨닫도록 도와준다. 정신분석과 비슷하지만 훨씬 덜 집중적으로 실시된다(일주일에 여러 번이 아니라 일주일에 한 번 정도).

조현병schizophrenia 환각, 망상, 사고 장애, 행동 변화 등 다양한 정신병적 증상을 보이는, 심각하면서도 흔히 장기적으로 지속되는 정신질환.

지방검사procurator fiscal 스코틀랜드에서 모든 돌연사와 의문사의 조사를 맡는 검사(다른 나라의 검시관과 비슷한 역할).

환각hallucination 실제로 존재하지 않는 무언가를 듣거나 보거나 느끼거나 맛보거나 냄새 맡는 경험.

지은이 **린다 개스크**Linda Gask

의학학사, 이학석사(정신의학), 박사, 왕립정신의학회 회원, 왕립일반의사협회 회원. 스코틀랜드 출신 어머니와 잉글랜드 출신 아버지 사이에서 태어나 잉글랜드 동해안의 링컨셔주에서 자랐다. 에든버러 의대를 나왔고, 현재 맨체스터 대학교 1차 의료정신과 명예교수로 재직 중이다. 잉글랜드 북부에서 25년간 정신과 고문의로 일했다. 지금은 반퇴직 상태로, 페나인산맥 지역의 돌로 지은 집에서 남편과 고양이와 살고 있지만 오크니섬에서도 점점 더 많은 시간을 보내고 있다.

자신의 전문 분야에서 많은 존경을 받고 있으며, 대학 교재로 쓰이는 책 몇 권을 쓰기도 했다. 의사·환자 간 커뮤니케이션, 우울증, 기타 흔한 정신건강 문제에 관한 교육과 연구로 국제적 명성을 얻었다. 세계보건기구WHO 고문과 세계정신의학협회WPA 위원으로 일했으며, 180편 이상의 글을 전문지와 책에 기고했다. 2010년에는 정신건강 1차의료 교육에 평생 헌신한 공로로 왕립일반의사협회 명예회원으로 추대되었다.

린다 개스크는 10대 때부터 정신건강 문제를 겪어왔고, 우울증의 약물치료와 심리치료를 모두 직접 경험했다. 본인의 문제를 숨김없이 터놓음으로써 정신질환에 대한 사회적 편견에 적극적으로 맞서고 있다. 환자이면서 전문가로서의 경험을 바탕으로, 정신질환자와 '건강한' 사람을 엄격히 구분하는 사회적 통념에 의문을 제기한다.

홈페이지 www.lindagask.com

옮긴이 **홍한결**

서울대 화학공학과와 한국외대 통번역대학원을 나와 책 번역가로 일하고 있다. 쉽게 읽히고 오래 두고 보고 싶은 책을 만들고 싶어 한다. 옮긴 책으로 『인듀어런스』, 『오래된 우표, 사라진 나라들』, 『소리 잃은 음악』, 『아이들의 왕 야누시 코르차크』, 『인간의 흑역사』, 『책 좀 빌려줄래?』, 『신의 화살』, 『어른의 문답법』 등이 있다.

먼저 우울을 말할 용기

정신과 의사에게 찾아온 우울증, 그 우울과 함께한 나날에 관하여

펴낸날 초판 1쇄 2020년 7월 30일
       신판 1쇄 2023년 11월 20일
지은이 린다 개스크
옮긴이 홍한결
펴낸이 이주애, 홍영완
편집장 최혜리
편집1팀 양혜영, 김하영, 김혜원
편집 박효주, 장종철, 문주영, 홍은비, 강민우, 이정미, 이소연
디자인 김주연, 박아형, 기조숙, 윤소정
마케팅 김태윤, 김철, 정혜인, 김준영
해외기획 정미현
경영지원 박소현
펴낸곳 (주)윌북 출판등록 제2006-000017호
주소 10881 경기도 파주시 광인사길 217
전화 031-955-3777 팩스 031-955-3778
블로그 blog.naver.com/willbooks 포스트 post.naver.com/willbooks
트위터 @onwillbooks 인스타그램 @willbooks_pub
ISBN 979-11-5581-661-5 (03180)